公安学研究丛书

治安学专业人才培养“院局合作”理论研究与实践

主编　杨纪恩　陈俊豪

WUHAN UNIVERSITY PRESS
武汉大学出版社

图书在版编目(CIP)数据

治安学专业人才培养“院局合作”理论研究与实践/杨纪恩,陈俊豪主编.—武汉:武汉大学出版社,2020.8
公安学研究丛书
ISBN 978-7-307-21429-3

Ⅰ.治… Ⅱ.①杨… ②陈… Ⅲ.高等学校—治安管理—管理学—人才培养—文集 Ⅳ.D035.34-53

中国版本图书馆 CIP 数据核字(2020)第 024360 号

责任编辑:田红恩　　责任校对:汪欣怡　　版式设计:马　佳

出版发行:**武汉大学出版社**　(430072　武昌　珞珈山)
(电子邮箱:cbs22@whu.edu.cn　网址:www.wdp.com.cn)
印刷:广东虎彩云印刷有限公司
开本:720×1000　1/16　印张:15　字数:300 千字　插页:1
版次:2020 年 8 月第 1 版　2020 年 8 月第 1 次印刷
ISBN 978-7-307-21429-3　定价:58.00 元

前　　言

教育与劳动生产相结合，是马克思主义教育理论的重要原理，是社会主义教育的基本原则。近年来，为促进我国教育与劳动生产相结合，党和国家相继出台方针政策，推动教育为社会主义现代化服务。党的十九大报告明确指出，要完善职业教育和培训体系，深化产教融合、校企合作。国务院办公厅出台《关于深化产教融合的若干意见》，大力支持校企合作开展生产性实习实训，鼓励企业直接接收学生实习实训。就公安院校而言，“院局合作”是促进公安教育体制改革的推动器。国务委员、公安部部长赵克志在庆祝中国人民公安大学建校70周年大会上强调，要健全与公安实战部门“协作共建、合作育警”机制，实现人才培养和实战需要的互利共赢。在此背景下，为顺应新时代公安政法院校治安学专业人才培养体制改革形势，加强公安政法院校治安学教学部门与公安实战部门的交流与合作，进一步推动公安教育理论创新研究纵深发展，湖南警察学院治安系以2015年获批的湖南省普通高校实践教学建设项目——治安学应用型人才“院局合作”培养示范基地为依托，提出举办一次全国性治安学专业人才培养交流会议，经湖南警察学院批准，决定于2018年举办全国治安学应用型人才“院局合作”培养经验交流(研讨)会。

为了明确研讨会的主旨和议题，我们经商议，结合《关于进一步加强实践育人工作的意见》《关于提高高等教育教学质量的若干意见》《关于加强公安机关人民警察招录工作的意见》《关于公安院校公安专业人才招录培养制度改革的意见》以及《公安学类专业本科教学质量国家标准》等文件精神，确定经验交流(研讨)会的主要议题范围为：应用型治安学专业人才培养的理念与应用；治安学应用型人才“院局合作”培养相关理论研究；治安民警核心职业能力的标准与培养；治安学应用型人才“院局合作”培养的内容、方法、机制和质量监控等研究；治安学应用型人才“院局合作”培养经验介绍。

征文通知发出后，受到全国公安政法院校和公安实战部门同仁的高度关注和大力支持，共征集到学术论文和经验交流材料31篇，最终编入论文集的论文或经验交流材料30篇。在这些文章当中，作者结合自身工作实际，对治安学应用型人才“院局合作”机制及相关理论进行探讨，有的视角独特，观点创新；有的见解精辟，亮点纷呈，值得广大的公安教育工作者、各级公安机关领导和公安理论研究人员认真学习、深入思考和借鉴。

本次经验交流(研讨)会由湖南警察学院主办，湖南警察学院治安系和长沙县公安局联合承办。在会议组织过程中，得到了全国公安政法院校和公安实践部门广大同仁的热心支持，特别是得到了湖南警察学院各级领导，教务处、财务处、科研处等部门，长沙县公安局等单位的鼎力相助。湖南警察学院治安系的全体教师为论文的征集、筛选、校稿以及会议的成功举办，做出了不懈的努力，付出了辛勤的汗水。在论文集付梓之际，谨向他们表示真挚的感谢。由于时间紧迫，水平有限，论文集在编辑过程当中难免出现一些疏漏和不妥之处，恳请读者提出宝贵意见，以便更正。

我们也殷切希冀，各类治安学专业人才培养经验交流会议和学术活动越来越多，越办越好!

湖南警察学院治安系

2018 年 11 月 28 日

目　录

论新时代警务人才培养“院局合作”协同创新机制建设

蒋剑云①

（湖南警察学院　湖南　长沙　410138）

［内容摘要］ 公安“院局合作”应该以产学研协同创新理论为理论基础。公安“院局合作”应该实现公安知识转移，促进科研成果转化，优化公安人才培养模式，提升公安队伍整体素质等功能。公安“院局合作”模式类型多种多样。公安“院局合作”机制应该以利益作为纽带构建协同创新机制，同时关注公安院校和公安机关各自利益需求，更重要的是要以公安机关的利益需求为核心来开展协同创新工作。

［关键词］“院局合作”；协同创新；产学研合作；利益需求

公安“院局合作”由来已久，但“院局合作”一词的提出和广泛运用则是近十年以来的事情。对于公安“院局合作”问题，不少学者作了多方面探讨，取得了较为丰硕的理论研究成果。在实践方面，随着2011年公安部颁布《关于加强公安院校和训练基地建设的指导意见》后，公安“院局合作”便如火如荼开展起来。应该说，时至今日，公安“院局合作”的理论研究和实践工作都已经取得了卓有成效的成绩。但不可否认的是，公安“院局合作”在理论研究上还是存在一些定位不准确、范围不明确的问题，在实践中同样存在机制不完善、内容不丰富等方面的问题，离设想的“资源共享、优势互补、互利双赢、协同创新”的目标初衷还有相当大的差距。进入新时代，必须用新的指导思想和新的思维理念引导公安“院局合作”理论研究和实践工作，这样才能把公安“院局合作”理论研究和实践工作引向深入。新时代公安“院局合作”应该有新模式、新机制和新发展。为此，笔者拟就公安“院局合作”的模式概念界定、理论基础、功能定位、合作类型、机制完善等相关问题进行一些探讨，以此来构建新时代公安“院局合作”新模式，以期对公安教育事业发展和公安队伍建设有所助益。

---

① 作者简介：蒋剑云，男，湖南警察学院侦查系副教授，主要研究侦查学、涉外警务。

一、公安“院局合作”模式概念界定

何谓“院局合作”？对这一概念的界定直接关系到公安院校与公安机关合作的深度、广度和高度。部分学者对这一问题作了比较深入的探讨，目前主要有四种意见。

第一种意见认为公安“院局合作”模式主要是一种紧密型的公安人才教育训练模式。如傅国良认为其所在院校实施的“院局合作”，是以警学结合、双向参与、共赢互惠为基本内涵，以全方位、多层次、紧密型合作为特征的合作模式；是新形势下公安院校和公安机关发展共同价值取向。”①张新海认为““院局合作”源于校企合作，是指以培养应用型专门人才的院校与用人单位建立紧密的合作关系，将学校的教学科研活动与用人单位的生产需要紧密结合，强化实践教学及科研成果转化，注重学生实践能力和‘双师型’教师队伍的培养，走产学研相结合的专业人才培养道路。”②辛大勇、宋军认为“院局合作”“专指公安院校与基层公安机关紧密合作、资源合作、责任共担、互惠互赢，共同培养德才兼备，适应社会发展和满足公安实战需要的公安专门人才的教育训练模式。”③

第二种意见认为“院局合作”定义为公安院校与公安机关之间资源共享、利益共赢的工作方式，主要还是强调是一种教育训练或办学模式。如郑群认为“‘院局合作’是指公安院校和基层公安机关紧密结合，发挥双方优势，开展多方面、多层次、多方式的协作，实现互惠互动发展的一种工作机制或办学模式”。④ 王龙认为““院局合作”是指公安类院校为谋求自身发展、实现与市场接轨、大力提高技能型人才的培养质量，有针对性地采取一系列措施，充分利用自身优势与公安机关实现资源共享、利益共赢的工作方式。”⑤

第三种意见认为共同体建设应该成为公安院校联合办学的新模式。如郑群认为“共同体建设，是特指公安院校的教学系部和省级公安机关的相关警种和部门对应

---

① 傅国良：《“院局合作”的理论研究与实践探索》，载《公安教育》2009 年第 1 期，第 70 页。

② 张新海：《公安教育的战略抉择——兼论“院局合作”》，载《公安研究》2012 年第 10 期，第 65 页。

③ 辛大勇、宋军：《“院局合作”模式研究》，载《山东警察学院学报》2013 年第 2 期，第 141 页。

④ 郑群：《“院局合作”与应用型本科教育研究及其实践》，载《公安教育》2011 年第 7 期，第 64 页。

⑤ 王龙：《“院局合作”多元模式的探索》，载《湖北警官学院学报》2013 年第 4 期，第 186 页。

开展战略合作，发挥双方的优势，联合培养应用型人才，实现互惠多赢的一种新的办学模式。”①

第四种意见认为“院局合作”是指公安院校与公安机关之间的各种合作。如谢盛坚、李松海认为“‘院局合作’泛指公安院校与公安机关之间的各种合作，这种合作应该是全方位、多角度的合作，合作重在内容而非形式。”

在上述意见中，笔者认为，前三种意见虽然明确了“院局合作”作为人才培养模式的基本定位，但还是存在一定的缺陷。其一，在认知模式上，基本上是从公安院校的角度来谈“院局合作”启动机制，体现的是一种“单相思”情结，“拉郎配”做派；其二，在功能定位上主要局限在完善公安院校的人才培养模式，忽视了公安院校对公安机关反哺和促进的功能；其三，在合作范围上，虽然强调全方位、多层次，但实际上公安院校仅仅只是公安机关可有可无的临时帮忙者角色，而不是成为公安机关内在利益需求之必需；其四，在合作机制上，基本上是比较宏观虚化的战略合作以及表面化的沟通协商，缺乏深入内在相互融合的合作机制；其五，在合作类型上基本上是建立在公安院校的需求之上的合作类型，而缺乏根据公安机关的内在利益需求来设计安排的合作类型。

笔者比较倾向于第四种意见，但该意见比较简单，因此有必要进一步完善。基于对公安“院局合作”的广义理解，从公安院校角度看，这种合作既要有公安院校提出的合作，同时也要有公安机关提出的合作。功能上既包含了对在校教师和学生的培养提高，同时也包含了对公安机关民警的培养提高。在工作安排上既要有临时性工作安排，也应该有长期打算的具体谋划。在合作机制上既要有比较表面化宏观性的框架合作，更应该包括能够相互深入真实需要的微观性互动；既要体现公安院校对人才培养的内在需求，更应该体现公安院校对公安理论的引领作用。从公安机关角度看，应该秉持开放、信任、全面、发展的理念，向公安院校寻求理论支持，而不能一味按照行政化思维方式，以行政权力作为后盾，认为公安院校没有行政管理权无法影响到自身利益，从而失去合作的动力和意愿。

基于此，笔者认为，公安“院局合作”应该是一种相互需要、相互信任的开放性合作，而不是一种公安院校单方面寻求的合作；是一种包含公安理论研究以及公安工作开展的全方位合作，而不是一种仅限于完善公安院校人才培养模式的小范围合作；是一种以促进公安事业不断完善的发展性长远性合作，而不是一种以行政权力或经济利益交换作为动力的短视性合作。

---

① 郑群：《共同体建设：公安院校联合办学新模式》，载《公安教育》2014年第12期，第61页。

二、公安“院局合作”的理论基础

公安院校与公安机关在教学、科研和公安实践中的相互关系是产学研合作的一种子类型。虽然公安院校基本被定义为从事应用型本科教育的院校，可能在某种程度上是只注重生产“产业工人”，而不注重培养“白领阶层”，但应该注意到的能够做好“产学研”有机结合的大学，应该都是具有极强研究实力的大学，应该具备极强的培养“白领阶层”的理论功底和研发能力。因此，公安院校在做好应用型本科教育的同时，必须大力加强对公安工作的理论研究，否则就无法为公安实践提供理论指导，而只能跟随公安实践的脚步成为碌碌无为的“应声虫”，所谓的“产学研”相结合就只能沦为公安院校一厢情愿的“单相思”。要搞好公安“院局合作”，必须寻找到先进的理论基础，否则“院局合作”也可能发挥不了应有的作用。

“产学研”相结合模式最先出现在19世纪工业革命时代。“在美国，州立大学的发展，密切了大学与产业界主要是农业和机械制造业之间的关系，开创了‘产学研’结合的新阶段……真正实现‘产学研’的有机结合是在20世纪后50年。它是以为数众多的科学工业园的兴办和以知识为基础的高技术产业的迅速崛起为标志，并以‘产学研’结合模式和机制的多元化为主要特征。”①习近平总书记在2018年全国教育大会指出：“要深化办学体制和教育管理改革，充分激发教育事业发展生机活力。要提升教育服务经济社会发展能力，调整优化高校区域布局、学科结构、专业设置，建立健全学科专业动态调整机制，加快一流大学和一流学科建设，推进产学研协同创新，积极投身实施创新驱动发展战略，着重培养创新型、复合型、应用型人才。”这段讲话不仅为公安教育发展和公安教育体制改革指明了方向，同时也为公安“院局合作”提出了理论基础，即产学研协同创新理论。

协同创新理论包含了两方面的理论渊源，一是协同学理论，二是创新理论。协同学“研究一个由性质完全不同的大量子系统(诸如光子、电子、分子、细胞、器官、生物、人以及各种社会系统)以复杂的方式相互作用所构成的种种复杂系统，在一定条件下，子系统之间按照一些普适规律，通过非线性作用产生相干效应和协同现象，使系统形成有一定功能的空间、时间或者时空、功能的结构。协同学的目的是建立一种用统一的观点去处理复杂系统的概念和方法。它的中心议题是，探索存在于支配生物界和非生物界及一般系统的宏观尺度上的结构、功能的自组织形成过程的某些普遍原理。协同学是一门学科，而自组织是一种现象。这是一种相变的

① 郑群：《“院局合作”与应用型本科教育研究及其实践》，载《公安教育》2011年第7期，第64页。

统一性，结构形成过程及其规律的统一性"①。"协同学正在发展，并不断开拓自己的研究领域，……因此可以预言它将应用于更广阔的天地。更一般说，协同学力图揭示自然界变化和结构的更本质的规律，实现自然界在各个层次、各个方面的统一，并进而达到自然科学和社会科学的统一，所以它的目标是远大的，也是艰巨的。但是，正因为协同学可以广泛应用，可以继续发展，它才是大有希望的。"②从上述论述中可以看出，协同学目的在于建立一种用统一的观点去处理复杂系统的概念和方法。协同学的应用领域在不断扩大，产学研涉及大学、企业等不同系统组成的一个复杂系统，必须采用统一的观点去进行协同处理，这样才会形成有一定功能的空间、时间或时空、功能结构。技术创新理论的创立者熊彼特曾指出："创新要形成新的组织形式创造或者打破原有垄断的新组织形式。"因此，在产学研协同创新中要想实现新的突破，就要从其组织形式出发，推陈出新。③

根据协同学和技术创新理论基本观点，产学研协同创新，就是要求各个独立系统通过协同来促进不同系统的整合，创造新的组织形式或打破原有垄断的新组织形式，从而在系统中出现涌现现象。"产学研协同创新组织模式，通过全时空域的框架形式，开展全方位的协同匹配。有效地将企业、学校、科研机构的人力、物力、财力进行不断的优化与配置，最大程度上承担着产学研协同创新的组织模式的角色。"④从合作方式上分析，合作模式有委托研究模式、合作开发模式、技术转让模式以及联合一体模式。从合作主体方面分析，可以分为企业主导模式和学研主导模式。这些协同创新模式都可以为公安"院局合作"提供新思路、新方法，是公安"院局合作"不断发展完善的重要理论基础。

三、公安"院局合作"的功能定位

公安"院局合作"应该具备何种功能？对于这一问题的回答，学者基本上是从完善公安院校人才培养模式来解析的。"公安院校从总体上说主要是一种高级职业教育，行业性特征鲜明，'公安'特有的价值取向、文化沉淀、警营环境、人才需求和智力需求是公安院校生存发展的前提和基础，同样是"院局合作"的出发点和

① 张一方：《协同学，耗散结构理论和超循环论》，载《枣庄学院学报》2015年第4期，第1页。

② 张一方：《协同学，耗散结构理论和超循环论》，载《枣庄学院学报》2015年第4期，第4页。

③ 郑军、孙翔宇：《法国产学研创新协同的主要模式、特点及启示》，载《教育与教学研究》2018年第9期，第22页。

④ 高峰青：《产学研协同创新的组织模式及其运行分析》，载《知识经济》2018年第16期，第20页。

最终目标。"①这一定位偏颇明显。从协同学理论来讲，在合作系统中只关注到公安院校子系统，而忽视了公安机关子系统，从而有可能导致协同难以为继，系统涌现也难以出现。要实现公安院校与公安机关的协同，只有对两个子系统都予以重视，才能最大限度地发挥出协同的功能。

产学研协同创新模式是通过全时空域的框架形式，开展全方位的协同匹配，有效地将企业、学校、科研机构的人力、物力、财力进行不断的优化与配置。在当前开展的产学研协同创新过程中，由于产学研协同创新的侧重点存在一定差异，使得产学研创新的模式存在一定的区别，在功能上也有不同。从公安机关所担负的任务和职责来看，公安院校和公安机关都担负着维护国家安全和社会稳定的基本职责，因而在最终目标上是一致的。要促成公安院校和公安机关两个子系统的协同创新，必须以目标一致性为基础，充分考虑各自的需求，合理定位"院局合作"的基本功能。

(一)实现公安知识转移，促进科研成果转化

"伴随着互联网和知识经济时代的来临，开展跨部门乃至跨边界的协同创新是获取知识提升企业竞争力的关键。因此，寻求提高科技成果转化和知识整合效率的路径，促进需求驱动下产学研创新主体之间的知识转移成为业界关注焦点。"②公安机关作为以"服务人民"为宗旨的行政司法机关，在管理服务，侦查破案，治安防范等方面都有着对公安业务理论知识的渴求。公安院校作为公安知识的主要生产者、储存者和创新者，首先应该担负起的责任就是向公安机关转移公安领域的最新专业知识，转化最新科研成果，从而生成公安战斗力。在"院局合作"中，就应该充分发挥公安院校的人才优势和知识优势，向公安机关转移最新的研究成果，以解决公安机关存在的各种理论和实战问题。

(二)优化公安人才培养模式，提升公安队伍整体素质

"在全部公安工作中，队伍建设是根本，也是保证。在公安队伍建设中，教育训练工作居于先导性、基础性和战略性地位。"③"院局合作"在充分发挥公安院校和公安机关的各自人才和资源优势的情况下，不仅可以提高公安院校教师的理论与

---

① 郑群：《"院局合作"与应用型本科教育研究及其实践》，载《公安教育》2011年第7期，第65页。

② 王海军、成佳、邹日崧：《产学研协同创新的知识转移协调机制研究》，载《科学学研究》2018年第7期，第1274页。

③ 公安部：《中共公安部委员会关于加强和改进公安教育训练工作的意见》，公委通字[2009]17号。

实践结合能力和教学水平，提升在校学生的动手能力，同时也能够不断促进公安干警的实战能力和理论水平，有利于形成相互促进的良好的公安人才培养模式，以达到推进公安队伍整体素质和战斗力的提高，促进公安队伍正规化、职业化建设的目的。

四、公安“院局合作”类型创新

在公安“院局合作”类型上，有学者以合作互动紧密性程度为标准将类型分为一体化模式、双向合作模式、一般模式①；有的学者从合作内容角度出发分为理论与实践相结合的模式、实习与实践相结合模式、校局互动模式和订单式合作模式。② 这些模式类型在一定程度上揭示了公安“院局合作”实际状况。从产学研协同创新发展角度看，公安“院局合作”类型应该从院校和公安机关两个主体着手，以合作内容为基本分析对象来进行划分，以便更好地把握“院局合作”的重心、焦点和目标。从国外产学研协同创新的情况看，有不少的模式对公安“院局合作”具有启发意义。如法国将产学研合作分为转化模式和组织模式，转化模式又分为科技衍生模式和高新技术园模式，组织模式又分为特色区域模式、一般性资助模式、创建博士学院模式、创建企业孵化器模式和合作研究中心模式。③ 英国的产学研协同创新模式主要有由政府领导和支持的专项合作计划模式、由政府推进和完善的人才培养教育模式，以及成果转移和信息交流模式、政策支撑模式。其中由政府领导和支持的专项合作计划模式包括技术预测计划、联系合作研究计划、法拉第合作伙伴计划；由政府推进和完善的人才培养教育模式包括知识转移合作伙伴计划、推行产学研结合的教学公司模式、剑桥模式、设立高等教育创新基金与城市学院；成果转移和信息交流模式包括知识转移网络、伦敦技术网络、技术转移办公室、知识转移基金、信息经济委员会。④ 借鉴国外产学研合作模式，结合我国公安“院局合作”的实际情况，可以对公安“院局合作”模式作如下分类：

---

① 辛大勇、宋军：《“院局合作”模式研究》，载《山东警察学院学报》2013 年第 2 期，第 142 页。

② 王龙：《“院局合作”多元模式的探索》，载《湖北警官学院学报》2013 年第 4 期，第 186 页。

③ 郑军、孙翔宇：《法国产学研创新协同的主要模式、特点及启示》，载《教育与教学研究》2018 年第 9 期，第 23-24 页。

④ 郑军、陈美丽：《英国产学研协同创新的主要模式、特点及启示》，载《华北水利水电大学学报》2018 年第 10 期，第 102-104 页。

(一)从合作主体方面分析，可分为公安院校主导模式和公安机关主导模式

公安院校主导模式就是以学院为主动的一方，寻求与公安机关合作，主要以促进学院“教、学、练、战”人才培养模式不断完善为目标的合作模式。主要形式如教学实践基地建设、学院教师实习调研或挂职、实战教官住校教学、联合开展专业培训、合作承办学术会议等。公安机关主导模式是以公安机关为主动一方，寻求与公安院校合作，主要以侦查办案、治安防范、提升公安队伍整体素质等为主要目标的合作模式。主要形式如寻求理论支持、寻求技术支持、协助大型活动安保、委托办理培训班、委托研究课题等。从目前实际情况，公安“院局合作”大多数是学院占据主动一方，而公安机关占据被动一方。造成这种情况的原因很多，主要还是公安院校缺乏自主研发能力、公安机关对公安理论和技术研究有着某种排斥性等①。要调动公安机关的积极性，就必须增强公安院校的研发能力；公安院校不能仅仅提供一般性常规性的理论知识，必须能够回应热点、预判形势，作出能够引领公安机关变革的理论研究成果来。

(二)从合作内容上分析，可以分为理论知识转移模式、科研成果转化模式、人才培养合作模式、全方位合作综合模式

理论知识转移模式就是通过建立公安院校与公安机关之间的协调机制，解决公安机关与院校、科研院所等主体在知识转移过程中的信息不对称问题，推动需求端和供给侧的融合对接。② 这种模式的理论构建内涵：一是产学研用协同创新过程中既包含显性知识的转移，也包含隐形知识的转移；二是产品模块化有利于促进产学研用协同创新过程中的知识交互、知识转移；三是产品模块化引发的松耦合效应有利于推动产学研用协同创新系统的持续运转；四是模块化构架有利于调节知识供需双方的匹配方式和合作策略；五是模块接口为产学研用协同创新提供知识交互和知识转移的管道；六是组织模块化有利于促进产学研用协同创新过程中的知识转移。③ 由此，公安“院局合作”在知识转移协调创新过程中应该注意采用模块化理论，以促进公安院校与公安机关的知识交互、知识转移。

---

① 许细燕：《“院局合作”：回顾、调整、拓展》，载《公安教育》2013 年第 10 期，第 55 页。

② 王海军、成佳、邹日崧：《产学研协同创新的知识转移协调机制研究》，载《科学学研究》2018 年第 7 期，第 1274 页。

③ 王海军、成佳、邹日崧：《产学研协同创新的知识转移协调机制研究》，载《科学学研究》2018 年第 7 期，第 1275-1278 页。

科研成果转化模式是指通过创建各种有利于促进公安院校科研成果转化的互动机制，实现科研成果转化为公安战斗力的目标。这方面的合作方式包括建立成果转移网络，使公安院校能够将科研成果及时发布，而公安机关能够及时获取科研成果信息；也可在公安院校设置技术转移办公室，为成果转移提供商业咨询，包括专利申请和对法律的咨询等；设置知识转移基金，以支持公安院校知识转移。

人才培养合作模式就是通过协同创新建立公安院校和公安机关共同合作培养公安专门人才的途径和方式，如人才订单模式、业务订单模式、临床公安机关模式等。

全方位合作综合模式就是公安院校与公安机关展开全面深度合作，形成你中有我、我中有你的合作机制。这种机制被有的学者称为共同体建设。学者认为共同体建设是公安院校联合办学新模式，可以实现"优势互补、互惠多赢"的目标。①

（三）从合作范围广度和深度上分析，可以分为项目纽带模式、协作平台模式、战略共同体模式②

项目纽带模式是指产学研各方以某个项目为抓手和纽带，签订合作合同，建立伙伴关系，在项目中协同创新。这是一种层次较低、关系松散的协同创新模式。主要包括委托开发、协同开发等形式。这种合作模式在"院局合作"中经常被采用。

协作平台模式是产学研三方共同投入资金、资源组建协作平台，以平台为抓手进行协同创新，主要有共建研究所和合办科技园两种形式。前者目标在于科研成果创新和转化，后者则是经营法人，具备多重目标，从事研发创新的同时也进行经营活动，承担了一些社会功能。这是一种层次较高、关系较紧密的模式。这种合作模式对于公安"院局合作"模式开拓具有一定制约性，尤其是办具有法人地位的科技园，不符合《人民警察法》《公务员法》等法律法规的相关规定。

战略共同体模式指产学研三方在实践中结成的以市场为导向，企业为主体，学术研究机构为技术依托，政府、金融机构等其他社会组织为支撑，收益共享、风险共担、共同发展的命运共同体。这是产学研协同创新的最高层次。这种模式有部分学者作了一些探讨，但从其研究的内容上看，与战略共同体的模式不是一回事③，因而这种模式对于公安"院局合作"而言不太现实，同样会遇到法律和政策障碍。

---

① 郑群：《共同体建设：公安院校联合办学新模式》，载《公安教育》2014年第12期，第60页。

② 丁祺、张子豪：《产学研协同创新模式与利益机制构建》，载《中国高校科技》2018年第7期，第28-30页。

③ 郑群：《共同体建设：公安院校联合办学新模式》，载《公安教育》2014年第12期，第60-62页。

五、公安“院局合作”工作机制完善

当前，公安“院局合作”还存在供求不对称热度不均、概念驱动而非市场驱动、动力机制不足等问题①，往往是公安院校单方面积极，而公安机关则积极性不高。因而只有在合作工作机制上进行妥当安排，才能解决上述问题的瓶颈。有学者研究认为要构建“院局合作”长效机制必须建立互利共赢机制、沟通协调机制、激励机制、约束机制、保障机制等。② 产学研协同创新，“关键在于通过利益机制构建把产学研三方拧成一股绳，核心在于形成收益共享、风险共担、共同发展的利益激励机制，最终实现协作各方利益的最大化、最优化。”③公安机关作为行政机关，公安院校是公安机关的重要组成部分，从本质上讲都不应该以追求经济利益为目标。这也决定了公安“院局合作”的特殊性，但两种之间还是存在诸多的利益共同点，只不过这里提到的“利益”并非经济利益，而是与公安机关的使命和任务相一致的利益，是为维护国家安全、社会稳定、为经济建设保驾护航等方面的共同利益。这种利益机制的构建要比以经济利益为目标的利益机制构建更为艰难，但也不是不可能。从现有合作情况看，公安“院局合作”除了部分以经济利益为出发点之外，还有其他非经济利益的合作。

（一）公安“院局合作”利益驱动中的利益分析

基于公安机关作为行政机关的特殊性质，经济利益驱动显然与其本质特征相违背。作为维护国家安全、社会稳定和经济建设发展良好秩序的主要承担者，其工作任务和职责决定了其自身利益的特质。因此进行“院局合作”，从公安院校来看，就是要分析研究公安机关的基本需求是什么，只有紧紧抓住公安机关的内在利益需求才有可能打动公安机关，提振公安机关参与“院局合作”的积极性，解决“一头热”的问题。当然，公安机关也应该关注公安院校的内在利益需求，否则也无法调动公安院校的积极性。

1. 公安院校的利益需求分析。(1)提升教学质量的需要。办学质量是决定公安高校教育成败的关键。提升教学质量是公安院校开展“院局合作”的基本动力。目

---

① 王龙：《“院局合作”多元模式的探索》，载《湖北警官学院学报》2013 年第 4 期，第 186-187 页。

② 华道金：《公安高校“院局合作”工作机制建设探讨》，载《政法学刊》2018 年第 8 期，第 30-33 页。

③ 丁祺、张子豪：《产学研协同创新模式与利益机制构建》，载《中国高校科技》2018 年第 7 期，第 28 页。

前公安高校培养的学生难以适应公安实践工作的需要，主要问题在于理论教学与实践的脱节。进行“院局合作”能够比较好地解决理论与实践相结合的问题。(2)开展科学研究的需要。发现问题是科学研究的开端。公安高校教师和研究人员如果仅仅在理论推演中来发现问题，这种问题往往是与实践不一致的，因而得出的结论也是无法解决实际问题的。从公安实践中发现新问题、新情况，是公安科学研究成果作用体现的重要判断依据，也是公安院校提升科研水平服务社会实践的需要。(3)传承公安文化的需要。当前公安机关的总方针是对党忠诚、服务人民、执法公正、纪律严明。这也是公安文化的特质。在政治立场上，必须坚持把政治放在首位，对党绝对忠诚；在宗旨上，必须以人民为中心；在工作上，必须执法公正，只有执法公正才能取得广大群众的理解和支持；在作风上，必须纪律严明。公安干警的这些文化特质的养成是需要时间、需要坚持和需要教育的。公安院校作为培养公安干警的摇篮和基地，传承公安文化是学校基本的责任。通过“院局合作”，使公安院校的学生能够直接感受公安机关的管理、作风等，在一定程度上能够进一步促进学生对公安文化的理解，起到传承公安文化的作用。

2. 公安机关的利益需求分析。(1)提高公安机关管理水平的需要。不断提高行政效率，提升服务群众的能力是公安机关得到广大人民群众认可的根本保障。而要提高行政效率和服务群众的能力，公安机关必须以科学理论为指导，不断优化组织结构，提高管理水平。科学理论更多的来自于科研院所，因此公安院校的理论研究成果也就成为了公安机关的必需。(2)侦查破案的需要。打击犯罪是公安机关的一项重要职责。现代犯罪学显示，犯罪体现出智能化、流窜化、组织化、跨国化等特征，这给公安机关的侦查破案带来很大的压力和困难。由于案件众多，工作压力大，公安干警难以及时进行理论研究和总结。而公安院校研究人员则有更多的时间来梳理和研究当前犯罪的特点，总结侦破方法，创新侦查技术，他们所形成的新的侦查方法和技术能够解决公安机关所面临的侦查破案困境。(3)解决警力不足的需要。近年来由于社会转型，社会矛盾凸显，公安机关维护社会治安秩序的压力不断增大，工作频率不断增高，导致警力严重不足。公安院校学生到公安机关实习和见习在一定程度上可以缓解警力不足的局面。近年来公安院校多次参与了国家或地方的重大安保活动，在维护社会治安和重大保卫活动中作出了贡献。

(二)公安“院局合作”利益机制构建

从产学研合作角度看，产学研协同创新利益机制的构建应当以降低交易成本为着眼点，以增强产学研各方的利益融合度为目标。产学研协同创新利益机制是一个系统，其中涵盖利益融合、利益分配、利益协调和利益保障四个子系统，四个子系统相互联系、相互制约。① 该理论认识对于公安“院局合作”的利益构建具有一定的启示意义。

1. 公安“院局合作”的利益融合机制。首先，公安院校、公安机关尤其是公安机关必须改变各自为战的发展理念，充分认识合作共赢才是协同创新的本质特征。公安院校不应有“没有公安机关照样办学”的思想，当然也不能抱有作为公安机关附属机构的想法，应该充分认识到公安院校的相对独立性；同样，公安机关也不该有“离开公安院校照样工作”的不当想法，不应设置障碍，对公安院校不理不睬，故意刁难。其次，要充分发挥公安机关的中心作用，公安院校要以公安机关的需要为发展理念，尤其在人才培养上，构建以公安机关实际需要为导向的人才培养机制。最后，为“院局合作”建设信息平台，增强各自信息透明度，以便双方更好地了解对方利益之所在，更进一步促进协同创新。

2. 公安“院局合作”的利益分配机制。一是要建立科学有序的规章制度，明确双方权利义务，科学分配“院局合作”中合作双方投入的合作成本，以降低合作成本；二是明确创新成果的归属，保证科研人员对科研成果的所有权和收益权，以激励“院局合作”各方人员有动力积极投身协同创新。

3. 公安“院局合作”的利益协商机制。制定相应原则和规则，搭建合作各方利益协商沟通机制，强化合作，积极沟通，合理分配利益；在无法协商的情况下，可以交由第三方机构进行监督、评估或调处，注意避免矛盾激化，影响合作创新大局。

4. 公安院校合作利益保障机制。首先从制度上解决责权利的分担分享问题。在“院局合作”中容易出现一些风险，必须通过制度来加以解决。如在侦查破案中可能发生泄密问题，在安保活动中有时会出现人身伤亡等风险，都应该在制度中做出相应的规定，这样才能有效防范合作风险的出现或扩大。其次，建立第三方监督机构，对“院局合作”进行全过程跟进评估，保证各方依法活动。最后，制定风险防范预案，明确合作各方责权利，使风险处理合法化、规范化。

① 丁祺、张子豪：《产学研协同创新模式与利益机制构建》，载《中国高校科技》2018 年第 7 期，第 30 页。

基于应用型警务人才培养的双向嵌入式“院局合作”机制研究①

陈俊豪②

（湖南警察学院　湖南　长沙　410138）

[内容摘要] 应用型警务人才的培养不能脱离公安实践，“院局合作”是应用型警务人才培养的重要途径。当前公安院校人才培养的“院局合作”缺乏全面性、深入性、广泛性，没有形成“院局合作”的长效机制。“双向嵌入”人才培养模式是应用型警务人才培养的理想模式和必然选择，公安院校应充分发挥公安教育训练“一体化”管理模式的政治优势，推动公安院校与公安机关在人才培养上的双向“互嵌式”合作与行动实践，推动应用型警务人才培养教学改革的深入发展。

[关键词] 应用型警务人才；双向嵌入；人才培养

2015年国家从高等教育人才培养工作的战略出发，下发了《关于引导部分地方普通本科高校向应用型转变的指导意见》，要求地方高校适应经济社会发展的需要，积极谋划转型，培养更多的应用型人才，使教育目标和质量标准更加对接社会需求。在高等教育转型发展的国家行动中，公安院校对应用型人才培养的目标定位作出了积极回应。2015年，人力资源社会保障部、公安部、教育部等六部委下发了《关于公安院校公安专业人才招录培养制度改革的意见》，第一次将警务人才培养层次做出了区分，要求公安院校应根据办学资质、条件，合理确定警务人才培养的目标，将研究生教育、本科教育和专科教育的人才培养目标分别定位为培养高层次警务人才、高素质应用型警务人才和实战型警务人才。因此，如何培养适应公安改革发展和公安工作需要的应用型警务人才，已成为公安本科院校的教育教学改革的首要任务和时代使命。

---

① 基金项目：湖南省教育厅2016年教改项目“治安学专业应用型警务人才培养机制研究”（湘教通[2016]400号）阶段性成果。

② 作者简介：陈俊豪，男，湖南警察学院治安系副教授，主要研究公安学、公安教育。

一、学以致用：应用型警务人才内涵的本质特征

准确把握应用型警务人才的内涵和培养标准是公安本科院校教育教学活动的出发点和重要依据，也有利于在人才培养的实践中准确厘清通识教育与职业教育、学科建设和专业建设、理论教学与实战教学之间的关系，建立以“应用能力”为本的教育教学体系，为公安机关培养具备良好警察职业能力和执法品质的应用型警务人才。关于什么是应用型警务人才，目前尚无权威界定。但从高校的功能、高等教育人才培养目标的政策文本以及专家、学者的理论文献中能梳理出答案。高校的社会功能是根据高等教育人才培养目标的不同定位而被赋予其价值和意义的，因此，对应用型人才的理解应将其置于高等教育的价值和人才培养目标的整体认识中来理解。国外关于高校人才培养目标的定位存在精英主义和实用主义两种倾向。精英主义从大学的本质和功能出发，强调理论知识的学习、文化的传承，认为大学是传授知识的场所[①]和知识的创新地[②]，主要培养社会精英。实用主义则认为，大学与社会特别是市场密切相关，大学活动不止于研究、教学，还包括社会服务[③]。潘懋元教授将我国高等学校人才培养分为研究型人才、专业性应用型和职业技能性人才三类。[④] 其中，应用型人才是指在一定的理论规范指导下，将新知识应用于实践，进行社会化的操作运用的非学术研究性工作者。[⑤] 培养应用型人才就是要“面向生产服务一线，培养理论功底扎实，实践能力突出”的人才。可见，应用型人才是相对于学术型人才、技能性人才而言的，是既有扎实的理论基础和专业素养，又能够理论联系实际将知识运用于实践的人才。[⑥] 因此，我们可以得出结论：应用型警务人才是具有宽厚的公安理论基础，并能将理论知识运用于公安工作实践的人才，其培养强调人才的“实用性”。培养应用型警务人才强调“学以致用”，注重理论知识、实践能力和综合素质的协调、平衡发展，特别重视理论与实践的融合，重视人才培养为公安实践服务。

---

① John Henry, Cardinal Newma: The Idea of a University, London: Longmans, 1947-27。

② Abraham Flexner: Universities: American. English. German, N. Y. Oxford University Press, 1930。

③ [美]克拉克·科尔：《大学的功用》，江西教育出版社 1993 年版。

④ 潘懋元、吴玫：《高等学校分类与定位问题》，载《复旦教育论坛》2003 年第 1 期，第 5 页。

⑤ 潘懋元、石慧霞：《应用型人才培养的历史探源》，载《江苏高教》2009 年第 1 期，第 7 页。

⑥ 吴中江、黄成亮：《应用型人才内涵及应用型本科人才培养》，载《高等工程教育研究》2014 年第 2 期，第 66 页。

二、“院局合作”：应用型警务人才培养的重要路径

高校是人才培养的主要场所，公安院校的根本任务就是为公安机关培养合格的警务人才。专业、课程、教材、教师、课堂、教学设施设备、教学是人才形成的重要条件和资源保障，因此学校是人才培养和成长的重要场域。然而综观国内外警察教育培养的历史和现状，没有哪一个时期、哪一个国家只通过学校的教学就能培养成职业特征明显的警务人才。从中国警察教育的历史发展看，警察教育特别注重警务实务的教学，注重跟警察机构建立良好的合作关系。1901 年，清政府开办京师警务学堂；1906 年改为京师高等巡警学堂，开始警察学历教育，学制正科 3 年，专科一年半，以培养“贯通原理、深明警务”的专职警察为目标，并建立了涵盖法律知识、警察实务和警务技能训练的课程体系。中华人民共和国成立以来，公安人才培养经历了短期培训、中等职业教育、专科教育、本科教育、研究生教育等多个发展阶段。无论是培训还是学历教育，都注重从公安实践中总结经验，形成教材和教学体系，强调公安院校与公安机关的协同培养。如 2018 年教育部颁布的《本科教学质量国家标准》就明确规定：公安类本科专业的人才培养应“突出公安职业特色，适应公安实战要求，实行‘教、学、练、战一体化’的人才培养模式，建立公安实战部门协作共建、协同育人机制”。国外更是注重警察培养和警察机构的合作。如美国是现代意义警察高等教育开办最早的国家之一，比较重视警察的应用能力与实践能力的培养。1935 年，密歇根州立学院开设了一个五年制的警察课程训练项目，将犯罪学、警察学、管理学等基础理论与警察实战相结合，要求学生必须参加 18 个月的警局实习，以提高学生的应用能力。① 可见，“院局合作”是警务人才培养的重要途径，建立“院局合作”机制是公安院校应用型警务人才培养不可或缺的重要育人机制。所谓“院局合作”，是指为了实现公安院校与公安机关的资源共享和优势互补，通过公安院校与公安机关实战部门签订的人才培养协议和其他协议，在理论研究、师资培养、教学实践、学生实习和理论、科技创新等方面开展合作，实现公安院校与公安机关的共同发展。与公安机关建立合作关系，开展实践教学，培养学生实践能力是当前公安院校警务人才培养的主要做法。以湖南警察学院为例，本院通过与长沙、岳阳、益阳等地 10 余个公安机关签订合作协议，安排学生实习、见习，有力地促进了学生警务技能的提升。

① 杨学锋：《美国警察教育史迹及借鉴》，载《吉林公安高等专科学校学报》2009 年第 1 期，第 117 页。

三、嵌入性：“院局合作”可持续发展的黏合剂

嵌入，就其字面含义来讲，是指将较小的东西镶入较大东西的凹处，可引申为牢固地或深深地固定或树立。[①] 嵌入性，则是指某一事物内生于或根植于其他事物的一种属性，表明两者之间的关系及其密切程度。嵌入理论是有关经济行动与社会结构之间关系的理论，最先由人类学家波兰尼提出，后经马克·格兰诺维特发展。嵌入理论认为，行动者不能脱离社会结构、社会关系像“原子化”的个人那样进行决策和行动，而应嵌入具体的、当下的社会结构、社会关系中做出行动决策。[②] 个体或组织的行动不能脱离社会结构和环境而独立存在。同理，中国高等教育体系的发展，也不能脱离中国经济、政治、文化、社会的发展而独行其道，是深深嵌入中国的社会结构之中的。正如教育学者田道敏所言：“外在力量与主体力量的对比是决定教育双重影响的根本所在，而作为整个社会控制系统的外在力量往往处于主导地位”。[③] 高等教育政策引导地方本科院校向应用型转型正是中国经济、社会结构变化发展的结果，是高等教育与人才培养适应社会结构发展变化的理性选择。培养应用型人才，既要强调学生具有宽厚的专业知识基础，又要重视知识的转化和应用能力培养，离不开“院局合作”。公安院校“应用型警务人才”的培养应着眼于政法队伍建设、公安队伍建设的现实需要，将教育教学行动自觉嵌入到公安机关警种、部门的业务网络之中，培养适应治安形势发展和公安工作需要的人才。要实现人才培养与社会需要的有效对接，公安院校必须充分把握“应用型”人才的生成规律。在知识的生产上，公安院校应注重理论知识与社会治安、公安实践的关联性、衔接性和融合性，重视对公安工作规律和实践经验的提炼、归纳和总结；在知识的选择上，教学内容应有助于提高学生的警察认知能力、思考能力、推理能力和动手操作能力；在教学行动上，公安院校应当积极推进人才培养体系和课堂教学改革，注重知识与能力的结合，注重培养学生对知识的理解力、想象力和整合力，提高学生将知识运用于公安工作实践的知识迁移能力。因此，“嵌入性”理论为当前公安院校人才培养在教育政策调整和公安院校招录培养体制改革背景下的“应用型警务人才”培养改革提供了一个解释框架，为公安院校应用型警务人才培养的“院局合作”深入开展提供了重要的理论基础。

---

① 范庆华主编：《辞海》，黑龙江人民出版社2002年版，第878页。

② 兰建平、苗文斌：《嵌入性理论研究综述》，载《技术经济》2009年第28(1)期，第104-108页。

③ 田道敏：《教育改革视域中的学生主体性问题论析》，载《中州学刊》2010年第3期，第138页。

四、双向嵌入：“院局合作”长效机制建设的理性选择

（一）双向嵌入的基本内涵及其价值分析

“双向嵌入”是相对“单项嵌入”而言的，主要突出“院局合作”的双方互为主体性，即双方的主观能动性。所谓“双向嵌入”是指公安院校和公安机关基于各自的需要，主动嵌入对方的文化、制度、业务和工作实践中，以促进各自工作的发展。当前，各地公安院校与公安机关开展的“院局合作”是“双向嵌入”人才培养模式的一种主要模式和理想类型。“双向嵌入”的基本内容包括结构嵌入、关系嵌入、教学内容嵌入和教学行为嵌入等诸多类型。结构嵌入要求突破公安院校人才培养的单一场域限制，明确公安机关人才培养的主体责任，建立公安院校与公安机关“一体化”人才培养制度。关系嵌入是指公安院校与公安实战部门基于人才培养的共同责任、共同理念，建立一种教育教学的良好合作关系，实现人才培养的相互嵌入，实现学校资源与公安机关教学资源的有机结合和共建共享。教学内容嵌入则要求公安本科院校在理论研究、知识生产、专业设置、师资培养、课程与教学内容选择上必须加强与公安机关的联系与合作，使“理论知识”更好地嵌入“公安工作实践”，培养学生适应公安工作实践的能力。教学行为嵌入是指公安院校在人才培养方案制定、知识传授、实践教学、实习实训等方面“嵌入”公安队伍建设的整体要求，培养符合警务实践需要的警务人才。应用型警务人才培养的本质要求公安理论与学科知识能够转化为警务实践能力，并能满足公安工作和公安队伍建设的需要，这必然要求公安院校人才培养必须紧密联系公安实际，加强与公安实战部门的合作。“双向嵌入”人才培养模式作为一种互利共赢的人才培养模式顺应了应用型人才培养的要求，既有利于理论教学主动融入警务实践，为实践部门培养人才，也有利于公安实战部门反哺公安学科建设和理论创新。

（二）当前公安院校人才培养“院局合作”存在的问题剖析

当前，公安院校开展的“院局合作”人才培养的探索和实践，在促进公安院校实践教学改革、“双师型”教师培养等方面取得了一定的成效，积累了较为丰富的经验。然而，受公安教育管理体制、机制的限制，校局双方都缺乏对“院局合作”的深层认识和潜力挖掘，存在资源共享渠道不畅、合作范围过窄、合作动能不足等诸多问题。从当前各地公安院校在“院局合作”方面的实践来看，仍然存在认识上的局限性和实践逻辑的不完整性，往往被定义为公安院校人才培养的一种单方主体行动，是一种“单向嵌入”的人才培养和教学组织模式，没有强调公安院校与公安实战部门双方共同积极行动互为主体性，也就谈不上是一种以“互利共赢”为目的

的合作，难以实现真正意义上的资源共享与深度合作，缺乏持续的动力。主要表现在以下几个方面：

1. 缺乏对应用型人才内涵的正确理解。一些教学管理者和教师将“应用型”与“技能型”警务人才等同起来，认为“应用型人才是低级、初级人才，学术型、研究型人才才是高级人才”；把人才的类型与层次混淆起来，误解为公安院校招录体制改革后，公安院校又回到了行业办学、低层次职业化教育的老路上，主要面向公安机关岗位需要培养警察职业人才，公安院校不应该再提学科建设、科学研究和知识生产。这种认识遮蔽了“院局合作”的范围和内容，使“院局合作”仅限于实践教学环节，忽略了专业和课程建设方面的合作。

2. “单向嵌入”的应用型人才培养模式不能调动公安实战部门的积极性。此模式下的“院局合作”是基于应用型人才培养和实践教学的需要而由公安院校主动提出的，公安实战部门是被动接受的，没有突出相互主体性和“互利共赢”的话语意识，使得公安机关及其民警在“院局合作”的实践行动中显得参与性不足。

3. “院局合作”缺乏长效机制建设。当前公安院校开展“院局合作”主要是在学生实践教学方面，通过签订协议，在公安机关建立学生实习基地，安排学生实习。一方面完成了教育部明确规定的实践教学任务，另一方面可以缓解公安实战部门警力不足的压力，至于具体的实习岗位、实习任务、实习标准并没有进行科学具体的规划。

4. 缺乏长久的政策支持和保障体系。目前的“院局合作”是一种“松散型”的合作关系，缺乏可持续推进的长效机制，以签订合作协议的形式进行合作，必然受到期限、权利义务范围的制约，不能发挥合作双方在人才培养方面的主观能动性。在课程建设上，难以建立公安理论与实践、技术创新与运用之间的转化机制，以推进学校的学科建设和专业设置；在教学行为上，难以实现学校知识传授与学生实践实习内容之间的无缝对接，缺乏让学生的知识向能力转化的教学机制。

（三）“双向嵌入式”“院局合作”的路径选择

应用型警务人才的培养离不开公安事业的广阔舞台，专业设置和学科建设更需要贴近公安工作实际，对接公安工作实践。为公安机关培养、输送符合警务实战部门需要的公安人才是公安院校的价值所在。“双向嵌入”的人才培养模式是公安院校和公安机关之间相互主动融入，互利双赢的合作关系，要求公安院校与公安实战部门之间在人才培养、队伍建设、警务实践、公安理论研究以及技术创新等领域通过资源共享与合作行动，实现公安院校应用型警务人才的培养和公安工作的创新发展。“双向嵌入”的人才培养机制符合“校局”双方的共同利益。公安院校人才培养嵌入公安机关和公安实践之中有利于促进学校更加清晰地了解公安机关对警务人才能力素质的要求，使学校教育教学主动适应公安工作实战要求，推动“教、训、练、战”一体化建设和发展。公安工作“嵌入”公安院校的人才培养、专业学科建设之中则可以使公安机关充分利用公安院校的人才优势、理论优势和技术优势，推动警务模式的改革和公安事业的长远发展。“双向嵌入”的人才培养模式是实现公安院校应用型、实战型警务人才培养方式的理想选择，具有更为丰富的内涵、更高的合作标准和行动要求，可以说是当前公安院校开展“院局合作”的升级版，是当前公安教育训练“一体化”管理的内在要求。

公安机关和公安院校是公安事业持续发展的两大阵地，公安机关在打击违法犯罪、维护社会治安和服务经济社会发展过程中，积累了丰富的管理经验和成功案例，为公安理论创新和人才培养提供了大量生动、鲜活的素材。公安本科院校则是警务人才培养基地、警务理论研究基地，持续不断地为公安工作的理论创新、队伍建设注入新的活力，推动了公安事业的发展。公安院校和公安机关必须充分发挥各自的资源优势，根据应用型警务人才培养的教育教学规律，“多元化、具体化、紧密型、长远性”的“双向嵌入”人才培养机制，推动应用型警务人才培养教育教学改革的不断发展。

1. 要强化关系嵌入，建立人才培养方案的协商机制。人才培养方案是公安院校应用型警务人才培养教育教学行为实施的重要文件和主要依据。培养方案的共同制定有利于实现公安院校应用型警务人才“进口”与“出口”的有效衔接，有利于确定公安机关和公安院校在人才培养方面的共同责任，共同致力于应用型人才的培养和使用。公安院校应当充分发挥当前公安教育训练“一体化”的制度优势，调动公安机关警种、部门在警务人才培养方面的主观能动性和参与性，由公安机关警种、部门和公安院校根据公安队伍建设需要和警种、部门的岗位能力标准和素质要求，共同谋划、制定人才培养方案，商定课程体系和教学内容，使专业人才培养规格符合公安机关实战的需要，推进公安机关和公安院校在人才培养方面的协同发展。①

2. 要推进课程嵌入，建设实践性强的警务课程体系。公安学理论体系是公安工作和公安院校教育教学实践相互作用、相互建构的结果，是在公安工作和人才培养的实践中形成和发展的。② 本科层次的应用型人才是在技能性和专业性的基础上培养的综合型高素质人才，强调理论学习的通用性、知识来源的创新性，重视知识、能力、素质的协调发展。通过“双向嵌入”式的“院局合作”有利于克服公安理论知识与警务实践脱节的矛盾，促使公安院校按照培养应用型人才要求整合课程内容，将公安实践中的新知识、新成果以及履职的素质能力要求及时吸收到学科建设

① 陈俊豪：《“一体化”管理模式下民警培训质量评价标准研究》，载《湖南警察学院学报》2016年第2期，第62页。

② 谢军、陈俊豪：《关于推进公安院校“实战化”教学的思考》，载《公安教育》2016年第1期，第55页。

中来，推进符合“应用型”警务人才培养需要的课程体系建设，使课程知识、教学内容对接警务实践，实现课程内容与学科、学术结构的统一协调发展。

3. 实现结构嵌入，建设“双师型”教师教官队伍。应用型人才是将理论知识直接用于社会实践领域的人才。① 因此，应用型警务人才培养需要既懂理论又会实际操作的“双师型”教师，实现教学中公安理论知识与公安业务实践的有效衔接和转化。当前，在教育部、公安部等国家层面的“双千计划”政策推动下，公安院校与公安机关积极开展教师教官的互派交流活动，对促进公安院校“双师型”教师培养发挥了一定的作用，但实践型教师量少质弱，专家型教官不足仍是制约应用型警务人才培养的一个突出问题。由于教师和教官分属公安院校和公安机关两套不同的管理体系，特别是教师的“执法者”身份无法明确，教师交流到实践部门后，没有发挥应有的作用，缺乏锻炼的舞台和全程参与案件侦破、治安防控和执法执勤的锻炼机会。因此，应通过公安院校作为公安机关的重要组成部分这一机构性质，实现结构嵌入，明确教师的教官身份地位，实现角色的快速转变，让教师主动、深度地参与公安工作实践，及时将来源于实践的知识运用于课程教学，提高实践教学能力和水平。

4. 加强业务嵌入，建立警务资源的互通共享机制。资源共享是“双向嵌入”人才培养模式的重要内容和实现双方互利共赢的重要途径。应用型警务人才培养加强公安院校与公安机关的业务合作，实现公安业务的相互嵌入，使公安机关的动态化的案(事)件、管理经验、数字化、网络化的情报信息及时嵌入到应用型课程体系建设和教学服务中，能够避免知识与公安实践脱节，丰富和拓展教学内容。公安院校作为理论研究和人才培养基地，具有知识生产、理论创新、技术发明等诸多智力和人才资源，应将公安院校纳入公安信息化建设的整体规划中，搭建资源共享的网络信息平台，促进警务理论与实践成果的及时转换和教育教学资源的深度运用。校局双方通过结构化、常态化的“双向嵌入”合作机制，可以实现公安机关与公安院校在重大案(事)件、公安情报信息、公安理论、技术发明、人才培养方面的资源共享，更好地服务于应用型警务人才培养和公安实战工作。

---

① 郑晓梅：《应用型人才与技术性人才之辨析》，载《现代教育科学》2005 年第 1 期，第 10 页。

治安学专业人才培养“院局合作”平台建设[①]

刘振华[②]

（湖南警察学院　湖南　长沙　410138）

［内容摘要］近年来，公安院校治安学专业与公安机关积极开展“院局合作”，在提高专业人才培养质量，加强专业实践教学基地建设，提升教师实践教学能力，缓解公安机关警力不足等方面发挥了重要作用。但是，目前治安学专业开展的“院局合作”存在合作形式单一、机制不健全等问题，制约了“院局合作”工作的进展。因此，治安学专业开展“院局合作”应转变合作观念，拓宽合作领域，完善合作考核评价机制，建立合作保障制度，加强合作平台建设，实现“院局合作”主体双赢的目的。

［关键词］治安学；“院局合作”；价值；困境；机制

2005年10月，国务院在《关于大力发展职业教育的决定》中首次明确提出，“大力推行工学结合、校企合作的培养模式”。其后，在《国家中长期教育改革和发展规划纲要(2010—2020年)》，以及教育部颁布的《关于进一步加强实践育人工作的意见》《关于提高高等教育教学质量的若干意见》等文件中均提到了加强人才培养校企之间的合作。党的十九大报告中也明确提出，要“完善职业教育和培训体系，深化产教融合、校企合作”。由此可见，培养高素质应用型专门人才已成为国家战略，校企合作作为培养应用型人才的基本途径已形成共识。[③] 公安教育作为培养公安应用型人才的职业教育，“院局合作”受到了公安院校的广泛关注与推行。“院局合作”是指公安院校与基层公安机关通过建立科学的合作机制，发挥双方的优势，以培养在校学生的警务综合素质和民警的业务技能为目标，实现公安院校与公安机

---

①　基金项目成果：湖南省教育厅2017年度教改课题“公安院校治安学专业实践教学质量监控研究”(编号：湘教通[2017]445号)的阶段性成果。

②　作者简介：刘振华，男，湖南警察学院治安系副主任，教授，主要研究治安学和教学管理。

③　王明东：《校企合作下的地方本科院校教学质量管理与评价机制》，载《高教学刊》2018年第21期，第143-146页。

关共同培养适应警务实践的应用型专门人才的一种工作机制或办学模式。[①] 公安院校治安学专业开展“院局合作”在实现资源共享、提高人才培养质量等方面发挥了重要作用，但从治安学专业“院局合作”现状看，还存在合作形式单一、合作机制不健全等困境，亟待进一步加强治安学专业“院局合作”平台建设。

一、“院局合作”平台在专业人才培养中的价值

人才培养是对人才进行教育、培训的过程。公安院校治安学专业的育人目标是培养政治立场坚定、专业知识扎实、警务技能较强、综合素养较高的符合现代社会所需要的应用型公安专门人才。“院局合作”平台是治安学专业人才培养质量的“助推器”，是教学科研成果的“实验场”，在专业人才培养中发挥了重要的作用。

（一）提高人才培养质量的“助推器”

人才培养质量是高等院校生存和发展的生命线，是高等教育的核心和关键。公安院校治安学专业的人才培养质量不仅关系到治安学专业、学科的发展与竞争，而且关乎公安机关的警队建设与社会稳定。治安学专业为提高人才培养质量，加强与公安机关“院局合作”，寻求公安院校与公安机关共同发展，实现互利共赢成为了必然选择。“院局合作”平台能充分发挥公安院校和公安机关各自的优势，共同确立专业人才培养目标，积极开展人员双向交流，为专业实践教学提供平台等。“院局合作”不但可以培养学生过硬的专业知识和技能，而且能使学生通过具体的实践活动不断提升能力水平。同时，“院局合作”平台还能够培养学生良好的职业道德，认真负责的工作态度，纪律严明的工作作风和同心协力的团队精神，“院局合作”平台成为了提高专业人才培养质量的“助推器”。

（二）开展专业实践教学的“基地”

实践教学是高等教育的重要环节，也是提高学生实践能力的重要途径，在高等教育教学中具有不可替代的作用。治安学专业是实践性要求较强的专业，理应开展较多的实践教学。但是，目前公安院校治安学专业普遍存在“重理论轻实践”、实践教学流于形式等问题。究其原因，专业实践教学基地不足是重要原因之一。基地建设是治安学专业实践教学的重要支撑，也是确保专业实践教学质量，提高专业教师和学生实践能力的重要手段和条件。治安学专业开展“院局合作”，拓宽了专业实践教学“基地”，搭建了良好的合作平台。这里所讲的实践教学“基地”，一方面，

① 皮中旭：《“院局合作”背景下的治安学专业人才培养》，载《求知导刊》2015 年第 11 期，第 22-25 页。

治安学专业学生可以利用平台开展校外实践教学活动，如到公安机关观摩、协助执勤、见习、实习等；另一方面，公安院校也为公安机关的驻校教官提供条件，让驻校教官在校内能够独立开展或协助开展实践教学，如治安学专业中治安巡逻与盘查、110接处警和治安案件办理等实践教学均可安排驻校教官完成，他们较强的实践经验弥补了专业教师的不足，有力地提升了专业学生的实践能力。

（三）提升教师实践教学能力的“桥梁”

师资队伍建设是高等学校教学基本建设的核心内容，是提高教学质量、培养合格人才的基本保障。“以前的教师相当于是羊群中的牧羊犬，而现在则变成了羊群中的领头羊”，开展专业实践教学，教师不仅要成为实践教学的指挥者，更要参与到学生的具体实训学习中来，甚至与学生共同分担扮演实训场景设计中的角色，共同完成实训演练。① 但是，目前公安院校教师大多数直接来源于学校，其工作经历全部在学校，没有经历过长期的公安实践锻炼，缺乏丰富的公安工作实践经验，难以达到实践教学的要求。公安院校治安学专业通过安排专业教师到“院局合作”的公安机关挂职、实习或者向驻校教官学习等途径，可以加大教师实践教学能力培养的力度，督促专业教师提高自身的实践能力，提升教师的整体素质，促进师资队伍建设。

（四）缓解基层公安机关警力不足的压力

基层公安机关是各项公安保卫任务的直接承担者，是公安工作各项方针、政策的具体落实者。其职责发挥的好坏，对整个公安工作成败和社会稳定具有重大影响，而当前警察数量相对较低是制约我国公安机关警务顺利进行的瓶颈之一，急需解决警力不足的燃眉之急。治安学专业与公安机关开展“院局合作”，虽然不能从根本上彻底解决公安机关警力不足的问题，但至少在短时间内可以缓解公安机关警力不足。如大型活动的安保、春运安保等，公安机关可以利用“院局合作”的优势，借用专业学生为其提供短期的安保警力；再如专业学生毕业实习，虽然公安院校治安学专业学生毕业实习期限不同，但据笔者调查最短也在100天以上，他们协助基层公安机关开展治安管理和办理治安案件，这既缓解了基层公安机关警力不足的问题，同时也提升了专业学生的实践能力和水平。

（五）教学科研成果转化的“实验场”

用教学科研成果服务社会，是高等学校的重要的职责之一。治安学专业教师的

---

① 王占军：《试论治安管理课程实训教学的有效开展》，载《教育与职业》2011年第7期，第29-32页。

教学科研成果蕴含着创新思想和内容，通过"院局合作"将之转化为实践教学内容，让学生有机会了解学科专业的前沿和创新过程，体会创新思维，能提高学生的创新能力；专业教师还可以将教学科研成果，在公安实践中加以转化，解决公安实践的难点、热点问题，让参与"院局合作"的公安机关从中受益。同时，驻校教官将公安实践部门的研究成果在公安院校加以运用，把公安实践的先进经验、做法转化为教学内容，可以弥补专业书本知识的不足。因此，无论是专业教师还是驻校教官，均可把"院局合作"途径作为教学科研成果转化的"实验场"。

二、"院局合作"平台在专业人才培养中面临的困境

公安院校治安学专业开展"院局合作"活动已有多年，取得了一定的成绩，提高了专业学生的实践能力，但是从总体上看，治安学专业"院局合作"中还存在一些问题，亟待进一步深入研究和探索。

(一)"院局合作"难以找到平衡点

"院局合作"是建立在公安院校和公安机关双赢的基础上的，只有公安院校和公安机关两大利益主体实现共生互惠，"院局合作"才能良好运转。只有"公安院校与公安机关联合、互惠互利、建立一种长期而稳定的教育合作模式，才能实现学校培养人才合格，公安机关使用人才称心的院局双赢的目的"。① 如果不能实现双赢的目的，"院局合作"必然会陷入困境。

从目前公安院校治安学专业"院局合作"开展情况来看，双方虽然有较多的共同点，但是，双方目的存在较大的差异性。公安机关希望通过"院局合作"至少可以实现三个目的：一是借助公安院校优质资源解决公安实践中的一些疑难问题；二是师生的加入可以有效缓解公安机关的警力不足；三是为公安队伍建设提供教育训练场地和智力资源。而公安院校通过"院局合作"也至少怀有三重希望：一是通过选派专业教师深入公安机关提高业务能力，促进师资队伍建设；二是通过见习、实习等提高学生的动手能力，促进实践教学发展；三是借助公安机关实战资源，解决校内实践教学资源不足的问题。② 从公安院校和公安机关开展"院局合作"各自的目的来看，双方的目的存在一定的偏差，尤其是由于公安院校教师解决实践问题的能力不强，学生实践教学时间短且不固定，学生动手能力较弱，不能迅速适应公安工

---

① 谢剑虹：《高等职业教育校企合作的现实困境与应对策略》，载《当代教育论坛》2016年第1期，第74页。

② 王勇鹏，欧阳梓华：《"院局合作"开展公安实践能力培养的探索——以湖南警察学院为例》，载《湖南警察学院学报》2015年第5期，第111-116页。

作岗位要求，无形中增加了公安机关的工作量。因此，公安机关无法真正实现其“院局合作”的目的。因为难以找到两个主体之间的平衡点，所以公安机关对开展“院局合作”的动力不大，以致出现“院局合作”“公安院校热而公安机关冷”的尴尬局面。

（二）“院局合作”的形式单一

虽然公安院校治安学专业开展了一些“院局合作”活动，如学生到公安机关开展毕业实习、假期见习，以及参与大型活动安保和邀请公安机关民警来校讲座等，但是，目前治安学专业开展的“院局合作”还停留在表面，大多在低水平重复和低效率运行徘徊中，缺乏深度合作。目前，公安院校与公安机关的合作是毕业实习，多数公安院校仅把“院局合作”当成学生实习的一种途径，这种“放羊式”的顶岗实习仍是套用和翻版旧有模式中的安排学生实习或工作，无疑属于自发性、浅层次、短期化、松散型的“院局合作”。一些公安机关则将“院局合作”简单地理解为给学生实习提供场地和机会，或者把学生当成廉价劳动力安排在技术含量低的岗位上“顶岗”，致使“院局合作”之路越走越窄。

（三）“院局合作”的机制不健全

机制是各要素之间的结构关系和运行方式。在“院局合作”中，公安院校作为主导方，公安机关被动配合，公安院校和公安机关都短期地进行表象合作，往往在初期效果很好，却很难在长效机制上形成持续发展的动力。目前公安院校治安学专业开展的“院局合作”存在机制不健全的问题，主要表现在：一是协商机制未落实。由于“院局合作”的主体不存在上下级关系，主要是依靠情感纽带在运行，因此，在“院局合作”过程中需要主体双方的沟通与协商，才能有效解决“院局合作”中的问题，但是目前治安学专业开展的“院局合作”有的只是每年召开一次“院局合作”总结表彰会议，平时基本上缺失日常的沟通与协商，难以使“院局合作”顺利开展。二是评价机制不科学。从治安学专业开展“院局合作”的情况看，“院局合作”活动开展的效果如何，合作双方是否达到了“院局合作”的目的等，这些均没有一个科学的评价机制，只是对学生毕业实习有一个简单、粗糙的评价结果。“院局合作”的评价存在评价主体缺失，没有指定科学的评价指标体系，评价的结果也没有得到及时的反馈，造成了“院局合作”流于形式。三是保障机制不完善。目前公安院校治安学专业开展“院局合作”的保障机制不完善，由于受利益驱动和经费紧张的影响，“院局合作”主体双方经费投入不够，没有“院局合作”专项经费，制约“院局合作”活动的正常开展；“院局合作”缺失专门的机构和人员，没有单独成立专业实践教学部门，没有安排专职人员，“院局合作”工作被专业教师和民警均认为是负担，影响了“院局合作”活动开展的积极性。

三、加强治安学专业人才培养“院局合作”平台建设

虽然公安院校治安学专业在开展“院局合作”活动中存在诸多的问题，制约了“院局合作”平台的建设与发展。但是，“院局合作”在专业人才培养、师资队伍建设和服务公安实践等方面还是发挥了重要作用，合作双方值得进一步加强“院局合作”平台建设。

（一）转变“院局合作”观念

在“院局合作”过程中，合作双方需要转变“院局合作”的观念，找准“院局合作”的利益基点和平衡点，充分认识“院局合作”的实质。公安院校不能从学校的单方面发展考虑合作，应立足于两大主体共同发展，在互不冲突的前提下更好地求同存异，实现“院局合作”主体双赢。公安院校需清醒地认识到“任何一种合作的内在动力都来源于共同的利益，没有利益的驱动，合作不可能深入，更不能长久，校企合作概莫能外”。① “院局合作”不仅要实现育人的目的，也要实现公安机关的利益最大化，从而把育人和利益紧密联系在一起。因此，公安院校应加强自身建设，努力在科研创新等层面取得突破，把理论研究和公安机关的难点热点问题有机结合起来，充分发挥公安院校在信息、知识、人才和创新等方面的优势，让公安机关看到“院局合作”获取利益最大化的可能性。而公安机关则要认识到自己的责任和使命，积极转变观念，加深对“院局合作”的认识，在合作中充分发挥实践教学资源和经验丰富的优势，将公安院校的人才培养看成是为公安机关自己培养后备人才，从而提高公安机关参与“院局合作”的积极性。

（二）深化治安学专业人才培养的“院局合作”领域

公安院校治安学专业开展“院局合作”活动之所以出现瓶颈，一个重要的原因是“院局合作”领域较窄，主体双方需要进一步拓宽合作领域，使“院局合作”趋向多元化。

1. 科学制定治安学专业人才培养方案。人才培养方案是公安院校人才培养的总纲，它的科学性、合理性直接关系到课程设置、理论与实践课时分配、实践模块内容选择等有关人才培养质量状况。因此，治安学专业在制定专业人才培养方案时，应改变原有“封闭式”闭门造车的做法，应将参与“院局合作”的公安机关吸纳进来，深入公安机关开展调研、座谈，听取公安机关对人才培养方案的意见，组织

---

① 刘文清：《构建利益驱动的校企合作运行机制研究》，载《教育与职业》2012 年第 5 期，第 11 页。

“院局合作”单位参与人才培养方案的论证，着力解决治安学专业人才培养方案中的培养目标、课程设置、实践教学安排和专业能力标准等核心问题，以适应公安机关对专业人才的要求。

2. 构建治安学专业“递进式”的校外实践教学模式。公安院校治安学专业应充分利用“院局合作”平台，构建“递进式”的校外实践教学模式。一是现场观摩。现场观摩是提高专业学生感性认识的重要方法。治安学专业在讲授治安学原理、社区警务等课程时，可以带领学生到“院局合作”的公安机关现场观摩，让学生了解公安机关的性质、内设机构、人员构成和主要职责等。二是协助备勤和执勤。治安学专业可利用星期六和星期天的时间，安排专业学生到“院局合作”的公安机关参与值班备勤、协助治安管理和办理治安案件等，让学生初步认识公安机关的运作方式。三是寒暑假见习。治安学专业应利用学生的寒暑假时间，安排学生到“院局合作”的合作公安机关所在地的火车站、汽车站和旅游风景区等场所进行专业见习，使学生对安全防范和治安管理工作有较深入的了解。四是大型活动安保。治安学专业应组织专业学生参与一些大型活动的安保工作，让学生掌握大型活动安保工作的预案制定和实施、大型活动安保工作流程等知识和要求，提高学生大型活动安保能力。五是毕业实习。毕业实习是提升专业学生警务技能和综合素质的综合性实践教学活动。治安学专业应根据专业人才培养方案，安排学生到“院局合作”的公安机关开展较长时间的跟班实习或顶岗实习，时间一般是3—6个月，毕业实习实行“双导师”制，既有公安院校治安学专业教师指导，同时在公安机关明确每个学生的实习导师，让学生全面熟悉公安工作。

3. 强化治安学专业“院局合作”的人员交流。人员交流是深化“院局合作”的途径。公安院校应根据公安部有关文件精神，建立教师参加公安实践的长效机制，明确规定新进教师必须参加不少于1年的公安业务实践，并且将其作为新警教育的重要环节；要求专业教师每3年参与警务实践不得少于6个月。① 公安院校教师到公安机关以后，应充分发挥优势，积极配合公安机关开展科技创新，将教学科研成果应用于公安实践；开展治安学方面的专业讲座，拓宽基层公安机关人民警察的视野；收集公安工作的相关资料和典型案例，并将案例、资料等及时反馈在教学之中；积极参与公安机关治安管理活动，提高专业教师的警务技能等。公安机关通过“院局合作”平台，选派一些优秀的基层人民警察到公安院校担任驻校教官，驻校教官可开设治安学专业实践教学课程，开发实践教学教材和实践教学项目；开展“传帮带”活动，将公安机关的先进治安管理经验转化为专业教学内容等。

---

① 闵政、王硕文：《公安院校专业教师每三年警务实践不得少于六个月》，载《人民公安报》2010年11月26日。

（三）完善治安学专业“院局合作”工作的考核评价机制

科学的考核评价机制对“院局合作”工作有促进和激励作用。治安学专业开展“院局合作”活动，必须建立健全“院局合作”工作的考核评价机制。一是明确评价主体。“院局合作”工作主要涉及公安院校和公安机关两大主体，因此，在“院局合作”工作考核评价中，应设立专门的机构，安排专门的人员，实行“院局合作”多元考核评价机制，采取省厅考核、院校考核、公安机关考核和学生考核相结合的方式，确立考核评价的内容、指标体系和时间等，增强“院局合作”工作的实效性。二是制定考核评价指标体系。由于“院局合作”领域广泛，对于合作事项必须制定分类分级考核评价标准，确立每个事项的考核评价指标体系。以毕业实习评价考核为例，应建立实习目标、实习任务、实习方法、实习效果和实习要求等为一级指标，在一级指标的基础上设置若干二级指标，对“院局合作”工作开展考核评价。三是考核评价结果的反馈。反馈考核评价信息是“院局合作”工作评价的要求，治安学专业开展的“院局合作”工作要及时反馈评价信息，多措并举将评价信息及时反馈给评价对象。如随着科技尤其是网络的发展，学生具有思想活跃、接受新鲜事物快等特点，治安学专业“院局合作”工作考核评价可以将“院局合作”工作评价表格制作成APP，在区队微信群中发布，组织学生及时对“院局合作”工作予以评价，这样评价的方式有利于师生教学互动，增强了“院局合作”工作评价的时效性。同时，评价对象收到评价反馈信息以后，再次根据人才培养目标，及时反思“院局合作”活动，进一步对“院局合作”活动的内容、方法等进行优化和改进，以利于“院局合作”工作质量的提高，这样就形成“评价——反馈——改进”的良性循环，促进专业人才培养目标的实现。

（四）健全治安学专业“院局合作”工作的保障机制

保障机制是“院局合作”重要组成部分，是“院局合作”活动顺利开展的重要保障。公安院校治安学专业应健全“院局合作”的保障机制。一是组织机构和人员保障。为了使“院局合作”工作得以顺利开展，由省厅组织牵头，成立“院局合作”联合育人工作指导委员会，致力于开展“院局合作”育人和教学工作的研究、咨询、指导、评估和服务工作，为“院局合作”育人工作提供专业指导；公安院校应成立专门的“院局合作”办公室，治安学专业也相应地设置实践教学办公室，安排专门的人员专门负责“院局合作”工作的开展，专门机构和人员加强“院局合作”主体之间的沟通和联系，做好“院局合作”规划与资源优化，共同解决“院局合作”中遇到的困难和问题，督促“院局合作”工作的落实，确保“院局合作”工作常态化。二是经费保障。公安院校必须安排专门的“院局合作”工作经费，便于“院局合作”工作的开展。三是制度保障。为切实保障“院局合作”工作规范化、常态化发展，“院局合作”主体必须建立会议制度、协商制度、信息资料交流制度、实战教官驻校任教制度、专业教师实践锻炼制度和考核评价制度等，确保“院局合作”高效率运行。

新时代公安院校“院局合作”机制创新研究[①]

——以河南为例

王龙天[②]

（河南警察学院　河南　郑州　450000）

［**内容摘要**］“院局合作”是公安学类专业人才培养的重要载体。十九大后，河南公安系统通过顶层设计将签订合作协议、布建教学研究基地、开发课程课题、实习实训实践、学术活动、业务锻炼与互动等“院局合作”内容纳入全省公安系统绩效考核体系之中，创新了公安院校“院局合作”机制，提升了“院局合作”的质量，丰富了“院局合作”的内容，深化了“教学练战一体化”的教学模式，体现了应用型警务人才培养的要求，使“院局合作”步入良性运行的轨道。

［**关键词**］治安学；专业建设；实训教学；“院局合作”

“院局合作”是公安学类专业人才培养与提高公安民警素质、加强学科专业建设、创新警务模式、开发警务课题、梳理警务实践成果、创新发展公安教育、提升警务实战水平、实现警队与公安院校互动双赢的行之有效的育人载体，也是创新公安教育事业的重要内容与发展方向。全国公安院校近年来紧紧围绕公安教育发展的趋势，通过“院局合作”这一育人平台，不断优化公安教育资源配置，在人才培养、课程开发、专业建设、课堂教学、警务培训等方面与公安机关全方位、多维度、深层次地进行合作，进一步拓宽了公安教育教学和警务创新渠道；不断创新警务人才培养模式，为警务实战部门培养和输送了一大批政治立场坚定、职业品质优良、专业基础扎实、警务技能过硬的服务区域经济社会发展的实战型、应用型、复合型警务专门人才，赢得了警务实战部门和党委政府的好评。新时代背景下，如何以习近平新时代中国特色社会主义思想为指引，创新“院局合作”机制，以满足中国新时

---

① 基金项目：河南省高等教育教学改革与实践项目“治安学专业实训教学改革创新研究”（教高［2017］1039号，项目序号2017SJGLX519）、河南警察学院2017年教改项目“治安学专业实训教学改革创新究”（豫警院［2017］83号，项目序号2）、中原治安研究中心资助项目、河南警察学院治安学特色专业建设及治安学重点学科培育项目阶段性成果。

② 作者简介：王龙天，男，河南警察学院治安系主任、教授，主要研究公安学、治安学。

代社会治理需要的优质警务专门人才，是需要公安院校进行思考和不断进取、践行的重要课题。为此，本文就河南警察学院近年来的"院局合作"情况进行梳理与回顾，重点介绍河南省公安系统"院局合作"的新机制及取得的成效与展望，以期与全国其他公安院校携手共创新时代、"院局合作"新篇章。

一、河南警察学院"院局合作"现状梳理

河南警察学院的"院局合作"伴随着学校的教学科研工作一直存在。在20世纪80年代的中专时期，学校就注重警务实践实训教学活动，每年寒暑假期间都安排学生到其户籍所在地的公安派出所进行公安业务见习活动，寒暑假期间公安业务教师也会以社会治安等专门问题进行调研，在人才培养方案制定、学生毕业实习、教学实践活动、实战性强的公安业务教材的开发等方面，均与各级公安机关紧密结合，这些都是"院局合作"的具体体现。这样的活动一直延续至今，尤其是2010年河南警察学院成立后，更加注重实践性、应用型专门警务人才的培养，学校联系并成立了一批教学研究基地，为"院局合作"的深度开展奠定了基础。

2010年10月，河南警察学院治安系作为学院的主要业务部门，考虑到治安学专业人才培养的需要，经过多方论证，治安系先后在武陟县公安局、永城市公安局、禹州市公安局设立了河南警察学院教学研究基地。之所以在这3个县级公安机关设立教学研究基地，主要是出于如下考虑：一是这3个县级公安机关当时连续多年是全国和省级优秀公安局，公安局领导班子和公安民警政治业务素质比较高；二是这3个县级公安机关的领导班子比较重视公安教育事业，重视提升公安民警的业务素质；三是这3个县级公安机关的警务工作具有特殊性和复杂性的特点，能够满足学生的实习实训和教师的教学科研需求。修武县位于太行山南麓，属于典型的农业县，但其辖区内有5A级风景名胜区——云台山，游客量比较大，人群聚集场所、游览场所的社会治安状况及治安管控对象具有特殊性、复杂性，也是治安业务的重要内容之一。永城市位于苏鲁豫皖交界处，社会治安复杂，各类治安问题在这里都能够有所体现，学生和教师能够接触到各类治安问题。禹州市位于中原腹地，北邻嵩山，具有河南省县级区域的一般特点，是全国性中药材市场、著名钧瓷市场，其社会治安状况可以称得上是河南社会治安的缩影。四是这3个县级公安机关的社会治安治理创新不断，尤其是信息化背景下的立体化治安防控体系建设在全省都处于先进行列。五是这3个县级公安机关的经济条件、执法环境、办公场所、民警素质都能够满足学生实习实训的需求。鉴于以上因素，河南警察学院先后在这3个公安机关设立了教学研究基地，并将每年治安学专业学生的实习实训安排在这些教学研究基地，治安学专业教师的业务锻炼、业务调研、课程开发、人才培养方案的论证、业务教官的授课、学术研讨会等均由这3个基地协助完成。如治安系曾经

在永城市公安局组织召开了“中小城市社会治安管控研讨会”、在禹州市公安局组织召开了“中原经济区治安战略高层论坛”等全国性的学术会议，也组织邀请了教学研究基地的20名业务教官到河南警察学院为治安学专业学生开展“娱乐场所治安管控”“户政办理”“大型活动安全管理”“社会治安防控体系构建”“危品管控”“治安信息采集与应用”等专题实训活动，有效地实现了“教学练战一体化”的教学模式。

在学生赴教学研究基地实习实训过程中，基地和系部首先选拔政治业务素质高、责任心强的公安民警作为实习实训教官。一般一名实习实训教官带1-2名学生，通过“师傅带徒弟”的形式加强对学生实习实训的全面指导。鉴于学生在实习实训过程中没有执法权，系部明确了学生在实习实训过程中主要是在实习实训教官的带领下，观摩和协助公安民警进行110接处警、常见警情处置、盘问检查、查封扣押、留置盘问、审核许可、安全(监督)检查、调查取证、信息采集、纠纷调处、社会防范、入户走访、宣传教育、秩序维护、特殊人口管控、案件处理、事件处置、应急处突、值班备勤等一系列治安管控、治安防控、治安查控、应急处置业务项目。

此外，河南警察学院治安系还有计划地安排教师每年到教学研究基地开展业务学习、业务锻炼、业务调研、治安课程开发、警务课题开发等一系列教学科研活动，有力地促进了治安学专业建设和实践教学的深入，满足了应用型高素质警务人才培养的需求。

二、新时代河南警察学院“院局合作”机制创新

公安院校的“院局合作”虽然起步比较早，但是长期以来“院局合作”的长效运行机制并没有建立起来，人为因素、感情因素对“院局合作”影响比较大。在实际的“院局合作”过程中，或多或少地存在着依靠院局个人关系建立并运行，但这种相对较少。一些“院局合作”开展比较好的地方，一般都是因为个人关系起主要作用，一旦教学研究基地的公安机关主要领导发生变化，相应地“院局合作”的基础就有可能发生变化。此外，有的地方公安机关由于执法不规范、领导不重视、民警素质低等多种原因也会导致“院局合作”基础和条件发生变化，甚至发生无法继续合作下去的情况。针对“院局合作”中存在的没有长效运行机制的问题，河南警察学院新一届党委非常重视，学院主要领导不仅亲自进行调研，而且还多方征求意见和建议，就构建新型长效“院局合作”机制问题向省公安厅党委专门汇报，以此引起省公安厅的高度重视。

2017年，河南省公安厅新一届党委成立后，尤其是新任河南省公安厅党委书记、公安厅长舒庆任职以来，其以河南省人民政府副省长、河南省公安厅厅长的身

份多次深入河南警察学院进行调研，并倡议设立了河南警务论坛。每次论坛的主题由舒庆副省长确定，由河南警察学院相关业务教师和省公安厅业务处室负责人分别讲授。首讲于2017年11月10日由河南警察学院治安系主任王龙天教授主讲《治安学学科体系及治安战略》、河南省公安厅治安总队副总队长张元明介绍河南省治安工作情况。在这次论坛前，舒庆副省长也向学院党委书记提出，对于"院局合作"需要省公安厅做的工作也可以提出来。对此，王龙天教授在论坛最后部分，就河南省公安系统的"院局合作"从制度建设、机构设置、人员调配、资源共享、师资锻炼、实习实训等方面详细阐述了"院局合作"建议，并提出要构建一个科学的"院局合作"运行机制：由省厅出台关于加强"院局合作"的实施意见；设立"院局合作"工作委员会；建立"院局合作"定期沟通会商机制；建立警院教师分层级分专业定期到省、市、县公安局挂职锻炼的机制；建立警院不同层级教师兼任省厅相关业务部门副职的职务兼任机制；建立省厅业务部门业务活动将警院各专业系部纳入一体化的机制；在警院建立与省公安厅同步的警综平台并开发相应的与公安业务功能完全相同的实训警综平台，以满足实训教学需要；建立业务教师与省厅工作人员具有相同警综平台使用权限的机制；在警院建立河南省警务研究中心、全省各类案事件信息中心(案例库)、网络学院等智库与资料库、资源库；统一规划布局学生实习基地；由省厅组教处牵头，组建课程教官团；建立民警培训课程由省厅业务部门与警院教学部门共同开发机制等。

在这次论坛上，舒庆副省长当即与河南警察学院党委书记王伟平、院长张宝锋等交换了意见，并要求学院党委及时向省公安厅党委提交有关"院局合作"的建议报告，由省公安厅党委研究确定有关"院局合作"的顶层设计。论坛结束后，院党委高度重视，院主要领导亲自安排部署并组织相关人员进行座谈、起草有关"院局合作"的报告。2018年初，经过学院党委的努力，省公安厅党委专门研究并以党委会议纪要的形式明确了河南省公安系统"院局合作"的相关规定。其主要内容包括省公安厅党委要定期研究公安教育和"院局合作"事宜，省公安厅有关部门和学院加强沟通，指导"院局合作"有序开展。从2018年考核年度起，省公安厅对全省公安机关的绩效考核中专门在"高质量公安建设下的活力公安建设"项下，拿出2分作为"院局合作"考核成绩，由河南警察学院负责对各省辖市公安机关的"院局合作"工作成效进行考核。河南警察学院据此成立了由学院主要领导为组长、学院党委成员为副组长的"院局合作"绩效考核领导工作小组，成员由各业务处室负责人和教学系部主任等组成，考评办公室设在学院办公室，同时制定了《"院局合作"绩效考评计分办法》《"院局合作"绩效考评实施细则》等有关文件，规范了"院局合作"的运行机制、合作形式、合作内容及标准等，从而使"院局合作"工作纳入整个河南省公安系统的整体工作之中，确保了"院局合作"具有一个可持续的良性发展的机制。

三、河南警察学院“院局合作”实施路径与合作内容

河南警察学院开展的“院局合作”，主要从人才培养共同体入手，在人才培养方案的制订、课程设置、课程开发、见习实习、实训实践、师资锻炼、业务调研、学术活动、课题攻关、课堂教学等一系列学科专业建设及实习实训、实践教学等各环节开展全方位的合作。

(一)与省辖市公安机关签订人才培养共同体方面的总体协议

根据河南警察学院“院局合作”规划，原则上学院要与全省 18 个省辖市公安局在平等互利、诚信合作、资源共享、优势互补的基础上，经过友好协商，签订人才培养共同体协议。协议内容主要包括双方在人才培养、互派锻炼、送教帮扶、培训合作、科研合作、课题研究、咨询论证、学术研讨、课程研发、教育培训、实验室建设等方面进行深入的“院局合作”，构建集“教、学、研、战、建”于一体、资源共享、优势互补、合作共赢、共同发展的“院局合作”新模式，推动公安教育训练理论与公安工作实践、公安教学训练与公安警务实战深度融合。

在“院局合作”期间，河南警察学院将根据省辖市公安机关警务中心工作、队伍建设以及教育训练工作中的热点难点问题展开课题研究，提供理论和智力支持。通过开发训练课程、教材，举办学术研讨会、技战法交流会等形式，为当地公安机关重大警务活动、队伍建设决策和重大案事件处置提供咨询论证和科技支撑。同时，河南警察学院还将安排教师到其所属的教学研究基地挂职锻炼，参加业务实践、开展专题研究，安排学生开展见习、实习、实训、社会实践锻炼等。省辖市公安机关依托河南警察学院举办公安机关领导干部能力素质提升及业务等各类专题培训班，选派业务骨干、优秀教官到河南警察学院开展实践教学、案例教学以及参与学院科研、业务学习等。

(二)在县区级公安机关挂牌成立河南警察学院教学研究基地

河南警察学院教学研究基地是由河南警察学院根据人才培养需求及实践教学环节的需要，选择政治业务素质高的县级公安局以“院局合作”的形式建立的用于学生实习实训、教师业务锻炼、合作开发课程等一系列“院局合作”事宜的教学和研究基地。教学研究基地主要接收河南警察学院教师挂职锻炼、业务学习，学生见习实习、实训及社会实践活动等，也是开展学术活动、共同开发课程等“院局合作”项目的主要阵地。

教学研究基地的条件一般要求领导班子政治业务素质高、近年来被评为省级优秀公安机关、具有接纳一定数量的学生实习实训的能力和硬件条件、公安队伍整体

素质较高、社会治安状况具有代表性等。

（三）教学基地参与学院人才培养方案制定及学科专业建设

“院局合作”中的教学研究基地在学院人才培养方面要承担其实质性的责任，具体来说要参与人才培养方案的制订及学科专业建设工作。在人才培养方案制订过程中，教学研究基地要对警务实战中警务人才的需求提出意见和建议，对实习实训中学生的知识和能力的情况作出评价，并提出在人才培养方面需要改进的地方、需要增设的课程等。在学科专业建设方面则是参与学生的见习实习实训、接受学院教师的业务锻炼、业务学习和警务实践体验活动，提升学院业务教师的警务实践能力，培养双师型教师。此外，在课程开发等方面也要积极参与，提供鲜活的实例，为学科专业建设发挥积极作用。

（四）教学研究基地参与学院学术活动

教学研究基地的领导、专家、英模、兼职教官在河南警察学院开讲座或报告会；与警察学院联合举办相关的学术研讨会；院局共同申报承担应用性比较强的警务科研项目，积极参与公安类专业课程开发，根据人才培养需要编写鲜活的实训教材。如针对重大治安事件的预警与处置、大型活动安全风险评估、矛盾纠纷化解、疑难治安案件查处、警务信息综合运用、立体化治安防控体系建设等开展合作公关。

（五）教学研究基地推荐业务骨干入选河南警察学院公安业务教官库，提供经典案例入选河南警察学院经典案例库

教学研究基地推荐公安业务教官在河南警察学院承担教学任务，公安业务教官分为驻校教官和兼职教官。驻校教官是指不改变人事关系，脱离原单位日常工作，在河南警察学院专职教学一学期以上的业务骨干；兼职教官系不脱离原单位日常工作，在河南警察学院接受课堂教学任务一学期以上的业务骨干。业务教官可以在公安民警业务素质培训和公安类专业学生的实训课教学中协助开发警务实训课程和实训项目，并承担相应的授课及指导任务。

各教学研究基地还根据警务实践中积累的案事件，按照格式要求整理提供给河南警察学院，由河南警察学院在学院图书馆建立经典案例库，供教学科研及学生学习使用。

四、结　　语

河南警察学院治安系近年来的“院局合作”开展的效果应该说是比较好的，尤

其是在合作开发课程、学生实习实训、教师业务锻炼等方面都取得了一定的成绩。但是"院局合作"是人才培养的形式之一，也是人才培养诸多环节中的一个重要环节，"院局合作"的开展是一个永远在路上的过程，是不断提升人才培养质量的重要途径，需要不断探索、不断丰富和完善，新时代要求以更高的标准发展高质量的"院局合作"，培养更多更好的应用型高素质警务合格人才。

附录 1：

河南省公安系统"院局合作"绩效考评办法

一、实习实践基地建设

（一）学院原则上与全省所有省辖市公安局都签署《人才培养共同体协议》。没有签署《人才培养共同体协议》，只有实习实践基地协议并挂牌的，计相应的原始分。以协议原件和现场考察为依据计分。

（二）申请签署实习实践基地的县（区）公安（分）局或业务支队近 5 年内须获得过省级以上优秀公安局称号或省厅业务绩效考核单项前 5 名，以公安厅文件为依据。

（三）申请签署实习实践基地协议的县（区）公安（分）局至少能够提供 30 人以上的一对一实习指导教官；业务支队至少能够提供 20 人以上的一对一实习指导教官。以现场考察为依据。

（四）签署实习实践基地协议的县（区）公安（分）局至少应当具备安排 30 名学生进行实习或社会实践活动的食宿条件；业务支队至少应当具备安排 20 名学生进行实习或社会实践活动的食宿条件，以现场考察为依据计分。

（五）实习实践基地须拥有固定的实习实践基地办公室，且规章制度、实习档案齐全，以现场考察为依据计分。

（六）此项考评由学院教务处和学生处负责，原则上每个省辖市的实习实践基地不超过 3 个，严格执行学院有关实习实践基地的管理办法和退出机制，学院各系部负责审核、验收相关支撑材料，根据基地性质分别报教务处、学生处计分，每季度汇总报学院"院局合作"考评办公室。

二、接收河南警察学院教师挂职锻炼、业务学习、业务锻炼和学生实习、社会实践活动

（一）教师挂职锻炼、业务学习、业务锻炼列入学院年度工作计划，以学院文件确定的人员名单为依据计分。

（二）安排教师协助或分管业务工作，做到人岗相适并参与业务决策，以公安机关党委会、局长办公会会议纪要和文件为依据。

（三）接收学院学生实习和社会实践活动，以学院文件或公函安排的基地为统

计对象，以公安机关党委会、局长办公会纪要或文件为依据。

（四）配合学院进行毕业生跟踪调查、校友信息收集、人才需求调研、人才培养方案论证调研、专项业务调研、外警培训考察等活动，以学院公函确定的单位为统计对象，以学院相关部门出具的证明材料为依据计分。

（五）此项考评由学院办公室负责。学院各部门在组织教师挂职锻炼、业务学习、业务锻炼和学生实习、社会实践以及毕业生跟踪调查、校友信息收集、人才需求调研、人才培养方案论证、专项业务调研、外警培训考察等活动时，须经学院领导批准，统一由学院办公室制作公函或文件，各部门负责审核、验收相关活动的实施、落实情况及有关支撑材料，报学院"院局合作"考评办公室计分。

三、领导、专家、英模、功模、兼职教官在河南警察学院开专题讲座或报告会

（一）每场论坛、讲座、报告会应有相应的邀请函、海报、照片、新闻报道原件或网络报道打印件佐证，缺失材料者酌情减少原始分。

（二）此项考评由学院团委负责。各部门在邀请公安机关领导、专家、英模、功模、兼职教官在学院开专题讲座或报告会，须经学院领导批准，由学院办公室制作邀请函，各部门负责审核、验收相关活动的实施、落实情况，统一报团委备案后计分，每季度汇总报学院"院局合作"考评办公室。

四、校局共同承担教科研项目

（一）校局共同承担的教科研项目，以立、结项报告为依据计分。

（二）校局共同承担的教科研项目的主持人以学院教师为主，如果学院教师不是主持人的，第一主要完成人必须是学院教师。

（三）校局共同承担的教科研项目的知识产权归学院所有或共有。

（四）此项考评由学院科研处负责。学院各部门需向科研处提供教科研项目的立、结项报告，统一由科研处审核、计分，每季度汇总报学院"院局合作"考评办公室。

五、与河南警察学院教师共同开发教材、合作举办学术研讨会或进行课程开发

（一）共同开发出版教材以正式出版为依据计分。

（二）共同举办学术研讨会必须经系部申报，分管院领导同意，学院主要领导批准，以参会范围大小为依据计分。

（三）共同开发课程，以进入学院人才培养方案为依据计分。

（四）此项考评由学院教务处、科研处和各系部负责。由学院各系部、科研处、教务处分别统计教材、学术研讨会、课程数量并计分，每季度汇总报学院"院局合作"考评办公室。

六、业务骨干入选学院公安业务教官库

（一）公安业务教官的遴选采取个人申报，单位批准，学院相关系部组织试讲的方式进行，人事处统一管理，以人事处确认为依据计分。

（二）杨玉章等三个工作室工作人员的遴选由三个工作室负责，入选后报人事处统一管理，以人事处确认为依据计分。

（三）此项考评由学院人事处负责。严格按照学院公安业务教官遴选、管理办法统计并计分，每季度汇总报学院“院局合作”考评办公室。

七、公安业务教官在河南警察学院承担教学任务

（一）公安业务教官和三个工作室工作人员授课计分以学院课程表、学院要求的各类教学文件、“3+1”评教成绩为佐证，教学文件不全者适当扣分，“3+1”评教成绩达不到良好者不计分。

（二）此项考评由学院教务处负责计分，每学期汇总报学院“院局合作”考评办公室。

八、提供经典案例入选河南警察学院经典案例库

（一）案例须是3年内办结的，鼓励提供刑事无罪判决、不诉案例、行政败诉案例和引发涉法上访案例。

（二）此项考评由学院“院局合作”考评办公室负责。案例由各省辖市公安局汇总筛选后统一上报，每季度由“院局合作”考评办公室与杨玉章等三个工作室的负责人共同审核确定，计分后汇总。

附录2：

河南省公安系统“院局合作”绩效考评实施细则

一、挂牌成立河南警察学院实习实践基地的，每个计原始分1分

（一）实习实践基地包括2018年新建的实习实践基地和所有以河南警察学院名义建立的教学研究基地、社会实践基地。

（二）每个基地单独计1个原始分，每个原始分均由以下三部分构成：

1. 省辖市公安局与学院签订《人才培养共同体协议》，计0.3分。

2. 县、区公安（分）局、业务支队与学院签订实习实践基地协议并挂牌的，计0.2分。

3. 拥有固定实习实践基地办公室且规章制度、实习档案齐全的，计0.5分。

（三）人才培养共同体协议一经签订，协议期内均有效，实习实践基地协议签订当年可以计相应原始分，但只有协议，没有固定的实习实践基地办公室，或规章制度、实习档案不全的，次年后不再计分。

（四）实习实践基地建立后两年内（包括签订协议当年）没有接收学生实习、社会实践活动或教师挂职锻炼、业务学习、业务锻炼的，不再计分。

二、接收河南警察学院教师挂职锻炼、业务学习、业务锻炼，学生实习、社会实践活动，并按照工作要求落实到位，每次计原始分 3 分

(一)接收学院教师挂职锻炼、业务学习、业务锻炼，并安排相应职级职务，协助或分管业务工作，做到人岗相适并参与业务决策的，每人次计原始分 3 分，以学院文件为准。

(二)接收学院学生实习和社会实践活动，每基地每次计原始分 3 分，以学院文件或公函为准。

(三)配合学院进行毕业生跟踪调查、校友信息收集、人才需求和人才培养方案的调研、专项业务调研、外警培训考察等活动的，每次计原始分 1 分，以学院文件或公函为准。

(四)在学院安排的教师挂职锻炼、业务学习、业务锻炼和学生实习、社会实践以及毕业生跟踪调查、校友信息收集、人才需求调研、人才培养方案论证、专项业务调研、外警培训考察等活动中能够按要求保障到位的，可以计分。推诿扯皮，不配合的，本项目计 0 分。

(五)教师挂职锻炼、业务学习、业务锻炼和学生实习、社会实践活动中，由于基地管理不善发生安全事故或其他问题造成恶劣影响的，省辖市公安局本年度的"院局合作"绩效考评计 0 分。

三、领导、专家、英模、功模、兼职教官在河南警察学院开专题讲座或报告会，每场计原始分 1 分

(一)省辖市公安机关领导受邀到学院参与"领导论坛"或开专题讲座，每场计原始分 1 分，省公安厅分管领导到场听讲座的加计 2 分。

(二)省级以上公安业务专家库成员受邀到学院开专题讲座，每场计原始分 1 分，省公安厅分管领导到场听讲座的加计 2 分。

(三)公安英模、功模受邀到学院开专题讲座或报告，每场计原始分 1 分，省公安厅分管领导到场听讲座的加计 2 分。

(四)入选学院公安业务教官库的教官受邀到学院开专题讲座，每场计原始分 1 分，省公安厅分管领导到场听讲座的加计 2 分。

(五)每年有 3 人以上非学院公安业务教官库民警、校友受邀到学院开专题讲座的，计原始分 1 分。

四、校局共同承担教科研项目，厅级项目、省部级项目、国家级项目每个分别计 1 分、5 分、10 分

(一)公安机关民警在"院局合作"中共同承担并完成教科研项目，系主要完成人(厅、院级前 3 名，省部级前 5 名，国家级前 8 名)的，每人分别计原始分 1 分、5 分、10 分。

五、与河南警察学院教师共同开发教材、合作举办学术研讨会或进行课程开发

的，按完成级别分别计原始分3分、5分、10分

(一)与学院教师共同开发出版教材，按自编院级教材、省部级统编教材、国家级统编教材分别计原始分3分、5分、10分。

(二)与学院合作共同举办学术研讨会，根据参会范围，按照院内、省内10个省辖市以上、国内5个省份(或公安、政法院校)以上分别计原始分1分、3分、5分。

(三)与学院合作共同开发课程，进入学院人才培养方案的，每门课程计原始分5分。

六、业务骨干入选河南警察学院公安业务教官库，每人计原始分1分

(一)公安业务教官分为驻校教官和兼职教官。驻校教官是指不改变人事关系，脱离原单位日常工作，在学院专职教学一学期以上的业务骨干；兼职教官系不脱离原单位日常工作，在学院接受课堂教学任务一学期以上的业务骨干。

(二)业务骨干入选河南警察学院公安业务教官库，每人计原始分1分。

(三)业务骨干被“杨玉章工作室”“王百姓工作室”“陈友军工作室”遴选为工作人员，每人计原始分2分。

(四)前述入选的业务骨干连续2年(包括入选当年)没有课堂教学任务或开设讲座者，不再计分。

七、公安业务教官在河南警察学院承担教学任务，每门课程计原始分5分

(一)公安业务教官独立承担人才培养方案中设置的一门课程的课堂教学任务(不低于34学时)，每门课程计原始分5分。

(二)“杨玉章工作室”“王百姓工作室”“陈友军工作室”工作人员独立承担人才培养方案中设置的一门课程的课堂教学任务，每门课程计原始分5分。

八、提供经典案例入选河南警察学院经典案例库的，每个计原始分1分

(一)案例由各省辖市公安局汇总筛选后统一上报。每个入选案例单独计1个原始分，每个原始分均由以下四部分构成：

1. 提供3年内办结的案例入选学院经典案例库，计0.3分。
2. 案例事实清楚，具有完整的诉讼过程的计0.3分。
3. 有判决书、不起诉决定书、无罪释放证明或最终处理结果的计0.2分。
4. 有完整的电子卷宗的计0.2分。

“院局合作”教学模式评价机制探析

张胜前①
（湖北警官学院　湖北　武汉　430035）

[**内容摘要**]“院局合作”是我国公安院校培养公安专业人才的重要教学模式，而工作评价又是“院局合作”工作的重要内容，它不仅影响到公安专业人才的培养成效，更决定着“院局合作”的可持续性。在“院局合作”的评价工作中，传统的单向反馈式的评价机制已不利于促进“院局合作”模式的发展，需要根据我国科学社会主义的教育理论、公安院校的教学特征和公安专业学生的实际情况，构建双向交流理论下的“院局合作”工作评价制度。

[**关键词**] 双向交流；“院局合作”；评价制度

一、“院局合作”教学模式评价机制的主要内涵

我国在实施高等教育体制改革后，从国外引进了双向交流的概念，其根本目的在于增加教育教学过程中的制约和协商效能，使在一定教学活动中的主客双方都能本着公平、平等和民主的原则实施教育行动。双向交流理论盛行于20世纪80年代，主要代表人物是瑞典学者贝茨（Anthony. W. Bates）和英国学者丹尼尔（J. S. Daniel）。双向交流理论的主要观点是：教育是一个相互作用的过程；高等教育尤其要为教师和学生提供高质量的交流平台；高等教育的目标之一是使学生成为更有效的独立学习者。双向交流理论指出了在高等教育过程中进行双向交流的重要性，包括双向交流的学习行为有助于提高学生的学习成绩，学生能从中自觉地产生学习的反馈，对于评估自己的学习成绩有一个客观评价标准。双向交流理论强调教师尊重学生、关心学生、激励学生的教育思想，它把师生双方间的信任作为交流的基础，试图建立一种纯粹的师生间平等对话的关系，注重培养学生的学习能力及实

① 作者简介：张胜前，男，湖北警官学院法律系负责人、教授，主要研究治安学。

践能力。①

为了满足公安机关专业队伍建设对公安院校人才培养的现实需要，我国公安院校和公安机关把双向交流理论应用于公安教育教学工作中，形成了“院局合作”的专业人才培养模式。所谓“院局合作”，是指公安院校为了培养出文化素质较高、公安实践能力较强、符合现代社会所需要的公安专业人才，以提高警务能力为主要目的，与公安机关紧密联系，共同进行公安类专业的教育教学工作。实施“院局合作”的专业人才培养模式，不仅有利于部门间的资源共享、互惠共赢，更有利于公安院校和公安机关将教育与未来发展需求结合起来，使公安院校学生能满足公安机关的实战需要，形成良性的循环机制，不断推动我国公安事业的可持续发展。

如何对教育工作进行科学化的评价，是教育学界十分关心和着力研究的课题。随着现代教育管理理念与新公共管理思想的碰撞交汇，教育工作评价对教育质量的保障作用更加突出。随着绩效取向、成本取向等理念被高校管理者所认同，教育工作评价成为一种新兴的教育教学管理工具，尤其是在实践性教学中得到了越来越广泛的应用。公安教育教学活动中的“院局合作”工作评价制度，是指为了保证公安院校和公安机关的合作能够取得良好的工作效果，对双方合作的内容、方式、方法的实效性进行科学、系统评估的一种规范体系。② 在这里，评价是指对公安院校和公安机关双方所进行的教育教学活动实施的系统评价，是对我国公安学专业人才培养工作实施的一个重要管理环节，是保障培养出德才兼备、警务专业素质强的专门性人才的必要措施，也是降低公安教育教学成本的有效途径。

二、“院局合作”教学模式评价制度的实施现状

近年来，随着公安类专业人才培养质量越来越受到重视，我国部分公安院校和公安机关对“院局合作”工作模式进行了积极探索和有益尝试，提出了定向培养、双师型教学等工作模式。对公安教育教学活动中各种“院局合作”工作模式的实际绩效进行科学评价，也越来越受到公安院校和公安机关的重视，双方都愿意对合作工作过程中的投入产出、中期成果和最终成果、整个工作的实效性进行评估，由此决定后期合作关系是否持续以及持续合作的程度。③ “院局合作”工作评价制度已成为公安院校和公安机关实施“院局合作”工作模式的重要保障机制。但是，尽管培

① 冯丰收：《双向交流的教学模式与学生主体性的发展》，载《安康师专学报》2000 年第 3 期。

② 王龙：《“院局合作”多元模式的探索》，载《湖北警官学院学报》2013 年第 4 期。

③ 潘强：《经侦领域“院局合作”的探索与实践》，载《河南公安高等专科学校学报》2009 年第 2 期。

养出符合公安机关要求的专业人才是公安院校和公安机关的共同目标，由于现阶段院局之间既无隶属的责任关系，也缺乏相应的合作保障机制，导致"院局合作"仅仅停留在干警培训体制的框架内，尚没有全面开展，"院局合作"工作评价制度的发展还有待进一步完善。

目前，"院局合作"工作评价制度还存在以下缺陷：一是缺少科学的评价指标体系，指标的设置具有随意性，未能体现"院局合作"的内容与特点；二是"院局合作"主体之间的管理方式、责任利益的不明确性，使得常态化的评价制度与机制尚未建立；三是对于一种新生的公安教育改革新模式，其评价工作肯定是处于探索性阶段，需要不断完善。上述缺陷的存在，其深层次的原因还在于以下方面：第一，"院局合作"的二元结构领导模式难以明晰院局双方的权责问题。现有的"院局合作"领导方式是公安院校和公安机关共同领导，且两个领导者之间不存在任何领导与被领导关系，双方的合作程度完全靠双方的自愿程度。"院局合作"工作中的权责问题也会因为在体制上是"两家人"而难以明晰，这就会直接影响双方合作工作的积极性。第二，情感纽带关系模式缺乏支撑与保障，难以实现院局之间利益、资源的共享。现阶段的"院局合作"工作，在很大程度上是建立在感情基础上的合作，导致有效的制度保障弱化。当涉及公安院校和公安机关双方深层次利益关系时，合作便无法全面深入地展开。比如，尽管公安院校把为公安机关服务作为自己的办学宗旨之一，但公安机关既不能为公安院校提供经费保障，也不能为其提供义务教学人员。受办学经费不足、缺少办学需求调研与师资进一步的实践培训等因素的影响，公安院校越来越难以满足公安机关提出的干警培训要求。在公安理论合作研究、学生实习、选调业务骨干到院校任教等问题上，双方未形成双赢的关系纽带，影响到"院局合作"工作的良性发展。第三，短期培训教学模式缺乏稳固的制度维系，难以实现"院局合作"的持续发展。目前，"院局合作"工作主要采取点对点的交流合作方式。一般情况下，是公安院校与相关公安机关建立合作单位关系，并签订合作协议，公安院校为公安机关提供教学平台，公安机关为公安院校提供学生实习的场所，这种合作关系具有较大的随意性和局限性。并且此种"院局合作"的时间过短，难以最大限度地体现"院局合作"工作的优势。

"院局合作"的本意是发挥合作双方的优势与特长，实现学院教学与公安机关工作的双赢。从理论上讲这本应是一个创新的教学模式，但在实际的执行中遇到了很多问题，其实质是在于缺乏一个良好的工作评价机制。按照管理学的思想，任何事物的管理都是一个 PDCA 循环，环环相扣，有始有终。作为"院局合作"的创意，在其实际执行过程中，只是初步完成了 P/D/C 环节，有计划、有实施，甚至还有部分检查环节，但"院局合作"的效果如何却没有得到切实的关注。地方公安机关认为它可有可无，公安院校认为这是迎接上级教育主管部门检查的重要环节。对于"院局合作"效果的审查，就是需要有一套完整、科学、长效的评价机制，这种机制的缺乏，将直接影响到“院局合作”双方的工作积极性，进而影响到合作工作的可持续发展。“院局合作”作为一种教学改革模式，其工作任务是根据公安类学科的特点，引导学生积极参与公安业务实践教学，把课堂内的知识活化给学生。同时，公安院校还应通过“院局合作”工作为公安机关提供理论教学培养、学历深造的机会。

三、“院局合作”教学模式评价机制的重新构建

（一）“院局合作”工作评价制度的构建原则

基于双向交流理论的“院局合作”工作评价制度，既摆脱传统行政体系的束缚，又充分适应市场经济环境，能确保在标准化、计划性和平衡性的基础上培养复合型公安类专业人才。“院局合作”工作评价制度的构建，是开展后续具体评价工作的基础和保障，必须确立全新的评价制度原则。一是主体的对等性。通过对“院局合作”工作特征的具体分析，依据双向交流理论，院与局应当既是评价主体，也是被评价对象，应当依据“院局合作”评价工作制度的总体框架和具体方案设计指标体系。二是指标体系的全面性。通过对各种统计资料的分析，应当从责任要求、利益协同、情感维系三个方面，对“院局合作”的目标设定、过程控制、产出结果进行评价制度构建。三是评价的全过程性。“院局合作”评价工作制度不应忽略过程控制环节。传统的评价制度往往注重事前的目标计划评估、事后的结果评估，而对中间的过程控制环节较为疏忽。考虑到公安工作关系到国家稳定和社会和谐，公安类人才的培养必须进行全程有效控制和科学评价。① 双向交流机制下的“院局合作”工作评价原则一旦形成，必将使公安院校和公安机关的内因、外因共同发挥作用，推动高素质公安类专业人才培养任务的完成。

（二）“院局合作”工作评价制度的流程设计

依据双向交流理论，“院局合作”工作评价的对象，是公安院校与公安机关之间的合作活动。可以把公安院校和公安机关的合作看做是一个甲乙双方共同依赖和促进的运作系统（暂且将公安院校称为甲方，公安机关称为乙方）。在这个运作系统中，甲乙双方共同投入财政资金和社会资源，经过甲乙双方的交互性作用，这些投入转化为主要体现在公安业务人才培养方面的绩效产出。因此，新型“院局合作”工作评价系统，应从整个合作过程的投入、运行、产出、反馈四个环节来对甲乙双方的交互关系进行评价。

---

① 陈红梅：《公安院校人才培养模式的创新》，载《湖北警官学院学报》2006 年第 6 期。

在投入、运行、产出、反馈这四个环节中，双向交流的合作模式应贯穿于整个流程之中，并且每个环节都有与之相对应的评价活动，院局双方的各项评价活动都应有具体的外在表现形式，并且相互关联、相互影响。在决策评价阶段，公安院校和公安机关需要确定合作目标、拟定与自身相关的合作计划，同时还应确定自身所具备的教学资源和财政许可的预算；在过程评价阶段，公安院校和公安机关需要把握各自的计划执行情况，同时还应为双方的合作工作提供充分的教育资源、财政保障；在结果评价阶段，公安院校以评价学生实践技能的提升、就业率的提升为主要表现形式，公安机关则以评价机关工作人员理论素养的提高、储备人才综合素质的提高为主要表现形式，公安院校和公安机关要把维持“院局合作”模式的良性发展作为共同要求；在结果反馈阶段，公安院校和公安机关通过对结果的反馈，深化院局双方交流渠道和方式，影响着二次决策评价工作，从而形成投入、运行、产出、反馈这四个环节的良性循环系统。

（三）“院局合作”工作评价制度的机制构建

基于对“院局合作”工作评价制度的现状分析，公安院校和公安机关应着眼构建以下“院局合作”工作评价机制：

1. “院局合作”工作的目标决策评价机制。一要根据地方特点，建立“院局合作”工作的目标决策评审和公众参与体系。对公安院校与当地公安机关进行“院局合作”的范围和内容界定，要允许院校师生、机关工作人员以多种形式参与决策，重大决策可采取实名投票等方式。二要建立以定期结果反馈为核心内容的“院局合作”目标决策动态调整、补偿机制，即根据结果评价机制的及时反馈，对原有的目标决策进行科学调整，以适应公安类人才培养的具体要求。

2. “院局合作”工作的督导约束机制。首先，公安院校应改变以往常用的结果效能单一评价机制，将“院局合作”交流的教学方案、教学内容、教学方法、教学训练全过程一并纳入评价体系，进行严格的督导约束。其次，建立“院局合作”工作督导小组，全面落实“院局合作”工作计划，对公安类专业的日常教学和实践教学同时进行督导约束，定期对“院局合作”的财政经费进行核算，使整个合作工作的执行过程都得到严格的约束监督。

3. “院局合作”工作的学员评价机制。应充分利用现代信息和网络技术，通过建立“院局合作”学员信息平台，加强学员与学校、机关之间的沟通交流，体现“院局合作”工作的目标追求。同时，以结果评价和学员评价相结合的方式取代传统的一票制评价方式，并将评价结果反馈给“院局合作”双方的领导，引起他们的重视，进而增强二次决策的科学性。

公安教育与公安实践互动：“院局合作”机制的构建

章春明① 章继宁②
（云南警察学院 云南 昆明 650223）

［内容摘要］公安教育在公安工作中处于基础性、先导性、全局性地位。公安教育与公安实践之间存在着一种共存、共生的关系。公安教育的实践蕴含公安工作规律性概况，包含着公安实践理论的总结。公安实践则充实发展着公安教育的内容。没有公安教育滋养的实践和缺乏实践根基的公安教育都是不能相互适应并协调发展。公安教育要全面提升教育教学质量和水平，适应新时代公安实践要求，就要不断深化教育教学改革，努力构建“教、学、练、战”一体化人才培养模式。近年来，公安部实施的“双千计划”和各地结合当地特点进行的“院局合作”都是对公安教育与公安实践发展相互促进的有益探索。实践证明，开展“院局合作”是当前推进公安教育与公安实践互动的有效途径。在强化顶层设计下，解决好一些制约瓶颈就能发挥院校主观能动性，推动公安各项工作的全面发展。

［关键词］公安教育；公安实践；“院局合作”

一、公安教育与公安实践互动的理性总结

（一）公安教育的长足发展推动对公安实践的认识深化

经过多年建设，公安教育的布局和结构更加合理，办学层次显著提高，公安学科专业体系更加完备。尤其是公安学、公安技术列为国家学位授予和人才培养的一级学科，为公安教育向更高水平和更广阔领域迈进奠定了坚实基础。目前公安类本

---

① 作者简介：章春明，男，云南警官学院治安管理学院教授，主要研究治安学、公安教育。

② 作者简介：章继宁，男，云南警官学院治安管理学院讲师，主要研究治安学。

科专业由2000年的5个增加至24个，硕士学位授予点由7个增加至27个，博士学位授予点实现零的突破，形成了专科、本科、硕士和博士多层次的公安专门人才培养体系。教育规模进一步壮大，公安院校的数量由2000年的17所增加至36所，其中本科学校由3所增加至26所。学校布局覆盖28个省、自治区、直辖市，在校学生15万人，公安本科专业26个(公安学类专业16个)，成为国内规模最大的行业高等教育体系和世界规模最大的警察高等教育体系。① 公安实践也实现了从单一化向体系化、专业化转变，从人力化向网络化迈进。公安实践的发展对人才提出了更高的要求。2018年教育部颁布了包括公安学和公安技术在内的92个专业类本科教学质量国家标准，国标的推出强化了公安教育的标准意识和教学遵循。国家中长期教育改革和发展规划纲要(2010—2020年)指出，要适应国家和社会发展需要，遵循教育规律和人才成长规律，深化教育教学改革，创新教育教学方法，探索多种培养方式，形成各类人才辈出、拔尖创新人才不断涌现的局面。纲要尤其提及要注重学思结合，倡导“启发式、探究式、讨论式、参与式”教学，帮助学生学会学习。为更好实现公安教育服务公安工作和队伍建设，纲要深化了对教学方法的认识，尤其是对应用型公安教育人才培养提出了可参考的教学模式。

(二)公安实践的发展历程推动了公安教育发展的广度和深度

随着科学技术的快速发展，越来越多的科技成果广泛运用于警务工作中，警务工作从以警力为主导的阶段向以信息化、数字化、网络化为特征的阶段发展。在这些阶段中，人们普遍认识到：警务效能的高低与警务运行模式有着密不可分的联系，而警务人员的素养和对警务人员的输出质量则又对警务效能有着极大的正相关。人才培养的质量观可以这样加以认识：警务人员的质量是可以检验出来的；警务工作的质量是可以创造出来的；警务效能的质量是能够管理出来的。这一切又可以归结为院校初次人才培养质量。强化人才观，突出人才培养与实践的对接，突出人才培养的前瞻性等观念的转变与落实，对于公安教育也是一次转型的考验。公安教育内部建设中突出政治意识、加强师资队伍建设、教材建设、教学质量保障体系建设等都从最初内部循环式的监控逐步向内外结合、以教学质量为特征的阶段过渡。

(三)公安教育与公安实践互动存在的问题

培养什么人是教育的首要问题。公安教育应全面贯彻党的教育方针，切实加强党对公安教育工作的领导，不断提升公安教育现代化水平，培养更多的德智体美劳

① 曹文明：《公安类专业本科教学质量国家标准的研制背景及实践价值》，载《公安教育》2018年第6期，第51页。

全面发展的社会主义建设者和接班人。确定了培养什么人的问题，就要解决怎么培养、如何培养的问题。公安教育担负着培养公安事业后备力量的重要职责，是加强公安机关职业能力建设、造就高素质公安队伍的主渠道。新时代迫切需要公安教学主动贴近基层、贴近实际、贴近一线。经过多年的实践和发展，公安教育与公安实践互动中仍然存在以下问题：

1. 公安教育的依附性导致实践的被动。从一般意义上看，公安教育存在于社会之中，为公安事业服务应是它的天职，但怎样体现这一“服务”却并不那么简单。一方面公安教育中的专业设置基本上跟随公安实践的步伐，课程中存在不少经验性总结的内容，人才培养的时间差带来人才培养效果的不明显。另一方面，近年来公安招录体制改革，公安院校毕业生参加公安联考并按照成绩进行相关岗位选择，100%进入公安队伍已成为了历史。公安院校必须将学生就业率的高低作为公安教育水平高低和专业存废的重要依据，客观上影响着公安教育的定位和可持续发展。为了就业，在校园内出现各种考证和考前辅导班。学校承担毕业生就业压力时，将更多的屈从市场需要。应当看到，无论什么时期，公安实践永远以实用性为特征，为了配合公安实践要求而将教学的重心跟随实践的步伐带来的总是被动适应实践的需求，公安教育先导性作用难以发挥，往往让公安教育变成公安实践的追随者。

2. 理论发展滞后导致公安教学实践的盲目。公安教育理论的产生与发展是建立在公安实践基础上的，但是当公安教育过于强调公安实践时，带来了公安学学科根基、理论研究生命力的不足。以保卫学课程的发展为例：在1983年全国保卫工作会议之后，保卫学的建立开始提上议事日程。1985年召开的“长春会议”普遍认为是保卫学学科初创时期，业务和行政推动下的学科建设注定是“曲折的”。事实上，保卫学的发展也就3年高涨期，随后就处于低谷、无人问津的境地。机构改革和理论研究的停滞，客观上影响了保卫学的生存权和话语权。20世纪末期，公安部在机构改革中撤掉了经济保卫局和文化保卫局，把有关业务归并到治安局和国内安全保卫局，于是就有人提出内部保卫工作是否还存在的问题。如果内部保卫工作不存在了，保卫学研究的对象消失了，那么保卫学也就随之而消失了。所以当公安部机构改革后，保卫学在理论研究上失去“归属”后基本处于一个停滞状态。① 当前公安机关内部改革正如火如荼进行，将要到来的改革又将改变多少以具体警务工作为支撑的公安教育教学呢？

3. 教学实践主体之间力量不足削弱了教学实践效力。面向实践是教学的导向，完成这一任务的是肩负教学使命的一线教师。在公安专业教学中，公安实践部门从事的警务活动在公安教育中就会有相关课程出现。业务课程内在逻辑性不强、归纳

① 章春明：《保卫学的概念与研究对象探析》，载《贵州警官职业学院学报》2015年第2期，第9页。

总结不够，课程内容存在着重复，不同的授课教师的认知存在一定差异，对教材出现的问题处理较为随意，要么淡化、要么按照自己的理解讲授，规范性差。同时，由于院校大部分教师基本上都是院校毕业到院校工作的模式，知识涵养、技能水平、业务把控均较单一，很难监控、把握教学实践内容与公安实践工作直接的关联度。质量监控中对于实践教学效果评价也基本上就是单向确定，还谈不上对实践内容理论的总结。

二、公安教育与公安实践互动存在问题的原因分析

公安教育来源于公安实践，是公安实践的理性升华。公安教育为公安实践提供人才支持，对公安实践具有指导和促进作用。二者相互影响、相互促进，按螺旋式的轨迹上升运行。

（一）公安教育传统教学模式根深蒂固，改变尚待时日

公安教育发展基本上是经历了这样一个脉络：业务培训—学历教育—职业培训。随着学历教育日渐兴盛，公安教育中专业设置也越来越细化，以课堂讲授、灌输式教学的模式却未根本改变。最好的教学效果最终必须靠实践来判定。对于出生、成长在信息化背景下的00后，教师如果仍然用“灌输式”的教学方法让他们接受且喜欢并取得良好教学效果其难度可想而知。事实上，公安学科是一门实践性很强的应用型学科，学生在一定理性思维下的动手能力培养尤为关键，但是亦步亦趋的教学模式指导启迪学生实践的功能有限。公安教学中常常表现出经验总结和理论演绎的倾向，这也昭示了公安教育发展水平较低的现实。

（二）公安教育研究缺乏独立性

长期以来公安教育均在其他学科门类下生存，理论支撑欠缺，学术研究队伍薄弱，存在两种明显倾向：一是把公安教育等同于经验总结；二是在对公安实践总结的基础上加以移植其他学科领域理论，缺乏自身理论支撑。公安教育相对低水平发展，自然对实践的指导效果有限。恩格斯曾指出，一个民族想要站在科学的最高峰，就一刻也不能没有理论思维。① 相对公安实践的发展，我国公安教育在理论研究上还比较薄弱，理论的系统性弱，客观上是难以全面支撑起公安实践的发展。当然，在2011年公安学和公安技术在法学和工学门类下被增设为一级学科，客观上为公安教育发展提供了平台，对于加强基础理论建设起到巨大推动作用，但是仍然任重道远。

---

① 《马克思恩格斯全集(第三卷)》，人民出版社1971年版，第467页。

（三）公安教育发展具有被动性

公安教育发展有其自身的逻辑性和专业性。公安教育与公安实践是相互依赖、相互促进的关系。它与公安实践的发展应当是在实践—理论—再实践—再理论的螺旋式上升中推动完成，是公安教育与公安实践的共同发展。但现实中公安教育与公安实践是割裂的且按照各自体系的两种不同模式运作。公安教育跟随警务工作设置专业、课程，按照警务模式开展“实训”，按照现有警务工作培养人才。学生四年的学习培养后，如果现实警务模式发生变化就会发现所学的东西仍然无法适应现实要求。公安实践的动态性决定了对其内在调整是随时进行着。如果公安教育总是按照具体警务需要来培养人才的话，基本上就否定了公安教育的前瞻性，尤其把具有高等教育层次的人才培养作为具体的某一种警务实践工作进行培养时，公安教育就丧失了自我更新、自我发展的内在动力。

（四）公安教育与公安实践主体交流不畅

广义上，公安院校中的教职员工和院校本身均是公安教育的主体。狭义上，公安教育的主体则更局限于公安专业课程的授课教师和承担有专业教学任务的院（系）。公安实践主体则是在公安机关尤其是相关业务总队、支队、所、站等从事警务实践工作的人民警察和相应的业务部门。公安教育是在公安实践的发展中产生，两者具有天然的联系。实际上从公安教育现实情况看，不论是从事公安教育的院（系）与公安实践的科、所、队等主体，还是从事业务教学的教师与从事警务实践的公安民警间的沟通与联系都并不紧密。由于双方工作目的差异，导致在院校工作的主体不知道当前警务实践主体的工作动态、工作状况、工作方法与工作重点，警务实践主体不知道专业教学现实。由于缺乏相应的平台和机制，公安实践部门按照自己的需求提出人才标准，公安教育部门按照自身情况培养着人才，双方各自运行却无交集。斯大林说，离开革命实践的理论是空洞的理论，而不以革命理论为指导的实践是盲目的实践。这对于本来就具有良性互动优势的公安教育与公安实践，却没有形成良好的发展是非常可惜的。

三、公安教育与公安实践良性互动机制的构建

公安教育与公安实践的发展都有自身的逻辑顺序与规律，都按照各自内在的逻辑和规律发展，应在一定平台下进行良性互动，否则会走“弯路”导致事物发展受挫。公安教育与公安实践的良性互动就必须重视公安教育的基本规律，重视公安实践经验的总结与提升，重视两者不同的关注与需求，找到契合点实现两者“双赢”局面。

（一）公安教育与公安实践互动路径分析

公安教育和公安实践是公安事业的组成部分，公安院校是公安机关的重要组成部分，这就决定了从事公安教育的院校和公安实践部门是“一家人”。它们是一个事物的不同表现方面，双方是相互联系、相互依存的聚合体，决定了处理好彼此的关系必须在一个系统内用系统的、全面的、全局的、发展的观点来看待双方，用系统的方式运作，使整体效益最大化，通过选择合适的路径，充分发展、有机协调实现多赢的有益发展局面。为了达到这样的目的，更好解决双方合作问题，双方不论是在规划层面还是在操作层面都对一些合作路径进行了探索。

1.“双千计划”。2015 年公安部政治部提出在全国范围内，用 3 年时间在公安实践部门与公安教育部门间各自互派 1000 名骨干，实现让实践部门警务人员到院校任职授课，加强学生警务技能培养；让院校专业教师下派跟班学习，挂职锻炼增强对一线警务部门的感性认知和理性把握。同年 3 月，公安部政治部下发《关于实施全国公安院校与公安业务部门人员互派“双千计划”的通知》（公政治〔2015〕105 号），标志“双千计划”开始实施。3 年来该计划推动了全国公安院校与公安机关人员互派交流与深度融合，对进一步提升公安院校人才培养质量和公安队伍专业技术水平发挥了重要作用。2015—2017 年实施的“双千计划”目前暂时告一段落。该计划的提出促进了公安教育部门和公安实践部门的联系，发挥了很好的作用。项目实施以来也存在一些需要改进的地方，主要表现在：一是公安实践部门工作压力大、警力不足的客观现实让大多数主管部门不愿意让业务骨干上派到院校工作。上派教官即使来到院校也面临诸多的生活、家庭等现实矛盾让其难以安心工作，造成实践部门选派一些刚参加工作的年轻同志来院校工作，冲淡了原有项目设计的初衷。二是公安教育部门对项目产生的深远意义认知不同。由于院校同样缺少能干事的人，上派的教官来到院校后被分配的岗位五花八门，其专长未必能很好发挥。院校教师下派到的地方也都面临家庭、工作的矛盾，选派教师环节就容易出现“打折”现象。于是在公安教育部门和公安实践部门均不同程度出现为了完成任务而下派上挂的现象，对于培养强化双方有效合作的目的作用有限。

2.“院局合作”。“院局合作”是公安院校主动适应公安实战需要，改进教学方法，重视实践教学环节，适应院校办学定位，提升人才培养针对性，主动对接公安实践部门实现资源共享、责任共担，发挥各自优势的一种理论与实践相结合的教育模式。在当前的“院局合作”中，大多数都是公安教育部门主动在先，公安实践部门被动在后，为了避免公安实践部门的观望等待，缩小公安教育与实践需求的滞后性，需要在更高层次上统筹规划双方的需求点、解决关注点来推进该项工作。

3. 随岗锻炼。公安院校普遍要求公安专业教师要有一定的公安实践经历，于是就有了 6 个月左右随岗跟班锻炼的形式。由于现实中对公安警务工作考核的严格，对执法规范化的强化，警务实践部门中的执法问责越来越严厉，教师去到基层也未必能参与执法活动。一些去到基层的教师反映，下去也就跟着巡逻或者需要人手时帮帮忙，更多的警务活动较难涉及，认为该锻炼作用有限。由于下派教师隶属关系不在具体锻炼单位，下面部门对其的管理也较松弛，只要没啥大问题也基本上睁只眼闭只眼。缺乏具体职责、缺乏必要的监督、缺乏明确的岗位，极易让随岗锻炼变现成为一个下派教师的长假而流于形式。

上述三种主要合作模式各自均有优缺点，但是就操作效果而言，"院局合作"如果能在省级公安机关统筹安排规划的话，其不足更容易克服并能适时解决合作层面出现的问题。

(二)公安教育与公安实践互动下的"院局合作"构建

目前，"院局合作"虽然存在一些不足，就需要我们站在一个相对高的维度来规划合作双方的责、权、利。

1. 合作主体。"院局合作"的参与双方是实施公安教育的院校(或者在院校牵头下的教学单位))和从事公安实践工作的公安机关，在互不隶属的情况下统筹两个合作主体，调动双方合作积极性尤为重要。现实中一些地方以项目招投标的方式保证了"院局合作"的效能。省级公安机关统筹规划实训项目，通过招标让有经验的教官完成项目，促进院校实训教学质量的提升。该方式用项目的形式完成了相关责权利的分配。这种以实际效果为导向的合作模式，为我们的实践提供了一种借鉴。

2. 参与方。在"院局合作"参与的具体教学部门和警务实践部门之间缺乏双赢的连接器，一般情况下合作是公安院校与相关公安警务实践部门通过签订合作协议建立合作关系。公安实践部门为公安院校提供学生实习的场所、教师随岗锻炼岗位，这种合作关系局限性明显，远远上升不到培养应用型人才、提高教学水平和质量的层面。这就需要在具体操作层面解决好合作的统一性和独立性问题。合作是建立在同为公安机关这一平台，而体现公安工作不同方面这一本质属性基础之上，形成具有特色的教学合作模式。对于公安院校专业课程教师而言：(1)要求院校的教师变革教学的方法。通过问题导向、工作过程等具体方法的革新来改变传统方法的滞后，积极契合公安警务工作的发展变化。(2)提高教师自身的专业素养。由于教师专业化发展程度低，对专业人才的培养作用有限，制约了其无法为警务实践解决现实问题，限制了合作纵深发展的可能性。(3)有的放矢。要根据当地具体的现实条件，有针对性地分析、研究警务工作的发展，探索相应的策略、程序、方法并能适时与相关警务部门交流。理论来源于实践，却不能直接还原为实践。赫斯特指出，"从理论基础到实践原则的转化，从来就不是一种简单的演绎过程"。就需要院校的教师主动融入公安实践、主动提炼公安经验、主动开拓教学训练新模式。对于警务实践部门而言，最大限度地发挥公安实践部门行业专家、实战经验、警务技能、警用设备设施、实景学练平台等方面的优势，进而有效改进公安院校人才培养模式，更好地"贴近实战，服务公安"，提高院校教学质量和办学水平，有效实现提高公安院校应用型警务专业人才培养水平、提高实务部门新警综合素质的目标。①

3. 合作规则。公安院校和从事公安警务实践工作的公安机关从领导层级来看彼此互不隶属，且该合作是院校单方面积极主动的行为，双方在具体的认知上存在一定差距，缺乏必要的制度保障的合作注定具有短暂性。这就需要双方共同的上级能从顶层设计的角度规划好参与方的权利义务，用刚性的规定规范双方的合作行为，尤其是来院校担任教官的资格、权利保障和下挂实践部门的教师的条件要求及晋级晋升等考核要素的完备，为持续、有效的合作提供制度保障。上海市公安局用制度保障有经验的民警愿意且能够到公安院校参与相关业务教学，突出解决教学中理论与实践结合问题，确保实践教学的实效。

（三）公安教育与公安实践互动下的"院局合作"实践

对于"院局合作"各地都进行了有益的探索。云南省公安厅在统筹规划下下发了《关于全省公安机关与云南警官学院建立"院局合作"机制的实施意见》（云公政传〔2018〕10号），提出通过智库建设、公安实战理论研究和实战应用结合研究，深化"院局合作"内涵建设；通过建设警察文化、加强"双师型"教师、教官队伍建设和搭建学生实践锻炼平台及实战化训练教学保障平台来实现联合育人和实战化训练。目前公安教育主体按照意见要求正积极构建多层次多级合作模式，教学部门正推进以提升实战意识、实战素质和实战能力为目标的综合性实战化教学改革。

总之，开展"院局合作"是实现公安教育与公安实践部门间良性互动，提高教学质量、提升教育水平的重要途径。公安教育的发展会在公安实践中壮大，公安教育的发展又会对公安实践工作赋予更好的评价和预测。通过"院局合作"而形成的局面将更有利于推动公安事业又好又快地进步和发展。

---

① 刘力鞍：《论治安学专业实践教学"院局合作"平台的优化》，载《北京警察学院学报》2018年第2期，第117页。

应对情势发展　加强警务合作

杨家军①
（湖北省随州市公安局　湖北　随州　441300）

［内容摘要］建立区域警务合作机制、加强区域警务合作，是服务国家区域发展大局，推动经济社会发展的客观要求。加强警务合作具有很强的必要性：时代发展呼唤警务合作，宏观政策引领警务合作，治安形势倒逼警务合作，人民需求期待警务合作，自身积弊要求警务合作。加强警务合作，就要以维护稳定作为首要任务，以实事求是作为基本原则，以整合资源作为基本要件，以信息共享作为基本纽带，以激励机制作为基本保障。

［关键词］警务合作；必要性；路径

为深入学习贯彻党的十九大精神，按照习近平总书记关于建设平安中国的要求，中央政法委、公安部党委提出深化警务合作，巩固了警务机制创新的良好局面。中央政治局委员、中央政法委书记郭声琨曾讲话指出，建立区域警务合作机制、加强区域警务合作，是服务国家区域发展大局，推动经济社会发展的客观要求；是充分发挥我国社会主义制度的政治优势，最大限度统筹整合各种社会资源的迫切需要；是主动适应动态社会环境，有效维护社会稳定的必然选择。他要求各级公安机关充分认识加强区域警务合作的重大意义，把建立和完善区域警务合作机制作为事关公安工作全局的一件大事来抓，加快区域警务合作步伐，落实警务合作措施，提高区域警务合作实效，努力提升社会管理水平，真正做到以一地稳定保区域稳定、以区域稳定保全国稳定。笔者结合基层公安工作的特点，就如何加强警务合作进行了一番深入的调研与思考。

一、加强警务合作的必要性

（一）时代发展呼唤警务合作

创新是人类解决许多全球性问题的必由之路，已经成为世界各国、各民族谋求

① 作者简介：杨家军，湖北省公安厅研究室特约研究员、随州市公安局二级警长。

未来发展的时代理念。我国经过40年的改革开放，经济和社会发展取得了翻天覆地的变化，国富民强，改革创新的理念深入人心。现代警务作为一种全新的警务理念、警务机制和警务模式，核心是信息警务，基础是合成警务。要求我们打破传统警察组织条块分割的封闭状态，拓宽工作视野，突破人为界限，加强警种之间、地区之间的警务交流与协作。信息警务与协作警务相辅相成，协作是信息化条件下的协作，重点是各类信息资源的协作；信息资源也只有在大开放、大协作环境下，才能从根本上破除体制机制、思想理念的束缚和禁锢，最大限度地实现自由流动、优化组合、高度共享、充分应用，释放它的最佳效能。从现代警务的发展要求来看，加强警务合作是一种时代的选择。

（二）宏观政策引领警务合作

现代社会是一个重视分工的社会，也是一个强调合作的社会。当前，政治领域、经济领域、文化领域的全球合作、区域合作，已经成为一种势不可挡的潮流。对公安机关来讲，面对世情、国情和区情的深刻变化，仍然延续传统的、封闭的、被动的管理工作模式，难以有效服务经济和实现社会跨越式发展。公安机关社会管理创新作为整个社会管理创新的重要组成部分，势必要置于各级人民政府宏观政策之下，置于公安现实情境之下，站在全局的高度，运用创新的思维，以变应变、以动制动，努力构建与时代发展和公安工作实际需求相适应的现代警务机制。着眼于现代警务的发展态势，不断深化警务发展内涵，把一时一事的合作拓展为全天候、全方位的合作；把零散的、见诸于某个部门、警种的合作延伸为全部门、全警种的合作；把基于责任和感情的合作固化为制度框架内的合作，在更大范围内实现警务资源共享，推动区域间的警务合作由重大活动拉动向常态合作转变，努力形成维护社会稳定的强大合力。因此，开展警务合作，整合各方力量，统筹各地资源，有序推进区域警务协作，已成为大势所趋。

（三）治安形势倒逼警务合作

在当今社会进步和国家发展取得巨大成就的同时，总会伴生着一些新的问题。在社会治安方面，人民内部矛盾引发的不可预测性、不确定性群体性事件居高不下，滋生和诱发违法犯罪的消极因素增多，各类案件、事件高发、多发、突发性越来越强，公安机关防控难度越来越大。在社会管理方面，面对人口大流动，新生社会组织、行业、场所的蓬勃发展，不知如何管理或有效管理，信息不能及时采集更新，漏管失控现象严重，隐患较多。日趋复杂的治安形势，客观上要求公安机关对传统警务机制进行改革创新，加强警务合作，不断促进社会和谐稳定。

(四)人民需求期待警务合作

党的十九大指出，随着经济社会发展和物质文化生活水平的提高，新时代我国社会主要矛盾已经转化为人民日益增长的美好生活需要和不平衡、不充分的发展之间的矛盾，人民群众对公安工作提出了许多新期待、新要求。在社会治安方面，不但注重公共安全，而且关注自身安全以及整个生存环境的安全；在执法办案方面，不但要求少发案、快破案，而且要求最大限度挽回损失或得到补偿；在服务方面，不仅要求快捷、高效，而且要求主动服务、全天候、个性化、差异化服务。面对人民多元化的服务需求，办法不多，方式简单，因循守旧，甚至不作为，都会违背人民群众意愿。公安机关既要解决职业化、专业化问题，又要解决一专多能、整体协作的问题。加强警务合作，提高警务效能是适应人民群众新期望的重要措施。

(五)自身积弊要求警务合作

所有的公安工作都要靠基层来落实，但由于基层工作辛苦、环境差、提拔慢，民警不愿意在基层干，总想找机会跳出基层，基层老弱民警多，责任过重、警力弱差的现象突出。加之机构越来越多，分工越来越细，职能交叉，警力分散，机关与基层争利，推卸责任，警力内耗，影响警务效能发挥。尤其是如下几方面表现尤甚：一是“一标三实”之困。“一标”，即标准地址；“三实”，即实有人口、实有房屋和实有单位。由于人户分离现象严重、流动人口群体庞大，实有人口特别是流动人口底数不清，实有房屋特别是出租房屋变动频繁，成为公安社会管理最棘手的问题。二是信息封锁之弊。随着公安信息化建设的长足推进，全国各地都在自身管辖范围内打破警种界限，实现了信息资源的整合共享。但在省与省之间，除了公安部八大数据库全国共享之外，一些信息资源更为丰富、鲜活的省级库、市级库、县级库，仍然设有查询权限，一定程度上制约了日常管理、侦查破案的效率，有时甚至因为一项关键信息无法获取，导致整个侦查计划被迫搁浅。三是人地生疏之艰。出差办案民警到外地核查线索、缉捕犯罪嫌疑人，往往风里来、雨里去，千里迢迢、跋山涉水，特别是因为交通环境不熟、风土人情不熟、方言俚语不熟，一些当地公安机关举手之劳就能办结的事情，出差民警往往也要费九牛二虎之力，几经周折才能如愿，有时甚至无功而返。同时，出差办案需要大量的警力、精力和经费，周期长、难度高、消耗大。四是联动协作之难。虽说天下公安是一家，但主要表现为零散的、临时的、见诸于某个警种部门之间的、一案一事形式的协作。虽然公安部刑侦局早在 2008 年 9 月就推出了跨区域办案协作平台，但协作领域还不够宽广、各方收益还不能对等、保障机制还不够刚性。各地公安机关总体而言仍是“各人自扫门前雪”，外出办案不理解、不配合、不支持的情况也不同程度存在。公安机关自身的积弊与阻力，迫切需要改革传统理念，转换发展方式，通过建立健全一种行之有效的警务运作机制，来改变现状、实现突围。

二、加强警务合作的路径选择

合作出凝聚力，合作出战斗力。加强警务合作机制建设，并非权宜之计、一时之为，而是全局之需、长久之策。笔者认为，加强合作是基础，形成合力是过程，双方合心是目的。因此，必须以改革的思维、创新的思路、发展的办法，有针对性地研究解决工作中不适应时代发展、不推动社会进步的问题，建立完善适应形势发展、符合实战需要、满足群众要求、切合实际需要的现代警务机制，不断提升公安机关驾驭社会治安局势的能力和水平，为经济社会发展创造更加和谐稳定的社会环境。

（一）要以维护稳定作为首要任务

维护社会稳定是压倒一切的首要任务，建立与完善警务合作机制必须紧紧抓住这条主线。尤其在重大活动、敏感地区、敏感时期，社会稳定不仅是国际社会关注的焦点，更是境内外敌对势力、敌对分子渗透、破坏的首选目标，决定了各级公安机关必须把维护政治稳定和社会安定作为第一位的任务。要站在政治和全局的高度，牢固树立全国“一盘棋”的思想，不断增强“四个自信”，即中国特色社会主义道路自信、理论自信、制度自信、文化自信；努力建设“四个全面”战略布局，即全面建成小康社会、全面深化改革、全面依法治国、全面从严治党；着力强化“四个意识”，即政治意识、大局意识、核心意识、看齐意识，进一步坚持步调一致，明确职责任务，抓好工作措施落实，层层筑牢安全屏障，充分发挥警务合作机制牵头者、协调者的作用。积极探索维护稳定工作的新思路、新方法，进一步巩固政治稳定、社会安定的良好局面，为确保维护社会稳定和服务经济社会发展发挥更大的作用。

（二）要以实事求是作为基本原则

受区域差别、城乡差别的影响，东部与西部地区、内地与沿海省份、省会城市与一般地市、城区与农村，管辖的面积与人口、经济发达程度等差别较大，社会治安状况千差万别，问题不尽相同，同一地市的各县(市)区、乡镇都不可能有完全一样的治安问题，也不可能运行完全一致的警务机制。建立与完善警务合作机制必须以实事求是为原则，以经济社会需求、人民群众期盼为导向，以信息化为纽带，通过整合警力资源、优化警力配置、激发队伍活力，建立反应快速灵敏、打防严密有力、执法严格公正、矛盾化解及时、管理有序到位、服务方便快捷、社会多方参与的现代警务机制。充分发挥公安机关职能，强力“扫黑除恶”和打击违法犯罪，努力营造和谐平安、稳定有序、适宜人居、激发活力、促进发展的社会环境，实现基层基础工作不断夯实、公安工作良性运转、社会大局平安稳定、党委政府一致满意、人民群众得到实惠的总目标。

(三)要以整合资源作为基本要件

针对机构过多、职能交叉、互相掣肘的现象，必须整合现有警力资源，提升警务效能。一要整合机构。实行大部制，对各层级公安机关业务相似、职能交叉的部门和科室，可以保留牌子、解决民警职级待遇，进行撤销或合并，不强调上下一致，将富余警力尽可能压向基层一线。二要理顺关系。要加强“顶层设计”和制度革新，公安和军队都是国家的暴力机器，军队是“枪杆子”，公安是“刀把子”、“国家安危系于一半”，建议公安也要像军队一样，实行“垂直管理”，由中央警察总部或省直警察总署隶属，以扁平化为方向，变“条块结合，以块为主”的管理模式为“以条为主，条块结合”的新模式，业务部门以协助、支持为主，赋予基层公安机关更大的管辖权限。扭转实战单位机关化的倾向，市县级公安机关要从上传下达、收集报送数据、考核评比职责向为基层一线提供服务和保障转变，本着帮忙不添乱的原则，直接参与基层重大行动、重大案件办理或其他具体事务，分担基层一线的工作压力。三要一警多能。随着形势的发展变化和现实需求，国家不断修订、颁布新的法律法规，上级公安机关适时对警务信息系统、办案平台进行升级改造，如果民警长时间仅专注某一方面工作，不了解其他警种业务知识，将会出现业务知识面过窄、难以适应公安工作的现象，一警多能有利于民警素质的全面发展。要教育民警淡化警种意识，强化警察责任，承担全警职责。尤其在基层所队层面，在相对明确刑侦、社区、巡逻民警职责任务的基础上，要组织民警学习其他警种的业务知识，主动参与多警联动、综合执法行动，全面提升业务技能。在制度保障层面，要将轮岗交流作为基本制度固定下来，民警在一个岗位上工作 3 年至 5 年后，应进行轮岗，既可激发活力和创造力，又可丰富工作经验、提升业务素质，也可以防止长期在某岗位工作可能产生的懈怠或人际关系上的负面影响。

(四)要以信息共享作为基本纽带

在社会信息化条件下，情报信息共享程度决定着警务合作的效能。目前，信息化已经广泛应用于民警日常工作中，成为基层民警不可缺少的工作“帮手”。当前要围绕“基础工作信息化、信息工作基础化”目标，下大力气抓好情报信息共享平台建设，将重点人情况、治安动态、案事件预警、串并通报、涉警舆情等各类情报信息集约在统一的信息平台上，为警务合作提供更加便利的条件。一要明确全警采集职责。把信息采集、录入作为全体民警日常基本工作之一，按照部门、警种岗位职责，围绕人员、警情、物品、地址、组织机构、情报线索等要素，应采尽采、应录尽录，做到信息采集和录入的警种化、常态化。要硬化部门、警种信息采集职责任务，严禁将自身信息采集任务转嫁给基层。二要形成信息共享格局。对内，全面梳理、整合各类信息系统，按照层级、角色、权限等实现最大限度共享。对外，推动政府牵头整合工商、税务、金融、通信、水、电、气、电信等信息系统，最大限度与警务合作情报平台有效对接，实现社会管理信息的交换与共享，最大限度获取公民衣、食、住、行、工作等生产、生活信息，扩大基础信息覆盖范围，实现各种数据库基础信息和重点人动态轨迹信息的共享共用。三要营造全警共用氛围。要进一步强化情报信息交流机制，定期对本区域的情报信息进行研判会商，对重大刑事案件、重大突发事件、涉恐涉暴等情报线索，在第一时间相互通报、跟进核查、快速反应，共同处置。同时，要建立完善信息化应用奖罚激励机制，规范信息化工作流程，引导民警积极开展网上侦查、网上追逃、网上管理、网上服务工作，真正形成全警参与信息化、全警应用信息化的工作格局。对民警采集的信息在侦查办案、行政管理、服务群众中发挥重要作用的，及时进行奖励。

(五)要以激励机制作为基本保障

建立健全警务合作常态化的指导监督机制和激励考核机制，将警务合作纳入绩效考核体系，确保各地区、各部门、各警种严格履行承诺，推动警务合作走向制度化。同时要坚持正确的激励导向，让广大民警支持改革、拥护改革、推动改革，快乐工作、用心干事。2018 年 3 月 28 日，习近平主席主持召开中央全面深化改革委员会第一次会议并发表重要讲话。他强调，要加强和改善党对全面深化改革统筹领导，紧密结合深化机构改革推动改革工作。会议强调，在试点基础上全面推进公安机关执法勤务警员和警务技术职务序列改革，要根据公安机关性质任务和人民警察职业特点，尊重警务技术人才成长发展规律，完善公安机关执法勤务警员职务序列，建立警务技术职务序列，拓展民警职业发展空间。他还强调："要坚持政治建警、从严治警、文化育警、科技强警、从优待警，不断提高政法队伍的革命化、专业化和现代化建设水平。"中央政治局委员、中央政法委书记郭声琨同志指出，"不能从优待警一句话，从严治警一本书"。在公安队伍建设中，一定要把从优待警和从严治警放到同等重要的位置上，真正做好一手抓从严治警，一手抓从优待警，两手都要抓，两手都要硬，在继续抓好"从严治警一本书"的同时，切实做好"从优待警"这篇大文章。湖北省副省长、公安厅长曾欣强调，要把以人为本的理念贯穿到整个公安队伍建设之中，把从严治警与从优待警更加紧密地结合起来，关心爱护民警，千方百计地帮助解决工作、生活中遇到的实际问题和困难，努力解除他们的后顾之忧，真正把公安机关建成广大民警自己的家，增强民警的职业认同感。随州市副市长、公安局长汤文江强调，心里没有装着老百姓，就不配当民警；心里没有装着民警，就不配当领导，就没有资格带队伍。

一要让多干事的人不吃亏。充分运用信息化手段，加强月度、季度、年度科学考核，及时兑现奖惩，并将考核结果与民警的评优评先、干部提拔等政治待遇挂钩，体现干与不干不一样。二要让能干事的人不吃亏。对业务骨干、工作能手、技术人才要大胆提拔使用，体现人才导向，营造奋勇争先、不甘落后的工作氛围。三要让老实人不吃亏。基层派出所作为公安机关最前沿的综合性作战单元，地位举足轻重。要按照做精机关、做强中层、做大基层的原则，增加配套政策，确保派出所日常运转所需，全额保障派出所基础设施建设维护费用。抽调基层民警到机关工作，要按照进出有序、总量不变的原则，加强上下交流，增强工作活力，切实减轻基层负担。上级部门、警种不能把自身承担的工作任务摊派给基层派出所，对派出所部署工作由局机关统一协调。减少纸制台账、统计报表，尽量通过警综平台或其他信息化方式上报，简化程序，提升工作效率。减少不必要的达标和考核，安排部署工作任务时要考虑派出所警力、实力状况的承受能力。

新时代治安学应用型人才“院局合作”培养的思考和探索

黄 曦①

[**内容摘要**] 当前，我国高等教育的发展又进入了新一轮发展转型时期。治安学作为公安院校的主体学科专业，治安学应用型人才“院局合作”培养模式的可持续发展，需要重新审视和科学规划其功能定位、体制机制、管理运作、质量评价等重要环节，充分发掘平台优势潜力，突出其内涵式发展特色，注重主体核心能力培养，统筹规划治安学应用型人才“院局合作”培养的深度融合与发展，造就出能够适应时代发展要求的高素质应用型人才。

[**关键词**] 新时代；治安学；应用型人才；“院局合作”

公安教育是党和国家教育事业的重要组成部分，在公安工作中处于基础性、先导性、全局性、战略性地位。2018 年 9 月 10 日，习近平在全国教育大会上指出，“要深化办学体制和教育管理改革，充分激发教育事业发展生机活力。要提升教育服务经济社会发展能力，调整优化高校区域布局、学科结构、专业设置，建立健全学科专业动态调整机制，加快一流大学和一流学科建设，推进产学研协同创新，积极投身实施创新驱动发展战略，着重培养创新型、复合型、应用型人才”。公安院校要深入贯彻习近平新时代中国特色社会主义思想，紧跟新时代的发展步伐，突出加强对应用型人才的培养。应用型人才是指能将专业知识和技能应用于所从事的专业社会实践的一种专门的人才类型。在总体层面上，应用型人才与学术型人才概念相对，而且与其他类型的应用型人才培养不同的是，由于人民警察招录培养体制的特殊性，公安院校应用型人才的培养，不侧重于解决就业层面的供需矛盾问题，主要是解决职业素质和警务工作能力问题，目的是为公安机关输送适应新时代发展的合格人才，具有鲜明的警察职业化特征。

治安学应用型人才的培养是公安院校应用型人才培养体系中至关重要的一个主

---

① 作者简介：黄曦，男，汉族，湖南警察学院治安系讲师，研究方向：治安学、治安案件查处。

体部分，治安学作为公安院校的一个传统的举足轻重的学科专业。治安工作具有“点多、线长、面广”的特点，与其他公安专业类别中任何一个学科专业相比较，治安学应用型人才服务社会的范围通畅、不狭窄，广大人民群众对人身公共安全的需求与日俱增，涉及面十分广泛。总体上，公安院校的学生毕业后，绝大部分都是开始从事治安一线部门工作，能否胜任公安机关的治安工作，是体现每一个人民警察业务基本功的首要问题。因此，加强公安类应用型人才的培养体系建设，一个重要的基本途径，就是打造更具“治安特色”的警察应用型人才培养平台，也即治安学应用型人才“院局合作”培养平台，这也是全面提升新时代公安院校各类应用型人才综合培养质量的必由之路。

一、转变观念，重新认识新时代治安学应用型人才“院局合作”培养途径的重要性

2018 年 5 月 4 日，习近平总书记在与北大师生座谈会上讲到，“教育兴则国家兴，教育强则国家强。高等教育是一个国家发展水平和发展潜力的重要标志。今天，党和国家事业发展对高等教育的需要，对科学知识和优秀人才的需要，比以往任何时候都更为迫切”。公安院校要深刻领会习近平总书记关于教育的一系列重要论述，准确把握新时代党和国家对高等教育体制改革的重大调整和战略部署。

国务院颁布的《国家教育事业发展“十三五”规划》指出：“努力形成高等学校科学定位、特色发展的局面，推动具备条件的普通本科高校向应用型转变。把办学思路真正转到服务地方经济社会发展上来，把办学定位转到培养应用型和技术技能型人才上来，转到增强学生就业创业能力上来，把办学模式转到产教融合、校企合作上来，到‘十三五’末，建成一批直接为区域发展和产业振兴服务的中国特色高水平应用型高校，形成科学合理的高等教育结构。提高应用型、技术技能型和复合型人才培养比重。新增高等教育招生计划主要向应用型、技术技能型人才培养倾斜。”教育部、国家发展改革委、财政部《关于引导部分地方普通本科高校向应用型转变的指导意见》指出：“进入 20 世纪 80 年代以后，国际高教界逐渐形成了一股新的潮流，那就是普遍重视实践教学、强化应用型人才培养。国内的诸多高校也纷纷在教育教学改革的探索中注重实践环境的强化，因为人们已越来越清醒地认识到，实践教学是培养学生实践能力和创新能力的重要环节，也是提高学生社会职业素养和就业竞争力的重要途径。”因此，作为公安院校，应主动实现和正确处理好适应社会需要与尊重自身发展二者之间的逻辑平衡关系。

公安院校，尤其是地方公安院校向应用型转变是提升其内涵、夯实其发展的重要途径。在 2017 年 5 月 10 日《教育部关于同意建立贵州警察学院的函》中明确指出：“鼓励学校定位于应用型高等学校，主要培养区域经济社会发展所需要的应用

型、技术技能型人才。”从国家教育部最新的这种倾向性意见上可以看出，今后，尤其是地方性公安院校逐步向应用型院校转型，已经成为新时代公安教育事业的一种发展趋势。向应用型转型是破解公安院校高等教育同质化问题，特别是增强地方公安院校自身发展活力的必然要求。为地方培养高素质应用型人才是地方公安院校的天然使命，坚持“地方性、区域化、应用型、特色化”办学定位是其必然选择。从这个意义上说，公安院校必须下大力气探索一条坚持需求导向、创新引领、不断优化应用型人才培养体系和提高应用型人才培养质量的特色发展之路。在办学理念上，就得把办学思路真正转到服务地方经济社会发展和社会治理上来，转到“产教融合、“院局合作””上来，转到培养应用型人才上来，转到增强学生基本知识运用能力上来。

本科教育是我国高等教育的基础。在承担本科教育的院校中，地方本科院校数量居多，在全国700多所大学中，除少数大学是研究型大学外，绝大多数都应该办成应用型大学，而办好这些院校，对于我国建设高等教育强国具有重要的战略意义。① 当前，部分本科高校需要由学术型转向应用型，这是国家战略和人才创新的需要，即需要培养出大批具有创新精神和创业、就业能力的高素质应用型人才。高校发展不能背离了国家战略需求，高校不能全部都是沿着“教学型——教学研究型——研究型”的一条路子走，而不重视应用型人才培养。国家强调“部分本科高校”向应用型转变，就是需要这些大学重视社会服务职能，以服务经济社会发展需求为导向，注重专业知识、专业技能的培养和训练，以培养高素质应用型人才为目标。②

二、准确把握，科学确定新时代治安学应用型人才“院局合作”培养体制的基本含义

实践证明，要为治安学应用型人才培养提供有力的保障，一个有效的基本途径，就是要推动人才培养方式的改革创新，改变以往传统的学校单一主体模式，向需求导向的校局双主体模式进行转变，进而构建一个良好的“院局合作”协同发展平台来加以支撑。

吉林警察学院副教授王琳琳认为“院局合作”是公安院校和公安实战单位基于一定的共同利益，在学生培养、民警培训、科技研发、成果转化等方面开展协同合作，实现教育与实战相结合，教学与实践相结合，科研与应用相结合，以增进社会

① 潘懋元：《应用型人才培养的理论与实践》，厦门大学出版社2011年版，第1-10页。

② 刘献君：《应用型人才培养的观念与路径》，载《中国高教研究》2018年第10期，第6-10页。

效益，提高公安机关战斗力、促进人才全面发展的模式。

对某一事物的定义，应全方位进行分析，进而做实质性的概括。笔者认为，“院局合作”是指公安院校与各级公安机关及其所属部门，通过建立科学完善的合作机制，发挥双方各自的“教、学、用”优势，以培养在校学生的警务综合应用能力、提升教师的教学科研能力、提高在职民警的工作业务能力为目标，实现公安院校与公安机关共同培养适应全方位警务需要的高级应用复合型人才的一种工作机制和办学模式。这里的全方位警务需要，既包括公安教育事业的需要，也包括公安实战单位的工作需要在内，而且，这种需要不是单向的需要，而应是一种双向、多向的需要。既然是合作方式，就应该有共同的需求，这就是利用各方的优势，共同打造警察职业培养平台，共同为整个公安机关培养专门的实践人才和预备人才。

需要看到的是，在当前某些“院局合作”培养模式的运作过程中，存在公安院校主动在先、公安机关被动应付在后等缺乏大局意识的不正常现象。这不仅是不重视公安教育事业发展和公安人才培养的一种不良表现，从整体公安工作上而言，这也是对公安工作全局性把握不够、缺乏战略眼光的一种不良状态。“院局合作”机制的实施不应是单边化，应该是多边化，应该把它放在整个公安机关战略性位置进行部署，通盘考虑。“院局合作”的理想化运作模式，除了培养训练学生警务实战基本能力和素质外，还应该包括教师与公安机关民警之间互相取长补短，互促互进，进行实质性、突破性的换位思考和提升，以达到教师与民警二者各自能力和素质得以共同提高的目的。教师需要在“院局合作”运作中提升自己，教师本身更应该主动、自觉、有担当地成为治安学应用型人才“院局合作”培养的一分子和领头雁，从丰富教育教学资源方面来说，这又是一个必不可少的途径。因此，“院局合作”模式应该成为一种双向联系交流合作的稳定机制。作为公安学各类应用型人才培养中的主体，治安学应用型人才的“院局合作”培养的基本层次类型和定位指向，应该是面向基层一线公安机关，特别是面向公安基层基础工作性质的派出所。当然，在培养目标的实现上，不应盲目攀高，而应实事求是，而最大的“实事”就是需要扎根基层，服务群众、服务社会。

三、标本兼顾，全面探索新时代治安学应用型人才“院局合作”培养模式的科学定位

公安院校办学最大的特色就是“公安”，“公安特色”是公安本科院校的优势和品牌。省属公安院校办学宗旨定位是贴近警务实战，为公安工作和公安队伍建设服务；办学目标定位是建设具有鲜明区域特色的高水平公安本科院校；办学理念定位是政治建警，依法治校，内涵发展，突出特色；办学水平定位是确立“公安机关满

意"的办学水平衡量标准。① 在本科高校里，学科和专业缺一不可，相互依存，应用型人才培养体系，必须达到学科培养和专业培养二者的高度和谐统一。对二者进行逻辑分析，就高校的学术建设而言，显然应该"强化学科、淡化专业"；就应用型人才培养的定位而言，就应该"强化专业、淡化学科"。学科是高校的内涵，高校的特色与水平都通过学科反映出来；专业则是高校的外延，体现的是高校为社会培养人才的实际效果，也就是"学科为体、专业为用"。治安学应用型人才的培养很大程度上，具有明显的复合交叉型特征，涉及多个学科的知识和技能，譬如也与侦查学、管理学、计算机等学科专业的某些知识直接相关。事实上整个公安院校各类警察专业人才的培养都是具有复合交叉型特征的，其中学会和掌握对治安学领域中基本知识的应用能力，应该成为每一个人民警察必须掌握的最基本业务要求。治安学知识体系的应用涉及面宽广，长期以来，一直占据我国大部分警力，具有治安主体性质功能的基层公安机关十分需要这方面的人才。因此，公安院校应该抓住当前部分高等教育转型的历史发展机遇，结合公安机关的实际人才需求和警务实战的需要，紧紧抓住"院局合作"培养机制这一有效途径，把立足于"地方区域性、充分体现警察服务性和社会管理职能、且人才需求量大"的治安学应用型人才培养体系的建设，作为公安院校的"拳头产品"和核心竞争力来开发。

如何把治安学应用型人才"院局合作"培养体系建设作为警察职业的核心竞争力来进行开发呢？公安院校应用型人才的培养，主要是解决学生综合素质和警务知识运用能力问题。要围绕公安实战化持续推进教学改革，着力培养学生核心职业能力，立足新时代公安工作面临的新形势新挑战，全面审视学校学科布局、专业划分、课程设置和教学模式；围绕培养学生认知能力、合作能力、创新能力、职业能力四大关键能力，不断优化健全"教、学、练、战"一体化教学模式。② 因此，首先要突出以公安实战需求和人才结构需求的导向。无锡太湖学院院长徐从才认为："将培养方案由'知识输入导向'转向'能力输出导向'，围绕社会对毕业生知识、能力、素质的要求，依据学生预期达成的最终学习成果，反向设计培养方案，推动人才培养方案由'知识输入导向'向'能力输出导向'转型。"因此，治安学应用型人才的"院局合作"建设，必须从需求的价值定位出发构建培养体系。治安学传统人才培养的实施中，在某些方面，往往存在专业教学与社会公众需要和公安工作实际需求脱节的问题，人才培养方案存在着重心把握"不稳、不准、不够"等一些问题，很大程度上没有与社会治安新情况、没有与违法犯罪新特点、没有与公安实战相对

① 陈立川、刁涌：《遵循教育规律、突出公安特色、服务公安工作和公安队伍建设——关于省属公安本科院校办学定位的思考》，载《四川警察学院》2015 年第 4 期，第 1-12 页。

② 樊京玉、曹诗权：《着力培养新时代高素质公安人才》，载《人民公安报》2018 年 4 月 24 日。

接，这就需要设置好治安学“核心课程”以及确定每门课程的“核心能力”培养目标，开展课程设置改革和教学内容改革。如果办学模式（人才培养模式）不转型，治安学“院局合作”培养中具有优势的教学项目也会很快过时而被淘汰。

警察教育的职业化特点，决定了公安院校要强调对人民警察职业技能的培养，而职业技能的培养正是转型期“应用型”人才培养的应有之义，即培养人民警察将知识应用于实践的能力，核心在于“用”。① 应用型人才是指能将专业知识和技能应用于所从事的专业社会实践的一种专门的人才类型，是熟练掌握社会生产或社会活动一线的基础知识和基本技能，主要从事一线生产的技术或专业人才。治安学应用型人才的培养应该注重“本科标准+职业能力”应用型人才培养模式标准，顺其自然。总体而论，治安学是公安学的子学科，是偏重于应用性质类型的一门学科，是集政治学、社会学、行政法学、管理学、公共关系学、犯罪心理学等多种学科而进行相关性有机联系的学科类别。公安院校应该根据治安学学科体系的中心内容，重点把社区警务、安全防范、预防控制发案、治安行政管理、治安案件查处、公共安全事故和群体性事件应急处置等方面的内容进行核心定位，配套地做好体现公安工作、特别是做好体现公安基础工作重心需要的“院局合作”的人才培养方案。

培养思路要敢于挑战传统培养教育模式，开拓改革创新思路，开展能力本位教育的探索。能力本位教育（Competency Based Education，简称 CBE），是一种以社会职业岗位需求为核心，确定学生的能力目标，然后在这种能力目标基础上进行专业课程设置、教学内容组织和最终考核的教育形式。② 与公安专业其他类型人才培养模式相比较，治安学应用型人才“院局合作”培养模式应该突出以下几个特点：1. 治安学应用型人才“院局合作”培养的知识结构是围绕着公安机关治安部门特别是公安派出所的实际需要加以设计，特别强调基础、成熟和实用的知识。2. 治安学应用型人才“院局合作”培养的能力体系也要以公安机关治安部门特别是公安派出所的基本任务、目标要求、工作取向等需要为核心目标，在能力培养中特别突出对治安学基本知识、基本技能、基本勤务手段的掌握和灵活应用。3. 治安学应用型人才“院局合作”培养的过程更强调与公安机关治安部门特别是公安派出所工作实践的结合，更加重视实践性培养环节，如公安基层群众工作、安全防范的组织、对场所单位的治安检查、巡逻盘查、矛盾纠纷处理、办理治安案件等中心环节。

治安学应用型人才培养体系是一项系统工程，需要由理论教学、实践教学、选修课辅助、第二课堂辅助等多个子体系来支撑。治安学应用型本科的培养体系必须

---

① 王琳琳：《转型期警察院校“应用型”人才培养的动力和策略》，载《上海公安高等专科学校》第 28 卷第 3 期，第 85-90 页。

② 庞世俊、姜广坤、王庆江：《“能力本位”教育理念对职业教育的理论意义与实践启示》，载《中国大学教学》，2010 年第 10 期，第 21-23 页。

突出实践能力的培养。对于治安学“院局合作”培养的主要实践内容，不应该单纯依附于理论课程进行规划，而是应该独立地构建与理论课程体系相辅相成、相对独立的实践教学体系，培养的过程应该是理论与实践逐步融合的过程，是理论教学与实践教学相互渗透的过程。治安学应用型人才培养重在“应用”二字，要求以体现时代精神和社会发展要求的人才观、质量观和教育观为先导，适应新的高等教育形势，结合地方特色，注重学生实践能力，充分运用好“院局合作”这个有效平台。构建满足和适应经济与社会发展需要的新的学科培养方向、专业培养结构、培养体系，更新培养内容、培养环节、培养方法和培养手段，全面提高人才培养水平，培养出一批又一批具有较强社会适应能力和竞争能力的高素质应用型专门人才。

四、深度探索、统筹规划治安学应用型人才“院局合作”培养机制的融合发展

近期，公安部党委发出通知，要求各级公安机关特别是公安院校认真学习贯彻习近平总书记在全国教育大会上的重要讲话精神，通知指出：“尊重教育发展规律，发挥院校主体作用，突出公安行业特色，创新完善‘教、学、练、战’一体化人才培养模式。要聚焦新时代公安工作新要求，强化教学与实战对接，坚持‘实战有所需、教学必有应’，加强公安学科建设，科学设置公安专业，培养高素质专门人才。”因此，治安学应用型人才“院局合作”的培养要以提高学生实际应用能力为主要特色来规划设计“院局合作”人才培养的知识结构、能力结构和素质结构，深入推进学校与公安实战部门协同育人的融合，突出治安学学科和专业的特色，积极统筹公安机关等用人单位在培养目标、培养方案、教学科研、资源共享、管理运行等方面建立协同共建融合机制，促进协同人才培养的科学化、制度化、规范化。完善治安学应用型人才“院局合作”培养机制，必须进行广度、深度、高度的融合发展，建立培养过程管理机制、培养运行与质量监控机制等；出台了一整套实战单位平台建设标准、警务实践项目标准、带班民警教官聘任标准、带队老师任用标准、培养管理标准等，保障治安学应用型人才“院局合作”培养工作，有设计、有规划、有制度、有组织地顺利开展。

治安学应用型人才“院局合作”培养的全过程必须打破“堡垒围墙”，所属公安院校要力争上级部门的高度重视和统一部署，切实有效解决好治安教学部门与“院局合作”单位(公安实战单位)建立长久固定的协作机制问题。一方面，要坚持协同理念，推进“院局合作”育人，“院局合作”培养方案的实施，要让公安机关实战部门深度参与专业人才培养方案的制订，开发潜力潜能、定期不定期地邀请公安实战部门的“行家里手”开展专题讲座辅导和交流指导；另一方面，教师也要充分利用平台优势，深入到公安实战部门去“拜师学艺”，这也是提升教师教学素质和能力

的一条重要途径。让公安机关实战部门参与人才培养全过程，共同确定人才培养的规格标准，共同建设培养体系和培养内容，共同实施培养过程，共同评价培养质量，坚持治安学应用型人才培养过程性和结果性评价相结合。严格治安学应用型人才“院局合作”培养考核标准和管理，保持治安学应用型人才“院局合作”培养机制的可持续发展。

“应用型人才培养，培养途径将‘以能力为中心’。这种培养模式以适应社会需求为目标，以培养技术或实践应用能力为主线。”①因此，准确把握治安学应用型人才“院局合作”培养的重心主线，是最为关键的一环。就是要围绕“人、地、物、网、事、时空”等基本治安要素，充分认识警情，了解治安问题的时空变化规律特点，重点使培养对象掌握维护社会治安秩序、保护人民群众安全的基本手段和措施，提高服务群众的质量，提高对社会预防控制能力。治安工作的基础地位、职能作用不同于侦查工作、刑事科学技术工作等，治安工作必须把预防置于首要位置，把安全作为全部工作的目标，把防范控制措施作为基本手段。只有把预防工作做前、做好，最大限度把违法犯罪行为制止在发生之前，把治安灾害事故、群体性事件解决在萌芽状态，才能避免、减少违法犯罪和治安灾害事故、群体性事件的发生，有效保障社会安全，才能充分体现出人民群众对公安工作的需求。学生在“院局合作”单位(公安实战部门)的培养过程中，重点要磨练接处警规范、先期处置措施运用、矛盾纠纷调解处理、治安案件的调查取证、询问笔录规范制作要求、巡逻等勤务方式的运作、常规性治安检查的实施、盘问的开展等治安学基本知识的规范运用，要求学生多看实战部门的治安案卷材料，多接触人民群众和社会。

治安学应用型人才“院局合作”培养中应树立“以学生能力培养为中心”的理念，推动从“教”转换到“学和用”，由老师“教得好、带得好”和民警“传得好”，转向学生“学得好、练得好”，通过“院局合作”这一平台，培养学生的核心社会实践能力。治安学重点课程中，譬如在公安专业的基础课程《治安学》和治安学专业的主干课程《治安案件查处》中，课程所依据的治安法律法规和政策等规范性文件变化发展快而多，而且有些是不对外公布的，这是治安学科与公安类其他专业学科一个显著的特点。因此，通过“院局合作”的机制，可以让学生和老师得以接触并及时更新教学知识内容。

需要注意的是，治安学应用型人才“院局合作”培养中，另外一个重要的人才质量标准，就是科技强警手段的运用能力。必须实现警务现代信息技术与治安学应用型人才培养在“院局合作”平台的时代融合，现代信息技术等科技引导警务趋势已经十分明朗，培养中充分注重学生在“院局合作”实践过程中，通过实战单位平台熟练掌握该技能。当前“公安云计算建设”“警务大数据技术”等科技发展前沿知

① 徐仲安：《应用型人才培养要以“能力为中心”》，载《光明日报》2015年6月16日。

识已经与公安业务工作相融合，数据警务、智慧警务已相应产生，公安工作已经步入信息化、网络化等科技现代化时代。信息的收集、传输、存储和处理都依赖于计算机，学生和老师都必须学会使用数字证书进入公安网，学会网上传输、网上关联、网上对接、网上报告、网上审批、网上下载、网上制作法律文书等现代化技能，学会使用警务通、警务信息网络平台、执法记录仪、视频监控等，这些都已经成为了当今应用型警务人才必备的一个前提基础条件。

此外需要重视的是，教师的实践能力是应用型人才“院局合作”培养的基础条件和控制因素。如果没有一个良好的能够保持应用型人才“院局合作”培养机制持续发展的内外融合态势，缺乏清晰的应用型人才培养目标定位，对应用型人才培养体系缺乏连贯持续的扶持，学生和教师也不能很好地融入到应用型人才“院局合作”培养机制中去。在一些调查中发现，师生对应用型人才“院局合作”培养，虽然认知度和接受度越来越高，但执行意愿很低，主要原因在于学校内部政策和制度措施保障中存在执行“瓶颈”等诸多问题。坚持“院局合作”培养高素质应用型人才，是一条符合当今高等教育发展规律的道路，依靠政策和体制来增强应用型人才的培养动力，需要加大人力、财力、物力等常态化扶持投入和通过改革教师人事管理等激励制度予以保障。

论治安学应用型人才“院局合作”的培养逻辑

雷新明[①]

（长沙市人民警察学校　湖南　长沙　410138）

［内容摘要］为适应新形势，提高人才培养质量、缩短人才成长周期，治安学应用型人才的培养模式——“院局合作”应运而生。但面对“院局合作”中应用型师资匮乏、机制失衡的现实困难，除了师资培养外，还应该围绕“院局合作”的人才培养模式进行目标设计，选择闭合性和开放性相结合、绝对性和相对性相统一的路径。

［关键词］治安学；应用型人才培养；目标；路径

自2016年开始，公安机关人民警察招录培养机制实行了重大改革，随即公安部出台了《公安高等教育发展规划纲要（2016—2020年）》，全国公安院校由此拉开了围绕“院局合作”如何进行的探讨与实践，“院局合作”已经形成了共识。观察近几年的“院局合作”的运转情况，发现“院局合作”仍没有逾越20世纪八九十年代形成的学生在校完成学业课程后到实战单位实习的协作机制。当今快速发展的社会，知识和技能的保鲜期短，为适应新形势，提高人才培养质量、缩短人才成长周期，尽管国内外有许多关于“应用型人才培养的理论与实践”的学术文章和著作，但与新时代公安人才培养的特点和部分公安学科内容的涉密性尚有距离，我们有必要进一步探讨公安专业——治安学应用型人才培养逻辑。

一、“院局合作”人才培养的现实困难

“教育决定着人类的今天，也决定着人类的未来。”[②]“为适应新形势的挑战，当前一个重要问题是人才培养。没有人才，一切等于零。”[③]“世界各国都把办好大

---

① 作者简介：雷新明，男，长沙市人民警察学校副主任科员，主要研究治安管理和公安执法。

② 参见：2016年9月9日，习近平总书记在北京市八一学校看望慰问师生时的讲话。

③ 《朱镕基讲话实录》第三卷，人民日报出版社2011年版，第509页。

学、培养人才作为实现国家发展、增强综合国力的战略举措。"①治安工作迎接新形势的挑战，不仅需要对治安工作中出现的问题进行前瞻性探讨，更需要把在校学习的治安学科的基本原理、基本规律、基本措施应用到治安管理实践的应用型人才培养中。学校教师向学生传递基本原理、基本规律、基本措施的知识，而来源于实践的基本原理、基本规律、基本措施等知识又要回到社会治安实践中去，在社会治安实践中应用，服务社会治安实践。"实践、认识、再实践、再认识，这种形式，循环往复以至无穷，而实践和认识之每一循环的内容，都比较地进到了高一级的程度。"②同样，治安学科知识的应用——再实践，又比较地进到了高一级的程度。因此，必须增强对治安学应用型人才培养的主动性和能动性。

（一）应用型师资的匮乏

人力资源社会保障部等六部门下发的《关于公安院校公安专业人才招录培养制度改革的意见》明确规定，健全"院局合作"。这为"院局合作"提供了政策依据。公安机关对治安学应用型人才的需求与公安院校对治安学应用型人才的培养，其目标是一致的。目标的一致性，这为"院局合作"提供了富有内涵的合作动力，这种动力极易使可能性成为现实，但现实并非能够满足"院局合作"的可能性。《招录培养制度改革的意见》规定，公安院校公安专业招生规模要与公安机关招警需求相衔接，同公安院校培养能力相适应。当前，招生规模与招警需求能够衔接，但公安机关人才需求同公安院校培养能力还不相适应，公安院校培养的人才同公安机关岗位匹配尚有落差。培养的人才与岗位匹配的落差，既不利于科学的教育培养质量管控机制形成，又影响人才需求与人才培养的适配性。同时，实验、实训、实习和实战有机结合的实践教学体系同样存在现实困难。一是部分公安院校的实验、实训场地和师资不能贴近实战，难以满足应用型人才的实验、实训；二是部分公安机关实习、实战师资的带训、带战的教学训练技能难以满足治安学应用型人才培养的要求。"高等教育发展水平是一个国家发展水平和发展潜力的重要标志。"③"教师是教育的根本推动力，教师水平是衡量大学水平的最重要指标。"④"教育大计，教师为本。"⑤当前治安学应用型人才的教师是制约应用型人才培养的一个重大的现实问题。

---

① 参见：2016年12月7日，习近平总书记在全国高校思想政治工作会议上的讲话。

② 中共中央文献编辑委员会：《毛泽东选集》，人民日报出版社1991年版，第296-297页。

③ 参见：2016年12月7日，习近平总书记在全国高校思想政治工作会议上发表重要讲话。

④ 《朱镕基讲话实录》编辑组：《朱镕基讲话实录》第四卷，人民日报出版社2011年版，第155页。

⑤ 参见：2014年9月9日，习近平总书记在北京师范大学看望教师学生代表时的讲话。

(二)"院局合作"机制的失衡

尽管公安院校与公安机关进行了合作基地和合作平台建设，但这些基地和平台建设基本上是粗放的，并非达到精细标准。部分公安院校选定合作的公安机关，这些合作的公安机关大多数是本公安院校所在地省级区域内的，极个别公安机关是跨省级区域的。同时，这种合作大多是单向的，即公安院校在学生完成某阶段学业后，需要到公安机关实习、实战，由公安院校向公安机关提出学生实习、实战意向。对于具有时间跨度，并且事先完全有时间准备的治安管理事项，如缉爆治枪行动、专项矛盾纠纷排查、社会治安整治等事项，完全可以接纳学生实习、实战的，公安机关向公安院校提出实习、实战的需求的情形并不多见。当然还是存在极个别大型活动安保工作对学生实习、实战的需求。同时，公安机关向公安院校提供实战师资，而公安院校很难满足对公安机关实战中遇到的警务风险与挑战提供智力支撑。

二、"院局合作"人才培养的目标设计

"办好我国高校，办出世界一流大学，必须牢牢抓住全面提高人才培养能力这个核心点。"①治安学应用型人才培养能力的形成，需要"院局合作"，这已被实战反复证明。"院局合作"围绕培养什么人、怎样培养人、为谁培养人这一根本问题②展开治安学应用型人才培养能力目标设计，在知识教学和实践教学的环节上，确定人才培养的具体目标和各自目标。当前，尽管对公安院校学生到公安机关实习、实战进行了动员，但没有针对实习、实战目标内容进行分解和融合，也没有可资评估的指标和接受度评价。

(一)分解性目标和融合性目标

以公安院校创新应用型精品规划系列教材《治安学通论》③为例，该教材有许多内容，其中有治安勤务、三大管理(人口、行业场所、公共安全)、应急勤务、案件查处、社会防范。公安院校对知识掌握的程度进行目标分解，比如考试、考核，但在实验、实训环节，并没有进行目标分解。公安机关在接受学生实习、实战时，

① 参见：2016年12月7日，习近平总书记在全国高校思想政治工作会议上发表重要讲话。

② 习近平总书记在全国教育大会上作《培养德智体美劳全面发展的社会主义建设者和接班人》讲话，2018年9月10日。

③ 王彩元主编：《治安学通论》，武汉大学出版社2017年版。

基本上没有设计目标。因此，在知识教学的实验、实训环节和实践教学的实习、实战环节，必须进行目标分解，对公安机关实习、实战基地成效目标与公安院校提供智力支撑目标进行分解。在目标分解的基础上，确定融合性目标。融合性目标既包括公安院校知识的教学和公安机关实践的教学目标的融合，也包括诸如治安勤务和案件查处知识和实战的融合，还包括公安机关与公安院校之间在各自目标基础上的融合。如公安院校向公安机关提供处置群体性事件的智力支撑的融合。

（二）评价性目标和接受度目标

目标是否实现，必须进行一定的自我和互相评估。在评估过程，设计一些定量、定性指标。如巡逻，就街面压发案、入室盗窃等情况进行当期与同期、环比考核。又如盘查，围绕盘查的程序、受盘查人数、盘查识别嫌疑的准确度等指标进行考核。接受度目标，是指可实验、可实训、可实习、可实战的内容是否达成目标。部分公安院校建立的“院局合作”关系，如湖南警察学院与二十一个地级、县级公安局建立了合作关系，二十一个公安局的实习、实战内容并非千篇一律，而是各有特色。公安院校是否能够将学生输送到可接受实习、实战的公安机关，公安机关能否完成确定的实习、实战目标的人才培养，应设置校局合作的接受度目标。

三、“院局合作”人才培养的路径选择

“院局合作”如何进行，以什么路径合作，是闭合性路径，还是开放性路径；是绝对性路径，还是相对性路径？我们认为应该选择闭合性和开放性相结合、绝对性和相对性相统一的路径。

（一）闭合性和开放性相结合

公安院校与公安机关都有其边界，这种边界既是物理性的，比如公安院校与公安机关并不在一个区域，又是符号性的，比如公安院校的教学楼、实训馆，公安机关的接待窗口、执法办案区。公安院校与公安机关之间相互异质而具有闭合性，但治安学人才培养的同质使这种边界的闭合性，因频繁的交流与沟通，向对方开放。目前正从闭合性向开放性循环，如2015年公安部决定实施“双千工程”，公安院校向公安机关开放师资平台，让公安机关具有实战技能的教官进入公安院校施训；公安机关向公安院校师资开放实战平台，让公安院校师资进入公安机关实战部门贡献智力支撑、历练实战技能。公安院校治安学专业学生进入了公安机关实习，可进一步加大其开放性。如因纠纷引发的治安案件需要调解时，可征询当事人意见，是否愿意让学警调解，以增强学警处理事件能力；可让学警独立实施矛盾排查，增强其社会调查能力。同时，公安院校应将治安学应用型人才培养方案、教学计划向“院

局合作”的公安机关开放，让公安机关将可供实习、实战的公安工作事项传递给公安院校。“院局合作”的公安机关将可供实习、实战的公安工作事项及时向公安院校开放，让公安院校及时调整教学计划。比如，某公安机关把近期开展治安整顿工作事项及时向公安院校开放，公安院校根据已经完成的治安整顿教学内容，组织学生前往某公安机关进行实习、实战。

（二）绝对性和相对性相统一

“师者，传道授业解惑也。”传道、授业、解惑之间区别是绝对的，但相对于“师者”又是相对的。师者，将传道、授业、解惑融为一体，在传道过程授业，在授业过程解惑，在解惑、授业过程传道。公安院校与公安机关在“院局合作”人才培养过程中，各有侧重，公安院校宜以传道为主，公安机关宜以授业为重。治安学科的基本原理、基本规律，通过教学传道之后，在授业阶段，以实习、实战为牵引，让治安学科人才反复领悟，在领悟过程以解惑。因此，在教学计划编排时，可拆分、可整体，可分阶段、可分实习、实战单位，将学科的完整性与授业的实战性统一起来，而不局限于某门功课，在公安院校完成之后，再集中组织实习、实战。

科学构建治安学专业课程体系之理性思考

王彩元①
（湖南警察学院　湖南　长沙　410138）

［摘要］当前，我国治安学专业课程体系存在专科与本科“一体化”专业课程明显，专业课程体系老化、“碎片化”，课程名称不尽规范或偏离方向，课程理论层次不高、满足不了实战需要等弊端，造成这些弊端主要有准确把握学业标准难度大、课程体系建设研究欠缺、课程理论研究缺失、开放性不够等原因。因此，必须坚持系统性、区别性、兼顾性和理论支撑的基本原则，整合研究力量、强化基础与理论研究，以知识单元或共同理论为基础、合并同类项，凝练方向、突出特色的思路来科学构建治安学专业课程体系。

［关键词］治安学；课程体系；科学；构建

众所周知，学科和专业的联系是以课程为中介来实现的。课程既是学科的载体也是专业的元素，既是科研的精华也是教师的主要“产品”。而专业建设的核心是课程体系建设，其功能是不断提高教学质量，培养合格的高级专门人才。但长期以来，我国治安学界忽视专业课程及其体系科学构建的现象比较突出，对其重要性认识不足，从一定意义上说严重地制约了我国治安学的专业建设甚至学科建设。一般认为，治安学专业课程体系有广义和狭义之分②，广义的是指通常包括公共基础课程、专业基础课程和专业课程三个板（模）块内容的课程体系，狭义的仅仅指专业课程体系中的专业课程板（模）块内容的课程体系。鉴于篇幅限制和基于已经对广

① 作者简介：王彩元，男，湖南安乡人，湖南警察学院科研处处长、教授，教育部2013—2017年和2018—2022年公安学类专业教学指导委员会委员，主要研究方向：治安学理论研究和公安学教育研究。

② 也有学者认为，从层次上来说，课程体系可以分为宏观、中观和微观三个层次。其中，宏观的课程体系是指一所大学，根据本校制定的培养目标而设计的课程整体，而且每所大学的课程体系也有不同；中观课程体系是指一个系互相联系的课程体系；微观课程体系是指一个专业或一门课程的结构体系。参见刘道玉：《论大学本科课程体系的改革》，载《高教探索》2009年第1期。

义治安学专业课程体系进行过研究探讨①，笔者仅就狭义的治安学专业课程体系的科学构建，谈谈自己的看法。

一、目前我国治安学专业课程体系之弊端

自 1984 年西南政法学院(现西南政法大学)公安业务教研室编写了《社会治安管理学》和中国人民公安大学成立治安系并开启了我国治安学专业建设后，30 多年来，我国治安学学科专业建设取得了有目共睹的成绩和效果，治安学专业正在蓬勃发展。而治安学专业课程也往往以公安大学治安学专业为导向进行了多次的修改和演进，其中，虽不乏各部属、省属公安院校根据自身的特点开设了一些特色课程，但在课程的总体设置上，我国治安学专业课程体系存在如下一些的弊端：

(一)专科与本科"一体化"专业课程明显

以 2013 年某本科院校与某专科(职业)学院(校)治安管理或治安学专业人才培养方案为例，两个不同层次学校的治安学专业课程分别是：治安管理基础理论、治安秩序管理、公安人口管理、社区警务、危险物品管理、消防管理、道路交通管理、治安案件查处、群体性事件处置、保卫学等(专科)；治安学原理、治安史、治安秩序管理、公安人口管理、社区警务、危险物品管理、消防管理、道路交通管理、治安案件查处、群体性事件处置、保卫学等(本科)。两所不同层次院校专业课程设计的区别在于：一是本科增加了治安史课程，将治安管理基础理论课程名称改成治安学原理；二是课程名称相同的课程，本科增加了相应的课时；三是本科课程中将消防管理、道路交通管理等课程改成了专业选修课。即使是 2013 年公安部组织编写了新的规划教材以来，虽然课程名称有所调整，但专科与本科专业课程"一体化"现象依然明显。

(二)专业课程体系老化、"碎片化"

1998 年教育部将治安管理学本科专业变更为治安学专业，这是治安理论与现实不断发展的必然要求。虽然治安学的内涵解释目前没有形成统一意见，但治安学专业的内容包括两大块即治安(行政)管理、治安社会防范已经成为基本共识。但在专业课程实际设计时出现了两种情况：一是老化。大多沿用"七大管理三大查

① 参见王彩元：《论治安学专业课程体系的构建与改革》，载《湖南警察学院学报》2014 年第 6 期。

处”①的老思路设计课程，即按治安(行政)管理业务内容考虑，未全面考虑治安社会防范的业务内容(治安社会防范的业务内容，只开保卫学等)，对应急警务、虚拟社会治安管理等新的业务没有考虑或考虑很少。二是“碎片化”②。课程体系被“撕碎”、专业课程不成体系，如未完整开出治安社会防范(学)；沿用“七大管理三大查处”老思路或内部业务部门工作设计课程，课程本身就是“碎片化”。虽然这种“碎片化”作为科学的基础而起作用，也往往是后科学诞生的前提，但结合治安学的发展——特别是一门新兴的学科来说，并非是一种“福音”。

(三)课程名称不尽规范或偏离方向

课程是指某一门相对独立的学科或知识体系，它是实现教育目标的基本保证，是提高教育质量的基础。课程名称应当规范且必须与内容保持一致，并保持课程内容与治安学专业内容相适应，使之成为治安学知识体系的一部分或知识单元。然而，治安学专业课程体系还存在课程名称不尽规范或偏离方向的问题。如治安秩序管理，内容与名称不符合，治安秩序是整个公安学研究的内容，该课程实质内容为重点行业场所管理；危险物品管理课程实质上变成了危险物品化学或危险物品物理，忽视或弱化了其管理功能。特别是大多数本科院校在专业课程中开设了治安部门管辖刑事案件办理课程，虽然与治安系统进行了工作“对接”，但该课程的内容与治安学专业的专业知识体系明显不符合。因为治安学专业的功能是预防违法犯罪而不是揭露、证实和打击犯罪，否则，治安学与侦查学专业就没有区别，不能将两者混为一谈。

(四)课程理论层次不高，满足不了实战需要

公安教育是行业办学，专业教学要贴近实战、为了实战，是现实和形势的需要，但本科专业课程必须要有理论支撑，这种理论支撑表现在两个方面：一是整个专业要有理论指导；二是每门专业课程也要有自己的理论。但综观现有专业课程，除治安学原理外，其他专业课程自身没有理论，导致经验型的教材和教学(如提倡的“活页教材”)大量出现，理论归纳不够，课程内容陈旧、交叉重复，自我调整和更新能力差，前瞻性弱，缺乏可持续发展性，形势一变，教材和教学就跟不上，相对稳定性差，高于实践不够，贴近实践却囿于实践。由于缺少理论支撑，现有教材基本上属于业务经验型的教材，非本科教学之用(处于专科层次)，满足不了本科

① 所谓“七大管理三大查处”是指户口、复杂场所、特种行业、危险物品、消防、道路交通、出入境管理，治安案件查处、治安灾害事故处理、群体性事件预防与处置。

② 知识碎片化即系统性知识解体。参见黄鸣奋：《碎片美学在“超现代”的呈现》，载《学术月刊》2013年第6期。

教学和治安实践部门的需要。

二、弊端之原因剖析

治安学专业课程体系存在上述弊端，应当说是治安学专业在发展过程中长期“积淀”的结果，原因也是多方面的。但主要是如下几方面：

（一）准确把握学业标准难度大

我国《高等教育法》明确规定了高等学历教育分为专科教育、本科教育和研究生（硕士、博士）教育，本科教育的学业标准是：使学生比较系统地掌握本学科、专业必需的基础理论、基本知识，掌握本专业必要的基本技能、方法和相关知识，具有从事本专业实际工作和研究工作的初步能力①。其中，“系统”“必需”“必要”以及“初步能力”等关键或修饰词，除“系统”外，其他都表述的比较笼统且缺乏参照物。为此，教育部于2013年首次专门成立了“教育部高等学校公安学类专业教学指导委员会”，其职责之一就是进一步规范本科教育学业标准。公安学类专业教学指导委员会委员们经过2年的反复调研、比较、讨论、研究，做了许多卓有成效的工作，就公安学类专业的适用领域、专业范围、培养目标、培养规格、课程体系、师资队伍、教学条件等方面作了基本规定，并向教育部提交了《公安学类专业本科教学质量标准（试行）》（送审稿）。然而，作为公安教育主管部门的教育部，对《公安学类专业本科教学质量标准（试行）》（送审稿）这一“国标”即基本标准却存有异议——混淆了“国标”“行标”“校标”的区别。由此可见，治安学专业的学业标准包括课程体系准确把握起来难度相当大。治安学专业课程体系的构建出现一些弊病，也就不足为奇。

（二）课程体系建设研究欠缺

课程体系建设不仅包括传统的教材、教学，还涉及教育思想观念的选择，课程目标、结构、评价的确立和调整乃至学校文化氛围的营造等，仅仅靠教师个人的努力是无法解决的，还需要教育行政部门、学校、学术组织或团体共同合作和努力。就治安学专业课程而言，中华人民共和国成立以来尽管全国性治安学术会议召开了11次，其他区域性治安学术会议也日趋活跃，学术刊物的文章也不少，但以课程体系建设为主题的研究欠缺，主要体现在：一是专题研究课程体系建设的会议不多，重视不够，推动力不强。尽管每次全国治安学术研讨会都有学者提交课程建设方面的论文，但全国11次会议明确将专业课程体系建设列为会议主题的只有4次；

① 参见《中华人民共和国高等教育法》第16条。

全国召开“专业课程建设”专题研讨会的也只有2次①；二是从事课程体系建设的研究力量薄弱，精力也不够。由于课程体系研究涉及治安学基础理论研究，课程体系根植于治安学科的知识体系，而我国治安学界从事基础理论研究的力量非常薄弱，致力于探讨治安学科知识体系与课程体系的研究人员更少，且大都是院系领导，因体制、机制、编制和工作压力等原因，院系领导们根本没有精力去认真研究和探讨；三是氛围不太理想。整个学术界及学术期刊领域，大多注重纯科学研究，而忽视教学改革研究(包括学科与专业建设、课程建设研究)，导致专业性教学改革的研究论文发表在高层次的学术期刊难，制约了课程建设和专业课程体系研究。

(三)课程理论研究缺失

课程理论是课程不可或缺的基础。有学者认为，课程理论可分为观念层面的纯粹课程理论和操作层面的实践性课程理论两大类②。其中，观念层面的纯粹课程理论主要包括思想性研究、分析与综合、经过慎重思考的解释或其他一些有关课程的理性解读，其作用在于共同知识的形成和塑造对课堂、教材、具体课程改革方式的观念；而操作层面的实践性课程理论是对特定课程设计和应用特质的描述，主要是实践问题、实践规则、操作模式等的研究，是对课程知识和存在问题如课程的开发程序、教材的运用、教学的设计、学生的成绩、课程的评价或课程设计和实施中的某些特定问题的调研、检验等。综观我国治安学专业课程及课程理论，不仅缺乏操作层面的实践性课程理论研究与指导，更为突出的是缺少观念层面的纯粹课程理论研究与指导，主要表现在：治安学的思想性研究、分析与综合不够，治安学研究对象、学科边界模糊，治安学与其他学科边界不清，治安学成了“口袋公安学”；而且治安学至今还没有真正属于自己的思想性即理论，使之在公安学科内处于劣势地位③。同时，

---

① 第1次是2005年8月9日至12日，由中国人民公安大学治安系发起并组织，山东警察学院治安系承办，在山东省烟台市召开的“公安院校治安学本科专业课程建设座谈会”；第2次是2016年7月12日至13日，由湖南警察学院治安系发起并组织，在长沙召开的“科学构建治安学专业课程体系专家论坛”。这两次会议都只邀请了极少数专家学者，且大多是治安系主任和相关院校长。

② 另根据我国学者张华等的观点，从课程理论与课程实践的向度，可将课程理论流派划分为常规性课程理论、描述性课程理论、实践性课程理论与纯粹性课程理论四种。参见杨清：《课程理论视野下教师权力的特点及其未来走势》，载《湖南师范大学教育科学学报》2007年第1期。

③ 治安学理论经过近30多年的发展，目前已经形成了“治安管理主客体关系”“社会治安综合治理”“社区警务”“治安工作社会化”“治安动态稳定”“治安秩序控制”“治安防控体系”“治安效益及评价”等原理或理论，但这些理论与侦查学的“同一认定理论”相比，其影响力和公认度都相差甚远。参见王彩元.：《构建治安学理论体系需要解决的几个基本问题》，载《湖南警察学院学报》2011年第1期。

各门专业课程本身的理论(即思想性)研究薄弱，缺少归纳和借用其他理论应用，很难达到"理论学术化、知识规范化、技能实战化"[①]的要求，这是导致我国治安学专业课程理论层次不高，满足不了实战需要的最根本原因。

(四)开放性不够

治安学作为以法学、管理学、社会学乃至政治学为理论基础的综合型、应用型的新兴交叉学科，是一个开放的学科体系，其课程体系也应当且必须是开放的。但治安学专业课程设置，长期以来受治安学的理论研究和公安机关治安管理业务工作的影响，有故步自封的趋势，缺乏一种开放的心态，主要体现在：一是囿于行业办学。公安教育是目前全国最大的行业或职业教育，但受长期的行业办学影响，往往将治安学等同于"治安(行政)管理学"，专业课程设置仅仅考虑"治安(行政)管理学"的内容；二是体制内外交流不够。治安学专业不仅公安院校(俗称"体制内"院校)开办了，大多数政法院校(俗称"体制外"院校)也开办了，但由于交流不够，两者在专业定位、培养目标、师资队伍建设以及专业课程设置上差距比较大，且具有互补性。[②] 体制外院校所办的治安学专业对公安院校而言其实是有相当大的借鉴意义的；三是吸纳新的知识和新的理论不够。专业课程内容如情报导向警务理论的运用，治安警察职业标准、应急警务、新兴行业和虚拟社会的治理等方面的研究以及用国家治理理论研究治安学业务不够；四是与相关学科融合得不够。治安学研究内容涉及政治(法治)、经济、文化、社会等诸方面，但与哲学、史学、法学、社会学、经济学、行政管理学、管理学融合得不够，使治安学专业课程不仅自身理论缺乏，而且借鉴相关学科理论支撑专业课程也缺乏。

三、科学构建治安学专业课程体系之思考

治安学专业课程体系的科学构建不仅要体现注重学生的发展、治安工作的需求和课程的整体优化等价值取向，而且还要遵循"宽口径、厚基础，重能力、强实战，创新性、特色性，开放性、前瞻性"的基本原则，但就狭义治安学专业课程体系的科学构建而言，必须坚持或遵循以下基本原则和基本思路：

---

① 2013年11月21日上午，中国人民公安大学副校长李健和教授在浙江警察学院举办的"全国第八届治安学学术研讨会暨系主任论坛"上，作主题为《治安学本科专业课程建设问题》报告时的观点。

② 据笔者对西南政法大学、华东政法大学以及西北政法大学治安学专业的了解，这三所政法院校对治安学专业不仅注重执法规范化，而且注重理论素养以及治安社会防范专业内容的培养，这方面确实值得公安院校借鉴。

(一)科学构建的原则

1. 系统性原则

系统性原则是《高等教育法》明确规定的本科教育在专业课程设计时必须遵循的首要原则，无论是“掌握本学科、专业必需的基础理论、基本知识”，还是“掌握本专业必要的基本技能、方法和相关知识”，都强调“系统性”，从而使本科生具有从事本专业实际工作和研究工作的初步能力。马克思主义认为，“系统是由诸要素相互联系而构成的有机整体”。治安学专业课程体系也是一个系统，它由诸多部分组成：一是治安学专业知识体系的系统性即由治安学基础理论、治安管理学和治安社会防范学三部分内容构成，缺一不可；二是每一门专业课程教学的系统性，包括理论教学与实践教学两个方面，其中实践教学是理论教学的重要补充，对提高学生理论素质和分析解决实际问题能力有重要的作用；三是治安学专业课程与专业基础课(或专业通识课)、公共基础课之间的系统性，即广义治安学专业课程体系与狭义治安学专业课程体系的关系。因此，在科学构建治安学专业课程体系时，必须将上述三个方面视为一个整体进行研究，结合其特点，整体规划，既要避免各门课程内容之间的重复，又要避免课程内容的遗漏或缺失。

2. 区别性原则

一是区别不同专业。要重新认识公安学类专业的划分，改变目前公安学类专业过窄、过细的局面，防止专业内容交叉、边界不清。基于传统和创新角度考虑，公安学类专业可重新划分为公安学基础理论、治安学、应急警务学、侦查学和公安管理学等各自都有自己的独立知识体系，而且学科和知识特征明显、学科的功能各异的5个专业(或二级学科)①，并在此基础上，科学划分治安学专业的知识体系(课程体系)；二是区别专业的不同层次。要区分治安学专业专科、本科、硕士研究生、博士研究生的学业质量标准，解决专科、本科、硕士研究生、博士研究生的专业课程设置，特别是专科、本科的专业课程设置衔接或重叠有余(内容甚至一样)、

---

① 笔者曾于2015年11月22日在由南京森林警察学院举办的“治安学学科体系及专业结构的优化”研讨会和2015年12月19日由中南财经政法大学举办的“教育部高等学校公安学类专业教学指导委员会2015年全体工作会议”上，根据学科与专业设置的基本条件，结合公安工作的运行规律，提出我国公安学类下应当设置公安学基础理论、治安学、应急警务、侦查学和公安管理学5个各自具有独立的知识体系、学科和知识特征明显、学科功能各异的二级学科与专业，并作了《关于公安学学科与专业设置、调整的思考——兼谈应急警务学科与专业建设》专题发言。其中，应急警务是指为了维护国家安全和治安秩序，保护人民生命财产安全，公安机关及其人民警察依法对各类案件现场和公共安全突发事件应急处置与救援的特别的警务活动。这一业务它既不属于治安学研究的内容也不属于侦查学的研究内容，是一种综合性、应用性的公安业务内容或学科。

区别不足的问题，以此为基础来构筑治安学本科专业课程体系。

3. 兼顾性原则

一是兼顾历史，尊重历史发展。治安学专业是由治安管理学专业发展而来，尽管治安学并不同于治安管理学，而且治安管理学业务中原有的“应急警务”内容可作为一个专业发展，但鉴于目前的情况，在专业课程设置时应在治安学专业中开设应急警务课程或将应急警务暂作治安学专业方向；二是兼顾治安实战需要。目前，社会治安问题的突发性、复杂性、动态性增强，刑事犯罪类型和暴恐案件不断增多、手段不断升级、高科技犯罪日趋严重，加之社会治理的难度增加、执法环境的变化加快、互联网“双刃剑”效应突显，对治安工作提出了更高的要求，因此，治安学专业课程体系的科学构建，必须针对治安实践需要，科学、合理地设计(置)满足治安实践部门要求的选修课或讲座课，如治安形势与对策、虚拟社会治安管理、警察干预家庭暴力、治安热点问题研究、治安学前沿问题研究等；三是兼顾相邻学科专业。随着学科和专业的发展，学科之间、专业之间相互渗透、影响也越来越明显，治安学专业课程应当适时增开一些交叉学科的专业课程，如治安哲学、治安法学、治安社会学、治安经济学等。

4. 理论支撑原则

课程是学科知识体系的具体体现，而学科的知识体系必须是理论化了的知识体系，换言之，一方面专业课程体系构建要有理论或理论支撑，另一方面每一门专业课程也要有理论或理论支撑。何谓理论？乔纳森·卡勒(Jonathan Culler)认为，理论应该是“跨学科的话语”，其影响和应用不能局限于某一领域；任何理论都应该同时带有“分析性和思辨性”；理论应该是“对常识的批判，对理所当然概念的盘诘”；理论具有内在的反思倾向，是“有关思想的思想，是对我们借以产生意义的那些范畴的探究”的要求。鉴于目前治安学作为一门独立的学科在我国已经得到认可，治安学理论研究已经达到了一定“量的积累”，但由于种种原因，治安学理论及其体系的构建还没有取得重大突破，严重制约了治安学科的建设与发展的状况。治安学专业课程体系构建，一方面应当采用归纳法、演绎法和系统分析法，进一步梳理现有共识或形成理论来支撑课程体系；另一方面借用社会学、管理学、政治学等相关理论支撑具体专业课程。

(二)科学构建的基本思路

1. 整合研究力量，强化基础与理论研究

从高等教育的根本职能出发，治安学界和教育界应打破体制壁垒，加强体制内外的交流与合作，整合专业研究力量，积极开展治安学专业课程的基础研究和理论研究。基础研究包括本科教学质量的国家标准研究、行业标准研究和院校标准研究，通过对国家标准、行业标准和院校标准研究，科学解读《高等教育法》所规定的不同层次的学业标准，准确把握本科教学质量国家标准的内涵，科学制定治安学专业本科教学质量国家标准、行业标准和院校标准，为治安学专业课程体系建设奠定基础。同时，吸纳新的知识和新的理论，借鉴相关学科理论，加强理论研究（包括治安学基础理论和课程理论研究），以基础理论研究成果科学梳理治安学知识体系，用课程理论成果科学设置治安学专业课程，以确保治安学专业课程体系有自己的理论支撑，所设置的课程涵盖治安学知识体系，而且每门专业课程也有自己的理论支撑，以提高治安学专业课程理论层次，满足治安工作实战的需要。

2. 以知识单元或共同理论为基础，合并同类项

一般而言，理想的学科（包括课程）结构则是树状结构，具有发展方向的单向性和学科关系的平行性两个特点。其中，"平行性"特点用学科架构和设置原则来表述，就是"合并同类项"——到了第三级学科（课程）①，就是用知识单元或共同理论基础合并"同类项"。因此，对现有治安学专业课程，应遵循科学构建的基本原则，结合治安学基础研究成果，用知识单元或共同理论基础合并"同类项"，形成体现系统的专业课程"链条"，对不能合并"同类项"的单独开设方向课程。综观现有治安学专业课程和治安学基础研究成果，治安学专业课程可以设置为治安学原理、治安史学、公安人口管理、社区警务、重点行业场所管理、公共安全治安管理、公共安全危机管理、应急警务、治安案件查处、治安社会防范学、安全技术防范 11 门基本专业课程。具体如下图所示：

类别		课程名称	共同理论基础或知识单元
治安学	治安学基础理论	治安学原理	通过概括由治达安的一般规律，由反映这些规律的基本范畴和原理组成的理论体系，是治安管理的本体论，反映了治安学最本质的规定性，是治安学基本内容和应用理论的根据，是治安学理论大厦的基石。
		治安史学	按照时代顺序，运用治安具体历史事实，阐明并揭示从原始公社制经过奴隶制、封建制、资本主义进到社会主义并向共产主义过渡的历史发展的规律，从国家治理和社会管理的总体上宏观把握历代治安思想、治安法理与治安体制、治安方略、治安措施对当代治安的影响

① 根据国务院学位委员会、教育部 2011 年印发的《学位授予和人才培养学科目录》和教育部 2012 年印发的《普通高等学校本科专业目录》，学科一般分门类学科、一级学科、二级学科（专业）和研究方向四个层次。其中，我国有哲学、经济学、法学、教育学、文学、历史学、理学、工学、农学、医学、管理学、军事学、艺术学 13 个门类学科，一级学科包括公安学等在内有 92 个，二级学科（专业）包括治安学在内有 506 个（均不含军事学科），研究方向（三级学科）主要指二级学科（专业）下的专业课程。

续表

类别		课程名称	共同理论基础或知识单元
治安学	治安管理学	公安人口管理	以人口理论为引导、以户政管理理论为支撑，阐释常住人口管理、流动人口(含居住证)管理、居民身份证管理、重点人口管理和人口出入境管理等业务内容。
		社区警务	用社会治理创新理论、基层民主理论和社会资本理论等阐释社区警务的机制、方法，社区人口管理、社区安全防范、社区帮教与矫正、社区调解、社区警情先期处置以及社区警务信息化建设等。
		重点行业场所管理	用行政管理学和社会治理创新理论阐释公共复杂场所、(特种)行业、新兴行业、特殊区域、集会游行示威、突出社会治安问题整治与治安管理。
		公共安全治安管理	用公共安全理论(安全管理原理、事故致因理论、事故预防管理理论、安全管理方法论)阐释危险物品、火灾、交通安全、大型活动等公共安全管理。
		公共安全危机管理	用公共安全危机理论(政治主义理论、正常事件理论、社会冲突理论、工具主义理论)阐释公共安全危机管理中政府责任、公共安全危机的预防、公共安全危机管理的准备、应急组织与力量、现场管理、新闻信息管理、危机的恢复等。
		应急警务	用应急管理的理论来阐释治安应急勤务、公安机关110接处警、各类社会安全事件(含群体性事件)现场处置以及各类自然灾害、事故灾难或者公共卫生事件的应急救援等。
		治安案件查处	依据《治安管理处罚法》等相关法律法规阐释违反治安管理行为认定，治安案件的管辖、受案和回避，治安管理处罚的决定程序，治安管理处罚决定的执行，治安案件的终结，各类治安案件查处等。
	治安社会防范学	治安社会防范学	用情境预防理论、新公共管理理论和中国社会治理创新理论，阐释自治性治安社会防范组织、单位内部保卫组织、营业性治安社会防范组织、志愿性治安社会防范组织，以及公民、家庭和邻里等各种社会治安力量所从事的治安社会防范工作。
		△安全技术防范	以安全防范技术为先导，以人力防范为基础，以技术防范和实体防范为手段，阐释或建立的一种具有探测、延迟、反应有序结合的安全防范服务保障体系工作。

3. 凝练方向，突出特色

学科与专业既有区别也有密切联系，专业支撑(依托)着学科，学科建设又引领着专业建设的发展，学科与专业联系的中介是课程。其中，学科方向是学科建设的增长点，是学科发展的专业构成及其发展趋势，也是学科建设的基础。因而，凝练学科方向则具有先导与旗帜作用。各公安政法院校，在已有治安学基础理论研究成果和现有 11 门基本专业课程的基础上，不断凝练学科方向，并结合各校专业师资力量、各省(区域)治安形势和公安工作需要开设一些特色性的专业课程或不同专业方向课程。一方面推动专业建设的深入发展，满足治安工作的实践需要；另一方面通过课程建设，加强科研，促进治安学科的发展，满足治安学科乃至公安学科自身发展规律的需要。

新时代背景下治安学专业课程体系建设探析①

王龙天②

（河南警察学院治安系　河南　郑州　450000）

［内容摘要］科学规范的治安学专业课程体系是培养适应经济社会发展需要的高素质应用型治安警务人才的基础性工程，完善治安学专业课程体系，也是创建具有地域特色的治安特色专业品牌和治安学专业综合改革的重要内容。在明确治安学专业培养目标的前提下，针对当前治安学专业人才培养方案中存在的课程设置不规范、专业核心课程名不符实、交叉重复等问题，应理顺治安学专业课程体系，梳理优化治安学专业核心课程，按照公安机关治安部门的"打、防、管、控、服"等职能和逻辑体系开发治安学专业核心课程。

［关键词］治安学；专业建设；课程体系

公安教育是公安工作的重要组成部分，是加强公安队伍建设的源头和基础。为建设"平安中国"培养高素质应用型警务人才，是公安院校义不容辞的职责，也是中央编办、公安部等六部委针对公安院校公安专业人才招录培养制度改革提出的明确要求。如何突出忠诚警魂培育、强化纪律作风养成、加强警务能力培养，提高教学质量，培养"政治坚定、作风过硬、业务精通、素质优良"③的公安专业人才，是公安院校必须认真研究并着力解决的问题。2018 年 10 月，教育部印发的《关于加

---

① 本文系河南警察学院王龙天主持的河南省高等教育教学改革研究与实践项目"治安学专业实训教学改革创新研究"的阶段性成果之一，该项目批准文号教高［2017］1039，项目序号 2017SJGLX519。也系王龙天主持的河南警察学院 2017 年度教育教学改革研究项目"治安学专业实训教学改革创新究"的阶段性成果之一，项目批准文号豫警院［2017］83 号，项目序号 2。本文也是中原治安研究中心资助课题之一，是河南警察学院治安学学科及治安学特色专业建设成果之一。

② 作者简介：王龙天，男，河南警察学院治安系主任、教授，主要研究方向为公安学、治安学。电话：13837198441，邮箱：wlt9188@163.com。

③ 中央编办、人力资源社会保障部、公安部、教育部、财政部、国家公务员局《关于公安院校公安专业人才招录培养制度改革的意见》，2015 年 12 月 8 日。

快建设高水平本科教育　全面提高人才培养能力的意见》（“新时代高教40条”）明确提出，提高人才培养质量，适时修订专业教材，科学构建课程体系。

课程体系是指学校课程体系中各种课程类型及具体科目的组织、搭配所形成的合理关系与恰当比例，是由通识课、基础课、专业课、素质拓展课、实践课等各类课程构成的有机完整的统一体。课程体系主要由特定的课程观、课程目标、课程内容、课程结构和课程活动方式所组成，课程体系由培养目标及能力决定的。

治安学课程体系是治安学专业不同课程门类按照一定的顺序排列的系统，是教学内容和进程的总和。课程门类排列顺序决定了学生通过学习将获得怎样的知识结构。课程体系是育人活动的指导思想，是治安学专业培养目标具体实施的规划方案。

关于治安学专业课程体系建设问题，全国公安院校一些学者多有研究和阐述，这些研究分别从全国或本地治安学专业人才培养角度，阐述了治安学学科体系及课程建设问题，对我们具有一定的参考价值，但其所述课程体系对全国地方公安院校，尤其是像对河南这样一个人口大省、资源大省、农业大省、交通大省来说不具有复制性。研究治安学专业课程体系建设问题，对于提高公安院校本科教育水平，创建河南警察学院治安学特色专业品牌，培养适应中原治安需要的高素质、复合型治安应用人才，都具有重要意义。

一、治安学专业课程体系现状

治安学课程体系是治安学专业不同课程门类按照一定的顺序排列的系统，是教学内容和进程的总和。课程门类排列顺序决定了学生通过学习将获得怎样的知识结构。课程体系是育人活动的指导思想，是治安学专业培养目标具体实施的规划方案。

（一）国标所确定的治安学专业课程体系

根据中央编办、公安部等六部委《关于公安院校公安专业人才招录培养制度改革的意见》，“公安本科院校根据办学资质，培养具有一定研究能力的高层次警务人才（研究生层次）和高素质应用型警务人才（本科层次），也可根据需要举办适当规模的专科教育，培养实战型警务人才”①。根据这一培养目标定位，地方公安院校治安学专业培养的就是“高素质应用型警务人才”。明确了培养目标，就要按照这一培养目标，科学设置课程体系，着力培养学生的警务实战能力，优化学生的知

①　中央编办、人力资源社会保障部、公安部、教育部、财政部、国家公务员局《关于公安院校公安专业人才招录培养制度改革的意见》，2015年12月8日。

识结构，提高学生的综合素质。

治安学专业课程体系的设置要遵循公安专业人才培养规律，既要有利于形成合理知识结构、专业核心能力和综合素质，又要与治安业务工作对接融通，把实战内涵融入理论教学和实践教学的各个环节，构建适应专业化、职业化、实战化要求的课程体系。根据教育部高等学校教学指导委员会组织编制的《公安学类教学质量国家标准》的规定，治安专业理论课程由通识类课程、公安业务类课程和知识拓展课程三部分构成。

通识类课程由思想政治理论课程、人文社会科学基础课程、自然科学基础课程等构成，通过爱国主义教育、忠诚教育、形势政策教育、党建理论教育、党风廉政教育、安全保密教育，以期达到政治建警、锻铸警魂、文化育警的目的。

公安业务类课程包括公安基础课程和专业基础课程、专业课程。公安基础课程是培养公安专业人才的职业素养和能力而设置的必修课程，由法律课程、公安理论与警察素养课程、公安实战技能课程等构成。其中法律课程涵盖宪法、刑法、民法、刑事诉讼法、行政法与行政诉讼法、治安管理处罚法、证据法等知识和技能。公安理论与警察素养课程涵盖公安学基础、公安技术基础、公安群众工作、警察公共关系、犯罪学、警务心理学、公文写作、司法文书制作、公安信息化基础等知识和技能。公安实战技能课程涵盖警察防卫控制、武器警械使用、警务战术、现场急救、机动车驾驶等知识和技能。专业基础课程是根据治安学专业应具备的相关学科知识和本专业应掌握的基础知识、基础理论和基本技能而设置的必修课程，如开设的刑事侦查学、公安情报信息学、禁毒学、犯罪学等课程。专业课程是根据治安学专业应具备的专业知识和专业技能而设置的、体现本专业的特色和优势的具有逻辑体系的课程群，包括专业核心课程和专业拓展课程。

实践教学环节主要包括运用互动式、研讨式、情景模拟、角色扮演、案例教学等不同教学方法实施的课堂实训，毕业实习，创新训练，社会实践，毕业论文等环节。

在课程比例要求方面，要求课程总学分控制在160~180学分。公安业务类课程与通识类课程的学分比例构成上，公安业务类课程学分占总学分比例不低于65%；在实践教学与理论教学的学分比例构成方面，实践教学学分占总学分比例不低于35%；在选修课程与必修课程的学分比例构成方面，选修课程学分占课程总学分比例不低于20%①。

① 公安部公安学类专业教学指导委员会《公安学类专业本科教学质量国家标准(试行)》(送审稿)，2016年6月16日。

（二）现有治安学专业课程体系存在的问题

公安院校公安专业人才招录培养制度改革前，公安院校与其他普通院校一样，在突出公安特色的前提下，也按照教育部的有关规定开设课程，公安院校的培养目标定位也是教学研究型或教学应用型，没有体现出公安特色的应用型特征，因此在课程体系上也存在大而全不具有公安特色的问题。在课程体系上存在一些不适用的地方，具体表现在如下几个方面：一是公共基础课过多过滥；二是专业基础课不规范；三是专业课课程名称比较乱；四是专业课程内容交叉重复或覆盖面不全。治安学专业课程体系设置比较散乱，没有统一完整的课程体系，主要表现在课程名称比较乱，课程模块不统一，课程设置随意性大，与本科治安学专业培养目标尚有一定的差距。

1. 法学课程设置存在的问题

在制定人才培养方案中存在的一个突出问题是法学课程的设置，有人提出公安院校学生毕业后主要从事刑事执法活动，不如多设一些法律课程，便于就业；有的人提出公安院校学生要强化宪政意识，因此要加大宪法学的课时，甚至还要开设宪法判例课程。这些看似很有道理的观点，其实并不符合客观实际，且不说目前从就业方面看，法学专业的学生属于最不易就业的群体之一，且仅仅依靠公安院校并不具备较大优势的法学教育就可以为学生提供就业便利基本上是一个美好的幻想。还有的学者提出学生毕业要参加政法招录考试，因此将加大民法学的课时，并且开设两个学期。类似这样的观点与操作，必将冲淡专业课程设置，弱化专业特色。

2. 公共基础课程设置存在的问题

在公共课程设置上，一些公共基础课必修学时过多。有人提出教育部关于某某课如何规定，必须开设多少课时等，但真正拿出正式文件的却并不多，甚至没有一个正式的文件，仅仅是一个指导性的意见或个别领导在某些特定时期的讲话精神，并不是专业建设所必需的知识。这些课程的开设势必将占有专业基础课、专业课及素质拓展课的课时，而且这些课程有的完全可以作为讲座课等在业余时间完成，但有的公安院校的人才方案却将其作为必修课在课堂讲授对待，实际教学效果并不理想，学生厌学、教师厌教现象比较普遍。本人认为对此类课程可通过专家集中专题辅导、学生自学、课余观看相关电视资料、参观等来满足该类课程的教学任务并达到预期目的，这样也易于被学生接受。如大学体育课程、思想品德与法律基础课程、军事理论知识等均应根据公安院校特色来确定如何设置。

3. 治安学专业核心课程设置存在的问题

在治安学专业人才培养方案制订时，比较棘手的问题是治安学专业核心课程如何设置。公安院校无论哪个专业，提高教学质量的关键在于合理设置不同的课程群，以确保培养目标的实现。但是，现实中的确存在着公安院校学生就业与专业学习之间的矛盾，存在着政法招录与培养目标之间的矛盾。近年来，迫于就业压力，一些院校提出了“宽口径、厚基础”的培养思路，强化公共基础课程，淡化专业课程，这样做在一定程度上提高了就业率，缓解了学生就业的压力，但是后遗症也不能不考虑：一方面是同质化的培养模式和目标与经济社会发展对人才需求差异化之间的矛盾；另一方面是弱化专业，趋利性、功利性的课程设置，必将淡化公安院校的特色，背离公安高等教育培养专门人才的本质，甚至引发公安学历教育的价值何在的质疑。

在治安学专业的人才培养方案制定中，治安学专业课程名称的不规范也是比较突出的问题。由于治安学专业设置时间较短、前期开设该专业的院校较少、师资力量薄弱、研究人员及研究成果较少，因此该专业课程多年来主要是治安管理工作的总结与阐释，鲜有系统的、成熟的理论，课程内容绝大部分都是对警务工作的阐释，其理论性、系统性也存在一定的问题，因此中国人民公安大学原治安系主任郭太生教授提出“治安学专业课程体系建设首先要正本清源，先从课程的名称规范入手。”①

长期以来，治安学专业课程设置都是以中国人民公安大学的设置为参照，即使是教育部颁发的《普通高等学校本科专业目录和专业介绍》(2012 年)，也基本是根据中国人民公安大学提交的内容来确定的，如治安学核心课程为治安学原理、治安案件查处、治安秩序管理、危险物品管理、户政与人口管理、公共安全危机管理、保卫学②。为此，一些公安院校就以此为依据，认为这就是治安学专业核心课程的国家标准，人才方案的制订就要按照这个标准来确定。目前在人治环境及行政化倾向比较浓厚的公安院校，治安学人才方案的最后确定也只能如此而已。其实这些课程的名称与实际内容之间还是有一定的差距的，而且这些课程的名称也不规范，有的以管理对象为名称，有的以管理成效为名称，有的以工作性质为名称，没有一个明确的统一标准和逻辑关系。而且这些课程既不能全部包括治安业务，也不是一个统一的逻辑体系。

根据教育部高等学校教学指导委员会组织编制的《公安学类教学质量国家标准》的规定，治安学专业的专业核心课程应涵盖治安学导论、治安秩序管理、公安人口管理、公共安全应急管理、危险物品管理、治安案件查处、社区警务等知识和技能单元③。这样的专业核心课程仍然是沿用了 2012 年专业设置目录中确定的专业核心课程体系。

---

① 郭太生，《本科治安学专业课程教学改革初探》，载《公安教育》2007 年第 1 期。

② 教育部高教司编，《普通高等学校本科专业目录和专业介绍》(2012 年)，高等教育出版社 2012 年版，第 75 页。

③ 教育部质量标准。

治安学专业课程设置的另一个突出问题是名不符实。一些专业课程的名称与课程内容、培养目标不相符合，也就是郭太生教授提出的需要“正本清源”的问题。如《公共治安秩序管理》课程，该教程一般包括基本概念、管理措施、管理手段、警察勤务，其余的则为公共复杂场所、特种行业、危险物品、集会游行示威、违禁物品、治安紧急事件等治安管理。也有的《治安秩序管理》教程，前几章的内容为基本概念、管理措施、管理手段、警察勤务，中间的则为公共复杂场所、特种行业、集会游行示威治安管理等，其余则为治安紧急事件处置、妨害公共秩序行为查禁、交通秩序管理、交通违章与事故处理等。显然这门课程的名称由公共治安秩序管理变更为治安秩序管理，但其基本内容仍然是公共治安秩序管理，而实际内容却发生了较大变化。公共治安秩序应该包含哪些内容，对于这一问题在不同的教材中也有不同的变化。类似的问题在治安学本科专业的其他课程中也或多或少地存在。如危险物品管理，本身该项业务是治安管理部门对管制刀具、枪支弹药、烟花爆竹、民用爆炸物品、剧毒放射性物品等的日常管控工作，但单独作为一门课程来设置，而类似性病、艾滋病等传染病预防管控、毒品的管控等业务工作则没有纳入到治安学专业核心课程之中。这些课程的开设之初一般是基于该项工作重要、有这方面的师资等原因，但是否能够整合并没有过多考虑，发展到一定程度，则认为是应然的状态，即使进行调整完善整合也很不容易。

此外，治安学专业课程的设置还存在着课程设置标准不一的问题，目前治安专业课程有的是以管理对象来设置的，如保卫学、行业场所治安管理、户政管理学等；有的以工作任务来设置，如消防安全管理、危险物品管理、大型活动安全管理等；有的以工作手段来设置，如群众工作；有的以警务模式来设置，如社区警务；有的以案事件来设置，如治安案件查处、群体性事件预防与处置；有的以危害性或物品来设置，如危险物品管理、安全防范技术；有的以法律法规设置课程，如治安管理处罚、公安机关办理行政案件程序等。这样设置导致治安学专业课程内容上存在着交叉重复，体系上也存在逻辑上的混乱。

在人才培养方案制定中存在的其他一些问题仍然值得高度关注并切实加以解决，不能因人设课、因课设课。尤其是应该切实给予教学部门在人才培养方案制定方面的自主权，而不能以培养通才为由，在制定人才培养方案中实行教学部门的“完形填空”的方式只能对已经确定总课时的专业课进行“完形填空”，甚至以各种方式要求必须怎么“完形填空”，这样制定出来的人才培养方案不会有各自专业特色，也不利于人才培养目标的实现。

此外，从学生就业实际看，学生毕业之后所从事的工作有相当一部分与所学专业关联性不强，公安机关在选择与分配学生的工作岗位时对于学什么专业并不是首要的考虑因素，主要考虑的是哪些岗位有空缺，以及学生的综合素质与实际工作能力，并且公安机关的岗位调换非常频繁。有的公安机关则明确新录用的警务人员，无论什么专业均需在基层所队工作几年的时间，然后再据情调整。另外，公安工作的特点是既有明确的分工，又有较强的业务综合性与交叉性，而且现代社会治安形势的日益复杂性要求公安院校所培养的人才的知识结构与能力多元化，这些情况决定了理论上所确定的培养目标很难适应公安工作的需求与变化，需要更好地对"厚基础、宽口径"的治安学专业设置原则进行更深入的理解和体会。

二、治安学专业课程体系设置思路

（一）治安学专业培养理念与目标

教书育人应该是警察院校办学的理念和目标。学生要成为具备爱、善、思、劳等一个真正的人所具备的基本要素，要成为具有爱国意识、权利意识、法治意识和责任意识的合格公民，要成为一名具备忠诚品质、人文情怀、法治精神、业精技强的优秀人民警察。

治安学专业培养忠诚可靠、纪律严明、素质过硬，具有良好的科学素养、人文素养、法律素养、警务素养，具有较强的社会责任感、法治意识、创新精神和公安实战能力，能够按照公安工作法治化、专业化、职业化、实战化以及相关政策等要求，系统掌握治安学专业的基本理论、基本知识、基本技能，具有从事治安实际工作的专业能力和一定的创新能力的高素质应用型治安专业人才。

对于一个治安学专业大学生来说，具有良好的品格、文化、身心和能力等基础素质是成为高素质应用型治安专业人才、适应社会需要的前提。因此，治安学专业从培养目标出发，按照科学系统、面广实用、遵循规律的原则，设置一些最为必要、最为基础、最为核心、最有价值的通识类课程、公安业务类课程，开设一些综合课程、边缘交叉课程、跨专业学科课程，强化和训练学生文化、道德、科学、身心发展等基础素质。治安学专业核心课程体系建设应当紧紧围绕培养目标，遵循课程规律，合理搭配，结合实际，面向未来，形成一个科学完整的课程体系。

（二）治安业务需求分析

从公安机关工作实践来看，在大治安环境下，治安业务包含的内容应该是相当丰富的，主要包括情报信息收集、治安防范、治安案件调查与处理、治安调解、单位内部治安保卫工作指导监督、保安服务监管、危险物品管控、一般消防安全检查、警察巡逻、行业场所治安管理、实有人口管理、居民身份证管理、禁毒工作、涉外警务、群体性事件预防与处置、需要治安部门办理的刑事案件、交通秩序疏导、接处警等业务。在办理这些业务过程中，还需要一些特殊的手段和措施，这就需要一些相关的知识和技能，如警务技能、安全防范技术等。在治安部门执法过程中，还需要对内部勤务工作进行妥善安排和协调，这就需要警察内务管理、警务监督、绩效考评、队伍建设等方面的知识。在实际警务运转中，因为警务模式不同，其警务工作的形式、名称等也存在差异。

（三）治安学专业核心课程体系构建

从治安业务看，治安业务主要包括情报信息收集、治安防范、治安案件调查与处理、治安调解、单位内部治安保卫工作指导监督、保安服务监管、危险物品管控、一般消防安全检查、警察巡逻、行业场所治安管控、实有人口管控、居民身份证管控、毒品预防、涉外警务、群体性事件预防与处置、需要治安部门办理的刑事案件、交通秩序疏导、接处警等业务。

从能力要求看，在学生能力培养方面：(1)要使治安学专业的学生能够运用治安学理论分析和处理治安实务、解决社会治安实际问题，能够胜任治安业务工作，并具备公共治安秩序管控能力、户政管理与服务能力、治安案件查处能力、一般刑事案件侦办能力等基本业务能力；(2)具有计算机操作基本技能，能够熟练进行网上办公、网上执法办案；(3)具有较强的沟通协调和群众工作能力；(4)具备人民警察基本警务技能；(5)具有较强的写作能力、语言表达能力、调查研究能力和分析问题解决问题的能力；(6)掌握文献检索与信息处理的基本方法，具有一定的科学研究能力。要具备上述能力，就必须有一定的知识体系来支撑，也就是要开设相应的课程以确保这些能力培养目标的实现。治安学专业课程体系就是按照这一逻辑要求编制的。

1. 实然性的治安学专业核心课程体系

根据教育部高等学校教学指导委员会组织编制的《公安学类教学质量国家标准》的要求，治安学专业课程应涵盖治安学导论、治安秩序管理、公安人口管理、公共安全应急管理、危险物品管理、治安案件查处、社区警务等知识和技能。

根据治安学理论体系，参照公安机关治安部门履行的“打、防、控、管、服”等职能，从目前治安学专业师资力量和实际课程体系来看，也就是从实然性的角度分析，我们将治安学专业核心课程体系划分为治安学导论、治安管控、治安防控、风险管控、治安查控、危机管控等模块，从而构成一个完整的治安治理知识体系和实践体系。

治安学导论主要介绍治安的基本内涵、治安学研究对象、研究范围、研究方法、治安史、治安学相关理论、治安主体、治安客体、治安依据、治安方针政策、治安原则、治安措施、治安行为、治安规律、治安战略、治安哲学等知识体系。

治安管控是对治安部门实施的治安行政管理类的警务工作归类而开设的课程，主要包含治安管控基本理论与手段措施，对人员（常住人口、流动人口、暂住人口、重点人口、高危人群、关注人群及特殊群体）、物品（如烟花爆竹枪支弹药管制器具民爆物品易燃易爆剧毒放射性等危险物品、毒品)、事件(大型活动、群体性事件、治安事故)、行业(典当业、刻字业、印刷业、物流业、旅馆业)、场所(公共娱乐场所、公共交通场所、商贸服务场所)、时间、时空等方面的管理和控制。

治安防控是对公安机关加强社会治安防控角度来开设的课程，主要研究社会治安防控的基本理论、犯罪预防的基本理论基本方法、社会治安防控体系、治安防控手段与技术、安全防范教育、安防技术、保安监管、巡逻勤务、社区警务、火灾预防等内容。

风险管控主要是通过运用风险管理理论，加强对机关、团体、企业、事业单位的安全管理，尤其是对党政首脑机关、重要基础设施、重要金融单位、军工科研生产、国家重点建设工程、重要交通枢纽、人员密集场所(商场、医院、学校、广场)等进行安全风险分析与评估，确保单位安全。

治安查控主要是依据《治安管理处罚法》《反恐怖主义法》等对违反治安管理法律法规的扰乱公共秩序、妨害公共安全、侵犯人身财产权利、妨害社会管理等行为进行查处的工作，包括受案、审查、调查、处理、执行等各个环节的程序、方法、注意事项等内容。对属于治安管理部门管辖的刑事案件，如食品药品、环境等方面的刑事案件侦办等。

危机管控是在治安管控、防控、风控失效的情况下，运用危机管理理论和方法，对爆发的公共安全危机事件进行管理和控制。如群体性事件的预防与处置、大型活动中安全事件处置、媒体管理与舆情引导、治安灾害事故的应对等。

2. 从课程性质来设置的课程体系

根据治安学专业学生培养目标，治安学专业课程体系还可以由系统的治安管控理论体系、具体的治安管控手段和措施、治安业务工作的主要内容及核心业务等组成。在这一思路下，治安学专业核心课程体系包括治安学导论(包含治安学基础理论、治安管理基本理论、治安业务基本内容、治安政策、治安策略等)、社会治安战略(主要从大治安视角，阐述社会治安战略思想、战略规划、战略部署、治安调查与评估等)、治安管理手段与措施(主要从社会治安管控的角度阐述治安管理常用的治安确认、治安许可、治安检查、治安强制、治安处罚、治安调解、治安指导等手段以及采取的具体治安措施、治安技术等)、治安勤务(包含勤务规划、巡逻、安全检查、消防、禁毒、盘查堵截、前置卡点等)、行业场所治安管理、治安危机事件管理、治安管理处罚与救济、治安信息工作(包含实有人口、身份证、情报信息采集及分析研判等内容)。

3. 应然性的治安学专业核心课程体系

治安学作为研究治安活动及其规律的学科，其特定的研究对象决定了它的学科体系。治安学的学科体系只能是其研究内容间逻辑关系的客观反映，而不是人们主观意志的简单排列和随意取舍。另一方面，治安学的学科体系制约着治安学的内外关系，影响着治安学的发展方向，因此，它不可避免地也是治安学基本理论问题中带有根本性质的问题，始终受到治安学理论界的关注，成为治安学理论研究的热点。

从学科理论体系上讲，治安学的理论体系应该包括治安学基础理论、治安史学、治安环境理论、治安主体理论、治安职权理论、治安技能理论、治安对象理论、治安对策理论、治安绩效理论等知识体系。

(1)治安学基础理论

治安学基础理论主要包括类似“治安”“治安秩序”“治安管理”“治安学”“治安学理论体系”等基本概念以及治安学的性质、研究对象、治安学的相关理论等，同时要对治安学一些基本问题予以研究。

(2)治安史学

治安史属于借鉴历史的内容，主要是对古今中外的治安治理理念和治安治理经验进行比较研究，以便在治安实务和治安理论研究中予以借鉴和提高。如中国古代治安思想、治安机构、治安制度、基层社会治安治理模式等。

(3)治安学研究方法

研究方法是指在研究中发现新现象、新事物，或提出新理论、新观点，揭示事物内在规律的工具和手段。治安学研究方法是提炼、介绍治安学研究方法知识体系。研究方法是人们在从事科学研究过程中不断总结、提炼出来的。作为人文社会科学，治安学研究方法主要有实证研究法、文献分析法、历史研究法、概念分析法、比较研究法等。

(4)治安环境理论

治安环境理论主要是研究治安现象、影响社会治安的社会环境和社会因素，研究社会环境、政治、经济、文化、法律、地理、人口、心理、风俗习惯等各种因素对社会治安的影响规律。

(5)治安主体理论

治安主体理论主要研究市场经济条件下多元治安主体的机构设置、主体运行、主体权益、主体性质、主体能力、运行机制、经费保障等内容。

(6)治安职权理论

治安职权理论主要研究治安职权设置的原则与权力的运用。在现有法律框架下阐述治安管控、治安防控、风险管控、治安查控、危机管控等的措施和手段，运用有关理论分析权力设置的最优化等理论体系。

(7)治安技能理论

治安技能理论主要研究治安主体在治安活动中需要掌握和运用的有关技术和技能并强化技能意识。如擒拿格斗、查缉术、驾驶、射击、治安策划、计算机技术、防控技术、语言谈判与交流艺术、协作能力、事件处置前期能力、询问(讯问)能力、取证、调解化解矛盾能力等。尤其是要研究互联网、大数据、人工智能等背景下治安技能的配置等。

(8)治安对象理论

治安对象理论主要研究治安业务范围、治安勤务形式以及治安对象运行规律的理论体系与实践。

(9)治安对策理论

治安对策理论主要研究对治安问题、治安秩序、治安事件等的防范与控制，研究治安战略、治安预测、治安评估、治安文化、治安控制模式等内容。

(10)治安绩效理论

治安绩效理论是对治安活动的成效进行评价的理论体系，主要包括对社会治安问题、治安状况的预测与评价、公众安全感评价、治安效益分析，对治安主体工作成效的考核及监控等。

(11)域外警务理论

域外警务理论主要介绍英美及欧洲大陆一些国家的警务理论与实践，通过对比研究，借鉴域外警务先进理念和警务战略思想，为中国治安治理提供借鉴与参考。

上述的课程体系属于明确的、事先编制的课程，因此有教育学者称之为显性课程，而另一类课程的主要目标与学生的学习有关，也与学校所强调的品质以及社会品质有关，这类课程有学者称之为隐性课程。学校的组织方式、人际关系等社会学、文化人类学、社会心理学的因素对于学生的态度和价值观的形成具有强有力的持续影响。这是因为学校具有一种特殊的环境，生活在其中的学生负有相互支持、关心和尊重的责任。学校教育不可能是学生的单个学习，而是集体的活动。在这种集体活动中，有时要强调控制、等级、竞争，有时要强调鼓励、平等、互助。这些影响学生品行、价值观的因素都属于隐性课程，如公安院校的警务化管理、锻铸警魂工程、文化育警工程等都属于课程体系的组成部分。隐性课程能很好地在品质、习惯、态度方面达到培养目标，而且一旦形成能保持得更久。学生在学校中形成这些社会性品质，以后走入社会所起的作用与学生形成的学习技能对毕业后工作所起的作用同样重要。

课程体系设置受到多种因素的影响与制约，如传统知识体系的固化、授课教师的惯性思维、原有知识体系的创建者、现有师资人员的素质、决策者的胆识与智慧、有关人员对治安学专业课程的了解程度等都会对治安学专业核心课程体系构建带来正副能量的影响。

三、治安学专业课程体系构建的路径选择

课程体系改革会受多种因素的影响与制约，传统知识体系的固化、授课教师的

惯性思维、原有知识体系的创建者、现有师资人员的素质、决策者的胆识与智慧、有关人员对治安学专业课程的了解程度等都会对治安学专业核心课程体系构建带来正副能量的影响。

此外，课程体系建设与师资队伍及教学团队建设、教材建设、实验实训室建设等紧密相关，都是专业建设和学科建设的重要环节与要素，需要综合考虑，科学设置。目前公安本科院校中存在着观念、方法、手段等问题，都需要进行探讨研究。在教材建设方面，有的专业课教材由于编写机制、市场竞争、商业效果等因素，出现了版本越来越多，但质量提高不大，甚至滥竽充数的现象①。就治安学专业核心课程这样的设置思路，并不是简单地将相关的业务生硬地一章一章地罗列出来，而是要进行综合分析、归纳总结，提炼出规律性的、理论性的知识体系作为每门课程的基础理论，辅助于治安管控、防控、查控等技能要求，这样编写出的教材才能满足培养目标的需要。

对此，为了确保这样的课程体系得以实现，需要逐门课程进行研讨开发，全国公安院校治安教学部门联合起来，每一年组织一到两次治安学专业课程研讨会议，组织每门课程的资深教师和青年骨干教师，在确定人才培养目标和培养方案的前提下，专门研究一到两门治安学专业核心课程。从课程教学大纲的拟制到教材章节内容的确定，从教材的编写到教案的设计，从课堂教学活动到考试考核改革，从教学方法到包括慕课开发建设等，进行详细的研究，并通过以会代训的方式，把每门课程打造成一门精品课程，这样经过三到五年的时间，就会逐步完善提升治安学专业核心课程体系，推动治安学专业学科建设。

在法学课程设置方面，针对治安学专业的培养目标，治安学专业法学课程可以考虑设置法学基础理论课程、宪法学、刑法学、刑事诉讼法学、行政法学、民法学等相关的法学课程。如果从治安学专业学生毕业后从事的警务工作来分析，比较合理的法学课程体系应该是在设置法学基础理论课程、宪法学的基础上，从公安刑事执法、公安行政执法及民事纠纷调解这三个维度来设置法学课程。具体来说，第一个维度，开设公安刑事执法课程，从什么是犯罪、犯罪构成要件及认定到刑事案件的立案、侦查、刑事证据收集认定、侦查措施手段、移送起诉等来训练学生的刑事执法能力和执法意识、执法规范。第二个维度，开设公安行政执法课程，从行政职权的基本特征开始，针对公安机关的行政许可、行政确认、行政命令等一系列行政行为开始到行政复议、行政诉讼来阐述如何规范行政执法行为。第三个维度，开设民事法律课程，给学生传授基本的民事权益保护以及婚姻家庭财产等方面的知识，以便于学生毕业后在处置民事纠纷引起的治安问题时能够有针对性地阐释法律规定、化解矛盾纠纷。这样开设法学课程，既可以满足治安学专业学生毕业后的业务

① 目前在教材编写方面的问题一是机制问题，二是水平问题，三是职称评审问题。

工作需要，又可以避免法学课程开设的过多过滥，占用有限的课时，还可以避免一些根本不必要的内容和交叉重复，如刑事证据学与刑事诉讼法学中的证据部分的重复，刑事诉讼法学中的审查起诉与审判、执行、审判监督等对警务工作关联性不大的内容。

当然，这样的法学课程设置会打乱原有的教学思维惯性，也会增加授课教师的难度，增加其工作量，需要教师熟悉警务工作的各个环节与执法要求，难免会引起消极抵制。这就需要从学校层面加以引导、鼓励、支持、扶持，逐步规范法学课程的设置。从教师角度来看，这样的课程设置虽然具有挑战性，但是也是一种知识体系的创新，一旦成熟之后，其课堂教学活动将会十分生动，其实训教学和案例教学也会顺利实施。

论“院局合作”模式中的警务人才能力培养[①]

易轩宇[②]
（湖南警察学院　湖南　长沙　410138）

［内容摘要］当前“院局合作”模式蓬勃开展，但在实践应用和理论探究方面仍然存在缺失，即忽略了对培育目标的思考。高校教育的目标关键在于育人，而“院局合作”则更加侧重于学生综合能力的提升。没有明确目标的合作教育终会流于形式，且无法取得长久实效。开展对“院局合作”模式中警务人才能力培养的探讨是“院局合作”继续走向成熟，实现人才强警和人才强国的题中之意。关键在于厘清警务人才为什么需要培养能力、应当培养怎样的能力以及如何培养能力三个方面。

［关键词］能力培养；“院局合作”；警务人才

人才强国战略是实现国家富强、民族复兴的重大举措。党的十八届五中全会强调：“要站在协调推进‘四个全面’战略布局的高度，深入实施人才优先发展战略，推进人才培养体制改革和创新，形成具有国际竞争力的人才制度优势，聚天下英才而用之，加快建设人才强国。”[③]作为专门进行公安教育、培育警务人才的公安院校，如何培育高素质的应用型警务人才，有效服务于公安工作亦是受到广泛关注。公安部2011年《关于加强公安院校和训练基地建设的指导意见》中指出：“要贯彻落实公安民警招录培养体制改革精神，积极探索招录培养体制改革的教育教学规律和特点，建立公安院校和公安机关联合育人机制。”由此开始，“院局合作”作为集“教、学、战、练”一体化的新型警务人才培育模式，越来越得到公安院校的广泛实践与探索。[④]

---

① 基金项目：本文系湖南警察学院2017年度教改课题“新时期警务人才创新能力培养研究与实践”的阶段性成果。

② 作者简介：易轩宇，男，湖南警察学院治安系讲师，主要研究治安学理论与实践。

③ 中国共产党第十八届中央委员会第五次全体会议公报。https://baike.baidu.com/item/中国共产党第十八届中央委员会第五次全体会议公报/18761589? fr=aladdin。

④ 华道金：《公安院校“院局合作”应用型人才培养模式探讨》，载《高教论坛》2016年第1期，第56页。

"院局合作"模式是以培养公安专业在校生的警务综合素质和在职民警的业务技能为目标，通过公安院校与公安实务部门之间的优势互补、资源共享、协同共教，实现公安院校与公安机关共同培育适应当代警务实践需要和发展需求的高素质警务人才的一种人才培育模式。该模式旨在突破传统公安教育重理论传授、轻实践应用的藩篱，让学生能够在扎实学习理论知识的同时，把所学理论运用于实践，将"学中练"与"练中学"充分结合，实现学生的成长与成才。当前，该模式无论是在实践应用还是在学理研究上均得到了长足的发展。一方面，各地公安院校纷纷建立起"院局合作"基地，将公安专业学生送往当地公安机关实务部门进行实习训练，收获了良好的效果；另一方面，学者们对"院局合作"模式所暴露出来的问题以及发展开展了讨论与研究，主要聚焦于目前"院局合作"面临的困境、机制的建立以及平台的建设等，成果颇丰。但当前的实践应用和理论探究仍然存在缺失，即忽略了对培育目标的思考。高校教育的目标关键在于育人，而"院局合作"则更加侧重于学生综合能力的提升。没有明确目标的合作教育终会流于形式，且无法取得长久实效。因此，开展对"院局合作"模式中警务人才能力培养的探讨是"院局合作"继续走向成熟，实现人才强警和人才强国的题中之意。

一、"院局合作"模式下警务人才能力培养的意义

(一)是培养合格社会主义建设者与接班人的需要

习近平在2018年全国教育大会上强调："形成更高水平的人才培养体系，要把立德树人融入思想道德教育、文化知识教育、社会实践教育各环节，要在增强综合素质上下工夫，教育引导学生培养综合能力，培养创新思维，努力培养德智体美劳全面发展的社会主义建设者与接班人。"公安院校是为国家公安工作和公安队伍培育和输送警务人才的主阵地，这就要求公安教育要在注重学生德育和智育的同时，不容忽视社会实践教育的必要性和重要性。教育学家布鲁纳认为："教学不仅要让学生掌握必要的知识和技能，同时也要培养他们的智力，发展他们的能力。"①这就将学生的能力培养放置到与道德培养和智力培养同等重要的地位，需要三者合一才能真正提升学生的综合素养。"院局合作"模式为学生实践提供了真实场域，为学生应用和检验所学知识，并汲取新知识提供了便利条件，是公安专业学生深入开展社会实践教育的有效模式，也是切实提升警务人才综合能力的良好平台，符合社会主义人才培养体系现代化的需要，亦符合培养合格社会主义建设者与接班人的

① 布鲁纳·布鲁纳：《教育论著选》，邵瑞珍，张渭城等译。人民教育出版社1989年版，第32页。

要求。

（二）是新时期警务现代化建设的需要

现阶段随着改革的深入进行，我国正处于社会转型期和矛盾凸显期，社会不稳定因素增加，公安工作面临新的要求和挑战，加快推进警务改革，实现警务现代化建设成为重中之重。警务现代化建设不仅仅是警务理念的转变、警务科技的进步以及警务机制的建设，更加是警务人才的培养，因此迫切需要有专业知识、有突出能力、有创新意识的警务人才充实到公安队伍中来，推动警务现代化的进程。公安院校应顺应时代发展变化，有的放矢的培养具备战略眼光、富有凝聚力和战斗力的创新型警务人才。“院局合作”的人才培养模式将具备专业素养的公安专业学生提前置于公安工作实践当中来，通过有意识的磨练和引导，培养他们用专业的知识和实践的经验审视和思考当前警务改革的缺失与不足，锻造其能动性学习和创新性思维的能力，从而进一步推进警务改革的向前发展。

（三）是公安院校与公安机关实务部门合作共赢的需要

公安院校与公安机关实务部门对于“院局合作”的现实需求或许各有不同，利益和目标的分化是当前困扰“院局合作”难点之一，但从当前公安机关录用公务员的现状来看，从公安院校中选拔专业人才充实公安队伍仍然是不二之选，因此双方仍然有合作共赢的契合点，即学生综合能力的培养。公安院校是推动和开展“院局合作”的主动方，期望对学生的教育不仅局限于夯实学生德育和智育，更加要突出专业特色，通过学生在实务部门的实习训练，提升学生的实践能力和应用能力；同时，公安院校教师通过“院局合作”能够及时了解警务工作动态，掌握案卷资料，改进自己的教学方法和教学内容，更好的培育学生；此外，通过“院局合作”，公安院校能够从实务部门挖掘和发现优秀的实战教官，充实学校的师资队伍，从而进一步提升学校的办学质量和办学水平。公安实务部门是“院局合作”的被动方，但仍然乐于接受“院局合作”模式，从短期来看，当前基层警力不足，而大量公安院校学生的实习输入能够有效缓解基层警务压力；从长期来看，公安院校学生始终会从学校走向基层，让其提前接触实务工作，今后便能更好地实现来之能用、用之能战、战之能胜。因此，警务人才能力的培养是双方关注的契合点，也是双方合作共赢的根基。

二、“院局合作”模式下警务人才能力培养的目标

能力（Ability）是生命个体对自然探索、认知、改造水平的度量，也是知识转化

的结果。① 公安院校应用型人才培养要求学生不仅要掌握扎实警务知识与技能，更要具备将知识和技能运用于实践、服务于实践的能力。“院局合作”模式下警务人才所需要培养的能力是一系列能力的组合，是一项系统工程。包括了警务人才的实战能力、创新能力、协调能力、学习能力以及调适能力等。“院局合作”模式下警务人才能力培养的目标，便是以院局之间优势互补、资源共享、协同共教为导向，通过“教、学、战、练”的有效结合，充分锤炼与养成学生的各项能力。

（一）具备突出专业特色的实战能力

突出专业特色的实战能力培养是“院局合作”人才模式的重要目标，也是公安专业学生毕业后顺利开展公安工作，发挥专业特长的有效途径。具备专业特色的实战能力要求学生能够将专业知识与实战经验相互融合，将专业知识服务和应用于实战，将实战经验反馈和修正所学。此项能力一直是各地公安院校开展“院局合作”、联合育人的着眼点和重心所在。当前警务人才实战能力的养成主要通过两个方面进行：一是通过将公安院校学生输送到当地基层公安机关实习，进行一些真实而具体的各类警务活动，以期达到“教、学、战、练”的结合。但问题是学生在学校的学习是细分了专业的，包括侦查、治安、刑事科学技术、交通管理、网络监察等等，不同专业的学生拥有不同的专业知识和技能。但在实习基层出现的普遍现象是学生均受到一视同仁的对待，男生一律从事一些执勤备勤的简单勤务，女生一律分配到内勤或户政岗位。这样的实习安排不仅不能培育学生具备突出专业特色的实战能力，反而可能给学生造成专业无用、知识无用的错觉。二是通过选拔基层富有经验的实战教官加入到公安院校教师队伍中来，传授给学生实战经验与技能。但实战教官往往缺乏系统的理论素养，对公安专业设置和专业培养要求不甚熟悉，在经验教学或是知识教学中难以权衡，对学生具备专业特色的实战能力培养实难说切实有效。因此无论哪一条途径，对突出专业特色实战能力培养目标的达成仍有待商榷。

（二）具有现代警务理念的创新能力

新时期公安工作面临诸多新的要求与挑战，同时也带来了新的机遇。在现代警务改革的浪潮下，公安教育如何跟进警务发展的需求，如何切合公安实务部门的现实诉求，“院局合作”的人才培养模式无疑指明了一条正确的道路。创新是驱动发展的支撑和动力，要实现教育服务创新发展首先要培育学生的创新意识和创新能力，而创新往往是由问题导向的。传统公安教育模式注重知识传授、疏于贴近实战。学生无法通过实践直观地遇见问题和感受问题，自然不会对当前警务改革与发展中存在的各类问题产生能动性的思考与解决，因此在一定程度上束缚了学生创新

① 艾伦：《关于知识与能力的讨论》，载《中国现代教育装备》2015 年第 12 期，第 56 页。

意识和创新能力的培养。而“院局合作”的人才培养模式能够让学生深入到基层一线岗位，直面警务实践当中的各类问题；或是让实战教官将当前的警务理念和基层实际困扰带入到课堂当中来，让学生分析思考，通过各种引导性策略培育，培育学生形成具有现代警务理念的创新能力。

（三）培育自觉汲取新知的学习能力

知识的学习是一个持久而长期的过程，也是一种能力的培养和习惯的养成。新时期警务人才的培养并不仅仅囿于学生在公安院校四年的知识学习，以往学四年吃一生的时代已不复存在。当前知识更迭迅速，公安学知识更是如此，新的经济社会形势变化与新的科学技术应用都必须要求公安院校学生紧跟警务发展的时代步伐。如何才能有效培育学生自觉汲取新知的意识和能力呢？传统封闭的接受式校园教育显然不可取，而“院局合作”人才培养模式则创造了便利的条件。学生通过基层实习能够发现自己所学的知识并不能完全驾驭好基层工作，甚至一些专业工作都未曾接触和了解。这些疑惑经学生反馈，由老师和实战教官进行解答和传授，再由学生本人进行实际操作。由此反复，逐渐使学生产生独立思考、探索、实践、质疑以及创造的习惯。“院局合作”模式倡导的是学生主动探究、勤于动手，在搜集和处理各类问题的同时，培养他们自觉汲取新知，运用新知的学习能力。①

（四）养成应对多项工作的协调能力

公安院校的学生在校园生活中的主要任务是学习，并无其他过多责任需要担当，即便是学生干部也就多几项较为简单的工作任务。而公安基层工作是整个公安工作的根基，处于全局性、战略性、先导性地位，事情纷繁复杂且责任重大，各项工作都必须及时保质保量地完成，而且更多的任务需要由团队协作完成，这是未接触到实务工作的在校学生所不能预期的。在基层警力相对不足的现实面前，公安实务部门特别需要的是具有团队意识，能够同时从容应对多项工作、协调多项工作、完成多项工作的警务人才。“院局合作”人才培养模式应当将此作为警务人才能力培养的重点，让学生在学校学习期间提前认识到公安基层工作的重要性、繁冗性和复杂性，通过一系列的实践活动培养学生的团队意识与合作意识，提升学生的应对和处理多项工作的协调能力。

① 董志：《产教融合下学生自主学习能力的培养与提升》，载《苏州市职业大学学报》2018年第4期，第64页。

三、“院局合作”模式下警务人才能力培养的途径

警务人才能力的培养与提升是院局双方的共同愿景，也是“院局合作”的主要目标。而有效培养与提升警务人才的系列能力途径，还是得回归资源互补、信息共享、协同共教的“院局合作”模式本身。

（一）以资源互补夯实警务人才能力培养的根基

资源相互依赖理论中有两个核心观点：“一是组织的外在限制，即组织会对外在环境中掌握着重要资源的组织的需求做出回应；二是外部依赖，组织的管理人员为了确保组织的存在与延续，要尽可能地管理组织对外在环境的依赖情况，如果可能的话，就从外在限制中得到尽可能多的自主性与自由度。”①公安院校需要公安实务部门真实的实践场域和丰富的警务资源借以培养自己的学生，公安实务部门亦需要公安院校的智力支持和人力输送来促进公安工作的顺利开展，双方均趋向于资源的依赖和利用，这便促成了双方对警务人才能力培养的合作。在具体的实践过程中，简单粗暴的实习岗位分配切不可行，这是对院局双方优势资源的浪费，也是资源依赖关系无法长期存续的警报。需要转变公安院校对学生实习即“开圈放羊”的思维观念以及公安实务部门对学生实习即“简单体验”的观点认识。在细分各专业学生不同特点的基础上，建立分专业的“院局合作”实践基地，共同制定科学的人才培养方案和翔实的实践教学内容，将学生纳入到对应警种、部门、岗位进行实习训练，充分发挥学生的专业特长，提升专业认识。在充分利用好优势资源的同时，切实培养起学生突出专业特色的实战能力。

（二）以信息共享打通警务人才能力培养的通道

院局双方掌握信息的存量、掌握信息的类型以及掌握信息的渠道各有不同，这些信息均是警务人才培养重要的知识来源和能力建设的关键因素。目前，院局双方在信息的流通之间存在壁垒，而这种壁垒严重阻碍了警务人才能力的培养，特别是对警务人才创新能力和学习能力的培养。如果公安院校丰富的专业知识资料和警务前沿理论能够结合公安实务部门的警务工作动态和最新案卷材料，那么学生便可以在充足的信息中不断补充和完善自己的专业知识体系。这是一个经体验、发现、质疑、反馈、实践、修正、汲取全过程的培养，也是将知识转化成能力，能力促进认知的循环。在这种良性的培养环境下，学生的创新意识、创新能力以及自觉汲取新

---

① 虞维华：《非政府组织与政府的关系——资源相互依赖理论的视角》，载《公共管理学报》2005年第5期，第72页。

知和运用新知的能力将得到不断提升。因此，院局双方应致力于打破当前的信息壁垒。一是建立起基于“院局合作”的信息交流平台，比如设立“院局合作”办公室与联络员、广泛开展“院局合作”论坛、讲座、报告等。二是共谋“院局合作”信息共享的长效机制建设，如院局间信息发布机制和咨询反馈机制等，提升双方获取信息的时效性和便利性。

(三)以协同共教启动警务人才能力培养的引擎

虽然在“院局合作”模式当中，“实践体验与自我认知”是提升学生能力的方式，但“教”仍然是不可或缺的重要内容。“院局合作”更加强调全过程、全方位的教育与培养。不仅要在课堂中教，还要在实践中教、在生活中教。不但要教学生专业知识与技能，而且要教他们如何开展团队协作、如何进行沟通协调，以期培养学生在踏入工作岗位之后，能够充分适应公安基层工作。这种教育模式光靠公安院校一方是很难做到的，需要院局双方共同努力，协同共教。一方面，公安院校教师需要广泛的深入基层、了解基层，将公安实务部门的新情况、新特点、新动向与专业知识糅合贯通，传授与学生；另一方面，公安实务部门需要为实习学生安排经验丰富、实践力强的教官师傅，通过传帮带等方式身体力行、言传身教，举双方合力，开启警务人才能力培养的引擎。

用平衡计分卡模型分析治安学专业应用型人才培养存在的问题及解决路径

刘思思①
（湖南警察学院　湖南　长沙　410138）

[内容摘要] 治安学专业培养的学生大部分都将在公安系统从事治安管理工作，担负着维护治安秩序，预防控制违法犯罪，保障公共安全的重任。由此可见，治安学专业人才不仅需要德智体全面发展，更需要能充分胜任治安一线工作，因此如何培养治安学专业应用型人才显得非常重要。本文通过借鉴管理学上的平衡计分卡模型，从战略角度提取影响治安学专业应用型人才培养的四个层面的关键指标，即用人单位层面、内部流程层面、资产投入层面以及学习和成长层面，分析目前公安院校治安学专业人才培养存在的不足，以此为基础提出解决路径。

[关键词] 平衡计分卡；应用型人才；培养路径

一、平衡计分卡模型与治安学专业应用型人才培养

（一）平衡计分卡模型概述

平衡计分卡是哈佛大学教授 Robert Kaplan 与诺朗顿研究院执行长 David Norton 在 20 世纪 90 年代创立的一种绩效评价体系，超越了传统的以财务指标为度量的绩效评价模式，后来经过发展成为了战略规划和执行管理的重要工具。其核心理念是将绩效管理体系落实为促使组织战略实现的行动。

平衡计分卡将组织的绩效分为四个层面：客户层面，主要包括客户满意度、客户保持率、市场占有率、品牌、伙伴关系等；内部流程层面，主要包括供应、生产、设计和开发、后勤保障等；财务层面，主要包括投入产出率、经济增加值、股东价值、资产利用率等；学习与成长层面，主要包括技能水平、员工满意度、创

① 作者简介：刘思思，女，湖南警察学院讲师，主要研究治安学和应急管理。

新、协调、团队工作等。从这四个层面可以看出，平衡计分卡对各方面进行了平衡，包括定量指标与定性指标平衡(比如收入等财务指标是定量的，客户满意度等指标是定性的)，短期目标和长期目标平衡(比如生产率等内部流程指标是短期的，研发等学习与成长指标是长期的)，组织内部和外部群体平衡(比如产品合格率等指标是组织内部导向的，市场份额等指标是外部群体导向的)，结果性指标与动因性指标之间的平衡(比如现金流等是结果，技能水平是动因)。

(二)治安学专业应用型人才培养中平衡计分卡模型的适用

虽然平衡计分卡是一种绩效管理工具，但远不止这单一的功能，它更是一种管理理念、管理系统和管理思路。它不仅能够自上而下体现组织的使命和战略，具有前瞻性，而且能够帮助组织聚焦重点事项，确保战略的落实。因此，若是将治安学专业应用型人才的培养视为组织使命，那么从平衡计分卡的四个方面着力则可视为一种战略，而每个方面的关键指标则是战略的落实。

具体来说，客户层面，就是用人单位。教育部在《普通高等学校本科专业目录和专业介绍(2012年)》中明确指出，治安学本科专业人才培养目标是培养能够在治安系统的业务部门工作或者在企事业单位从事安全保卫工作的应用型高级专门人才。可见，公安系统治安业务部门和安保部门这些用人单位类似于企业管理角度的“客户”，那么用人单位层面适用的关键指标就类似于客户层面的关键指标，主要有满意度和伙伴关系。内部流程层面针对企业是生产流程，针对学校则是教学流程，包括课程的设计和开发、课堂组织、课后训练等。财务层面虽然主要是针对营利性组织，但对于公益性组织也需要评价其经营效率和效果，其中某几个指标能较好地适用，比如投入产出、资产利用。而学习与成长层面，在营利性和非营利性组织同等适用，对于学校来说，主要指老师的学习和成长，包括老师技能的提升、创新能力的发展以及成长晋升等。

可见，平衡计分卡模型基本适用于治安学专业应用型人才培养，平衡的四个层面稍作变化后可以表述为：用人单位层面、内部流程层面、资产投入层面和学习和成长层面。

二、治安学专业应用型人才培养存在的问题

(一)用人单位层面

用人单位层面评价的主要指标是满意度。整体而言，用人单位对公安院校毕业的人才评价并不是特别高，这主要指刚毕业的学生群体。从公安机关治安部门用人反馈情况来看，一部分毕业生理论知识确实扎实，但实践能力较弱，具有一定的问题分析能力，

但解决问题的能力还有待提高，灵活运用的能力不足。另一部分则有勇无谋，基本只能胜任日常简单的治安工作，一旦出现紧急问题或者复杂情况则束手无策。

此层面另一衡量指标是伙伴关系。虽然大多公安院校治安专业与公安机关治安相关部门建立了一定程度的合作，但合作内容浅、模式单一、层次比较低，更别提建成战略伙伴关系了。常见的模式是教师下基层教官上讲台，这种一线人员的互通，虽然能在一定程度上使老师在教学中不会过多脱离实践以及能使学生了解最新的治安工作动态，但并不具有战略高度，互通有无的仍是碎片化的信息。此外，在“院局合作”中，由于缺乏长期有效的合作机制，双方在价值取向和利益追求上不一致，一直以来都是公安院校采取主动姿态，通过学生见习、实习、实训等途径寻求合作；而公安机关则非常被动，认同度较低，无论是接受学生实习还是教师参警都热情不高，甚至有些还认为给本来繁重的公安工作增添了麻烦，甚至出现了拒绝心态。这导致了很多“院局合作”项目都雷声大雨点小、立意高作用少。

(二)内部流程层面

在内部流程层面，出现人才培养与用人单位岗位匹配不一致的主要原因就是教学体系设置不科学，并不是以应用为导向。教学体系指由教学内容、教学手段、课程体系和评估方法等组成的体系。当前很多公安院校治安专业在教学体系某一个或某几个方面都存在不足，导致治安学应用型人才培养未见成效。首先，治安学教学内容普遍存在陈旧过时的问题，并未紧跟治安工作，或者缺乏前瞻性，以至于很多学生在校期间掌握的知识毕业后基本不适用。其次，教学手段传统，仍旧采用讲授为主的方式，当然也有运用启发式或案例教学的，但不广泛，只是零星点缀，并未改变填鸭式灌输知识的实质，不能调动学生的积极性，同时也不能提高学生们分析和解决问题的能力。再次，课程体系结构不合理，课程之间缺乏逻辑性，层次缺乏递进性，不能体现互补性和整体性，主要表现在：理论课与实务课的比重不合理，理论知识的学习过重，实务操作内容过少；治安专业相关课程讲授课时与实训课时分配不合理，讲授课时过多，实训课时较少；必修课与选修课的比例不合理，必修课多，选修课少，选修课中必选课多，任选课少，治安专业相关选修课多而其他边缘学科的选修课少。最后对学生的评价方法单一，主要采取考试为主，考核为辅，而这种考核方式只是再一次强化了教学内容死板、教学方法和手段落后、课程体系不科学，与培养应用型人才相去甚远。

(三)资产投入层面

为实现培养治安学应用型人才目标，实践性教学则必不可少，因此资产投入层面主要分析实践性教学的基础投入，包括硬件建设和软件投入。总而言之，大部分公安院校在这两个方面都投入不足。硬件方面，实验室少，实训场地小，建设不规范，也未开拓校外实训基地，出现了不相容实训共用一个场地的现象，比如娱乐场所检查和治安案件查处共用一个模拟派出所。也出现了远看是此实训场地近看是彼实训场地的尴尬，比如外面写着询问室里面的布置却是旅馆。其次，实训器材老旧、过期、失效，实训道具脏、破、劣质，未定期对其进行维护、修复和更新，这极大地影响实训课的效果。比如消防实验时，灭火器过期无法灭火；群体性事件处置时，防爆装备一碰就坏。再次，建设缺乏规划，过于粗放，细节欠考虑。实验室或者场地建设经常是东一榔头西一棒子，有哪项经费就建哪项，未考虑是否重复建设或者无效建设，也未考虑建设的通用性和专用性以及可转换性，以至于有些实训拥有充足甚至多余的场地和器材，而另一些实训则完全无法开展，以及有些实训场地本可以通过稍微变化与其他实训通用却变成了专用。软件方面，投入更是严重不足。有些院校是完全没有采用治安学实训相关软件；有些采用了一些基本的软件，比如执法办案系统、警务综合平台等，但一般比较低端，功能少，教学效果不明显；几乎没有几个学校采用了高端的治安实训软件，比如虚拟仿真模拟系统。

（四）学习与成长层面

治安学应用型人才的培养离不开即两手都要硬的老师，既有深厚的理论基础也要有一定的实战经验。很显然，大多公安院校治安专业老师都没有达到这一层次。要么学术性强但实践经验缺乏，这类老师大部分是毕业留校，或者从其他综合类大学毕业的高层次人才，有较强的科研能力，理论研究深入，但很少接触治安业务工作，容易造成教学与实践脱节，不利于培养应用型人才。要么实践经验丰富但理论功底弱，这类老师大部分来自公安基层，有着多年治安业务工作经验，但未接受过系统的高等教育，缺乏学术思维，这容易导致教学变成简单的经验传授，不利于发展学生思辨能力及灵活运用能力。

在两手都过硬的老师的培养上，其实很多公安院校一直都很努力，但成效不大。比如为改善学术性老师存在实践不足的情况，推出老师暑期基层实习项目，但对教学的推动作用不是很大。一方面，安排在暑假不利于调动老师的积极性；另一方面，相对于公安实践来说，暑假时间太短，实践不能深入。究其根本，就是尚未形成有效的激励机制，不能转化成内在动力，老师们仍将实践当做任务，并未真正落实其在教学中的作用。

三、解决治安学专业应用型人才培养问题的路径

（一）准确定位，强化合作

管理中的定位指在对产品或者服务进行深入分析，对客户需求进行准确判断的

基础上，确定产品或者服务的优势以及因此在客户心中独特的位置。同理，若将培养治安学专业应用型人才视为产品或服务输出，则需准确判断用人单位需求，明确到底什么是治安学专业应用型人才。一般而言，应用型人才不但要掌握坚实的基础理论知识，更要具有实战能力，能分析和解决公共工作中出现的问题。但这种定位过于笼统，以至于很多学者从各方面将其细化。有些学者认为应用型应该考虑地方特色，因为大部分公安院校都是省属地方性的，主要为当地培养人才，比如北京地区的治安学应用型就具有其他地方所不具有的首都特性①；另一些学者认为考虑到当前治安工作的复杂性和多变性，治安应用型人才不能只强调应用，仍需强调综合素质，必须具备一定的研究能力，才能以不变应万变；还有一些学者则认为，公安院校培养的治安类人才绝大部分都是进入公安系统基层的，对于基层民警，最重要的是实战能力，不需要过深的理论。可见，目前对于治安学专业应用型人才的定位还没达成广泛一致，但在对其界定时可以做三个方面的考虑。第一，“定位”首要考虑的是用人单位，因此应用型应当考虑地方特色；第二，既然是“应用型”人才，则应该突出应用，理论够用即可②；第三，需秉持预防功能理念，这是治安学不同于其他学科的本质特征，治安工作就是保障安全，将违法犯罪行为、治安事故事件等解决在萌芽状态，这也是治安学应用型的核心点。

强化合作，即加强公安院校治安专业与公安机关治安相关部门的合作，将原有的低端合作升级为高端合作、短期合作转化为长期合作、单一合作转变为综合合作，总而言之，从战略角度建立合作，形成战略伙伴关系。战略伙伴关系不同于一般的合作，它将各方纳入到共同利益系统，兴衰同步，形成良性互动和共赢的局面，对于公安院校而言，要改变一直以来的“热脸贴冷屁股”，必须将公安实战部门纳入统一战线，让双方的人力资源开发和培养机制对接，使双方都形成合作的动力。比如采取“订单式”治安人才培养模式③，学生先与公安机关签订就业意向书，学校根据公安机关用人要求与其建立相关的合作项目。

(二)改革课程，优化教学

课程和教学是培养人才的主要工具，针对目前普遍存在的治安学专业课程和教学体系落后不合理的问题，改革课程、优化教学是一种有效途径。改革课程涉及一系列大动作，包括确定应用型为导向的核心课程，以此发展其他课程，形成具有一

---

① 王彩元：《治安学专业本科人才培养目标几个基本问题的思考》，载《湖南警察学院学报》2013 年第 6 期，第 108-115 页。

② 张家忠、段艳艳：《对治安学专业本科人才培养的思考》，载《云南警官学院学报》2016 年第 2 期，第 119-123 页。

③ 皮中旭：《“院局合作”背景下治安学专业人才培养》，载《求知导刊》2015 年第 11 期。

定梯度和幅度的课程体系；增加课程体系的时效性和开放性，拓宽能力发展维度；更新教学内容，删除重复的、陈旧的、不重要的、不适当的知识，要与最新的公安实战接轨，反应最新的理论动态和前沿问题；合理安排必修课与选修课比例，保证必修课少而精，选修课广而优，使学生既可以依托一个专业，又可以获得跨学科综合性训练；合理安排理论教学与实践教学，适当增加实践课时的比例，只有通过有效的实践，才能切实提高学生的应用能力。

优化教学主要指通过优化各种教学手段和方式，包括授课方式、课堂组织、课后沟通和考核评估等，使教学始终为培养治安学应用型人才服务。具体而言，改革教学方法和手段，摒弃填鸭式或灌输式等传统的教学方法，多运用案例教学、情景教学等，提高学生分析能力和解决问题的能力；充分利用多媒体及其他教学技术，将知识性、科学性、艺术性和趣味性融为一体，激发学生积极思考、创新应用；开辟第二课堂，赋予固定的学时和学分，提高学生实际操作能力，强化知识、丰富实践；变革考核评估方法，建立多元考核指标体系，主客观相结合，定性和定量相结合，适度降低考试成绩权重，相应提高实训成绩比例。

（三）加大投入，改善设施

由于实践性教学在培养治安学应用型人才中扮演着重要角色，公安院校应当加大在实训基地和器材方面的投入。制定切实可行的建设规划，淘汰不适宜场地和失效器材，更新转化老旧设施，新建一批能体现最新治安业务实践的基地或实验室，逐步建成项目齐全、功能完善、重点突出、效果明显的实践性教学设施体系。对于有些与治安工作息息相关但很难通过现实环境和条件实施的实训，可以创新实训方式，采用虚拟仿真模拟①或其他技术。比如群体性事件处置，由于实战中的高度危险性以及训练内容的不可及，很多学校治安专业课程都取消了这项内容的实训，但群体性事件处置却是治安工作中的重要业务，弃之可惜。而保留这个实训项目的，基本上都是通过简单的角色扮演走过场，与实务操作出入非常大。但若采用虚拟仿真技术，在虚拟的环境中可以逼真地营造一起群体性事件，学生可以通过鼠标键盘的操控获得真实体验和感受，即增加了趣味性又达到了教学目的。

此外，在加大投入的同时也需要提高对已有设施的利用率。目前实训设施普遍简单，更新换代有一个过程，不可能等到设施建设全面到位后再实施实践性教学，因此非常有必要发展渐进性实践教学模式②，即将实训项目根据其对能力的培养作

① 田显俊：《虚拟仿真技术在治安专业教育教学中的应用》，载《湖北函授大学学报》2016年第11期，第109-111页。

② 郭睿、荆长岭：《公安院校应用型复合型人才培养课程体系改革与实践》，载《江西警官学院学报》2012年第5期，第120-124页。

用以及操作难易分成低、中、高三个层次。对于低、中层次的项目，已有设施或稍加改良即可利用，对于高层次的项目，一方面可靠后安排，等设施完善再实施；另一方面可以构建基地共享，充分利用校外优质资源。

（四）建立机制，完善师资

学生的培养离不开老师，名师才能出高徒。治安专业的名师一般要有广博的公安理论和相关的科学文化知识以及娴熟的实践教学能力。要达到这一标准需要建立科学的师资力量相关机制，包括聘用机制、培训机制、评价机制和激励机制。在招聘过程中，不但要考虑应聘对象是否符合高校教师的基本要求，同时也需要考察其对警察职业的认可，对治安工作的认同，当然，在条件许可的情况下，优先招聘有公安类专业背景的或有基层实战经验的。对于老师的培训，把握两个方向，一个方向是将缺乏实战经验的老师往下沉，比如主讲户籍管理的教师与某一派出所户籍管理部门建立长期交流学习关系；另一个方向是将学术理论功底薄弱的老师往上送，比如教官型老师大学进修。而评价和激励机制是息息相关的，根据赫茨伯格提出的双因素理论，评价是基础，客观、公正、合理的评价是保证因素，可以保证教师不会存在不满，但若要使教师主动积极工作，还需激励因素，包括薪酬、晋升、福利待遇等。可见，师资力量建设包括多个机制，其中重要的是激励机制。

治安学专业系统化嵌入式人才培养模式探析①
——以广西警察学院为例

周　俊　曾　伟②
（广西警察学院　广西　南宁　530028）

[内容摘要] 公安院校治安学专业人才培养模式改革是当前治安形势、国际区域性警务交流合作以及治安学发展的需要，系统化嵌入式人才培养模式是顺应公安教育改革趋势的一种尝试与创新，从治安学的各个教学体系和环节进行改革创新。

[关键词] 治安学；人才培养；改革

治安学专业建设一直以来都是公安教育的重点，目前在所有的公安院校以及部分政法院校中设置了治安学专业，这个专业培养的人才目标很明确，就是要培养适应当前治安形势，具有系统的、专业的治安学知识和技能，能够胜任公安机关、国家安全机关以及边防、消防等武警部队中有维护社会治安职责的各种专业性工作的高素质人才。由于这些工作岗位对于人才职业能力的需求往往会随着社会治安形势的变化和社会发展的进程而有所变化，因此，如何培养出符合治安岗位需求的人才是当前治安学专业建设的难点。广西警察学院在公安学专业建设过程中，探索出了具有鲜明治安特点和公安职业特色的系统化、嵌入式警务人才培养模式，为治安学专业人才培养开辟了一条顺应社会形势发展和公安教育发展趋势的创新改革线路。本文拟在分析和研究广西治安人才需求和广西警察学院治安学专业建设实践的基础上，探索治安学专业在人才培养模式的改革新路子。

---

① 2016年度广西高等教育本科教学改革工程项目“基于公安信息化平台的“教、学、练、战”一体化实践教学模式改革研究”（编号：2016JGB426）。

② 作者简介：周俊，女，广西警察学院治安系副教授，武汉大学政治与公共管理学院博士研究生，研究方向：公共安全；曾伟，男，广西警察学院治安系副主任、教授，研究方向：治安管理。

一、治安学专业人才培养模式改革的现实意义

(一)严峻复杂的治安形势对治安学专业人才培养模式改革的需求

广西地处祖国西南边陲，是我国西部大开发地区唯一的沿边沿海自治区，也是多民族聚居区。改革开放以来，党中央、国务院相继作出了一系列促进广西改革开放和经济社会发展的重大决策，先后将广西纳入西部大开发战略实施范围，将南宁确定为中国—东盟博览会、中国—东盟商务与投资峰会永久举办地，将广西建设成我国西南中南地区开放发展新的战略支点，这一系列重大决策给广西经济社会发展注入了新活力，推动了广西经济社会的快速发展。随着经济社会的发展，广西的社会治安形势也面临新的挑战：刑事行政案件高位运行，“黄赌毒”、传销、涉黑涉恶、涉枪涉爆的案件呈现高发，新出现的由治安部门管辖和查处食品安全、环境污染、欠薪事件、伪劣产品成为新的社会热点问题；人民内部矛盾凸显，影响社会治安稳定的群体性事件、灾害事故多样多发；对敌斗争形势复杂，“三股势力”人员在广西频繁活动给广西的社会治安秩序造成严重威胁。广西经济社会的发展需要稳定的社会治安环境，稳定的社会治安环境必须依靠一支素质较高的治安管理队伍。相比较而言，当前各地公安院校的治安学专业人才在培养过程中，普遍存在着与治安形势不相适应的状况。如在专业教学体系中，大多数都还是以传统的各种治安管理业务为重，而对于一些新形势的治安管理人才应当掌握的专业技能涉及很少甚至是根本不设置相关课程和内容。以广西警察学院为例，治安学专业的专业课程中并未把食品安全纳入其中，而反恐形势与对策课程也只在侦查学专业开设，治安专业只是把反恐知识零星散布于各门相关课程当中。因此，治安学专业的人才培养必须要与时俱进，必须要跟随着治安形势的发展变化而进行改革和创新。

(二)国际区域性警务交流合作对治安学专业人才培养模式改革的需求

随着我国改革开放的深入，随着中国与东盟自由贸易区的建立，中国和东盟各国之间，广西和越南之间政治、经济、文化、科技、教育等领域的交往日益频繁，同时也带来了区域性的治安问题，如偷渡、拐卖人口、非法入境、非法滞留、走私等违法犯罪问题突出，严重危害区域内的治安秩序。2013 年广西共查处“三非”(非法入境、非法居留、非法就业)案件 942 起 2664 人，仅查处某国非法入境案达 191 起 970 人，遣送出境 647 人，立妨害国(边)境管理刑事案件 21 起。面对这一新的治安形势，一方面要加强中国-东盟国家之间、加强广西与越南之间的治安执法合作，这需要广西具备大量高素质的警务人才。因此，要搭建我国与周边国家警务交流合作的平台，促进广西警务交流合作，就必须要对现有的治安学人才培养模式进

行改革。涉外警务和出入境管理等课程在现有的教学体系中虽然属于核心专业课程，但目前各地公安院校的课程设置大多以中国人民公安大学为参考，这类涉及国际警务的专业课程一般课时较少，内容也不够深入。这对于地处南疆的广西警务人员来说是远远不够的。此外，广西与东南亚国家的合作与交流逐步深入，要做好边疆治安执法合作，共赢互利，作为治安学专业人才还必须掌握和了解东盟各国的民族习惯和法律、政策，而目前的教学体系中均未涉猎这些相关内容。

(三)我国治安学发展对治安学人才培养模式改革的需求

治安学是我国特有的学科，我国治安学发展的历史并不长。从20世纪80年代开始，以公安高等教育为平台，在总结中华人民共和国成立以来治安管理经验的基础上，建立了治安学的前身：治安管理学。1998年，教育部颁布《普通高等学校本科专业目录》，将治安管理和安全防范两个专业合并为治安学专业。从此，治安学取代治安管理学而为学者普遍使用，标志着治安学的正式建立。2011年3月，经国务院学位委员会和教育部批准，《学位授予和人才培养学科目录(2011年)》增列公安学为一级学科。至此，治安学被正式确定为公安学下的二级学科。[①] 如何科学规划和调整治安学的学科体系，以适应其作为公安学一级学科下属二级学科的学科地位，是当前治安学发展的迫切要求，尤其是对于由专科院校升格为本科院校的地方公安院校而言形势更为严峻。因为专科院校是以职业教育为核心，研究的是治安管理的实际工作和经验，侧重于培养具有实际操作技能的人才。而治安学必须从以往的公安机关治安管理之术的经验总结，升华、转型为探究治安之道的学科理论。因此，治安学的人才培养必须要跟得上我国治安学的发展，这是新时期治安学培养目标的要求，也是社会管理创新、国家治理体系和治理能力现代化的要求。

综上所述，为了应对广西严峻治安形势、适应国际区域性警务交流执法合作的需要和我国治安学发展的需求，公安院校的治安学专业人才培养模式改革迫在眉睫。

二、治安学专业系统化嵌入式人才培养模式改革的思路

基层治安民警是基层治安管理工作的直接承担者。治安管理的对象、任务、手段、方法与其他民警岗位主要职责和工作任务有明显的区别。基层治安管理的业务范围和工作内容随着社会治安形势的变化而不断发展变化，在不同地区、不同行业、不同的工作阶段又有很大差异；加之，基层治安部门的领导体制多元化，工作存在着多头管理的现状，导致其工作涉及面广，工作量大，头绪众多，因此形成了

① 宫志刚：《治安学导论》，中国人民公安大学出版社2015年版。

基层治安管理工作发展快、变化多、任务复杂等特征。① 因此，治安学专业的人才培养必须要嵌入到行业当中，才能保证人才培养的适用性。根据治安学专业人才培养目标以及公安高等教育的特点，要构建专业素质与岗位能力相统一，实训与实战深度交融，具有鲜明治安特点和公安职业特色的系统化、嵌入式警务人才培养模式，对深化警察职业教育改革进行探索与创新。

(一)准确定位治安岗位核心能力，为人才培养模式改革找准方向

公安机关治安民警岗位的主要职责，是保障公民的人身安全和公私财产的安全，维护公共秩序。实际工作中，治安总队、治安支队的行动队、管理队、内保处(科)、法制、国保、刑侦、防火监督处等职能部门的大量业务基础工作，大部分都由治安民警承担与落实；派出所治安民警岗位的具体职能与任务有上百种之多。公安机关治安民警岗位的主要职责与任务涉及行业场所、内保单位、危险物品、枪支弹药、禁毒、消防、大型活动等管理工作，以及社会治安、反恐信息的搜集，突发事件处置、治安案件及部分刑事案件办理等。在诸多的职责与任务中，治安管理与治安行政案件办理则是最重要、最核心的任务。相应来说，治安管理应用能力、办理治安行政、刑事案件能力是治安民警所应具备的最重要、最核心的能力。因此，在确定治安学专业模式的时候，一定要先定位好治安岗位应当具备的专业核心能力。从岗位来确定治安学专业应当掌握的专业基础知识、职业基本能力和警察素质，然后通过不同的课程模块来实现这些能力的掌握和提升。知识——技能——素质与课程模块的具体要求如表 1、表 2、表 3 所示：

表 1　**岗位—专业基础知识—课程模块的关系示意表**

岗位	专业基础知识	课程模块
治安管理	具有适应当代社会治安工作所需的社会科学和自然科学基础知识；熟悉和掌握与治安管理及查办违法犯罪案件工作有关的法律、法规；熟悉我国公安工作的路线、方针、政策和相关的法律法规；掌握治安管理的基本理论和基本知识；掌握社会学、心理学、犯罪学、行政管理学等相关领域的基础知识和基本理论。	1. 公安学基础理论 2. 民事法律基础知识 3. 刑事法律基础知识 4. 公安行政法律知识 5. 刑事侦查基础知识 6. 行政公文写作与处理 7. 犯罪学

① 苏雅民、杜红兵、寇艳芳、赵丽：《公安警察院校治安专业学生职业能力培养体系研究》，载《河北公安警察职业学院学报》2009 年第 9 期。

表2　岗位—职业基本能力—课程模块的关系示意表

岗位	职业基本能力	课程模块
治安管理	具有一定的外语交流能力和计算机操作及机动车驾驶能力	1. 大学英语 2. 计算机与警务信息平台应用 3. 汽车驾驶
	具有适应治安工作所需的各种警务技能	1. 警察防卫控制 2、警械武器使用 3. 查缉战术 4. 初级急救员培训
	具有从事社会治安管理和查办各类案件(治安行政案件、治安部门管辖刑事案件)的能力	1. 治安学总论 2. 户政管理 3. 危险物品管理 4. 治安案件调查与处理 5. 禁毒实务 6. 消防管理 7. 道路交通管理 8. 涉外警务 9. 治安秩序管理 10. 反恐形势与政策
	具有从事社区警务工作、积极开展群众工作的能力	1. 社区警务 2. 安全防范技术 3. 保卫学 4. 公共安全危机管理 5. 公安群众工作 6. 广西社会与文化 7. 言语交际 8. 地方口语

表3　岗位—警察素质—课程模块的关系示意表

岗位	警察素质要求	课程模块
治安管理	具有忠于党、忠于人民、忠于国家、忠于法律的政治思想素质	1. 毛泽东思想和中国特色社会主义理论体系概论 2. 形式与政策 3. 马克思主义基本原理
	具有热爱公安事业、具有高度的法制观念、组织纪律观念、群众观念的职业道德素质	1. 思想品德修养与法律基础
	具有适应公安工作所需的健康心理与强健体魄的身心素质	1. 大学生心理健康教育 2. 军事理论与训练 3. 体能训练

（二）构建以应用为导向的实践教学体系，突出学生的能力培养

基于公安高等教育的特点，结合我校具有鲜明行业特点和职业特色的系统化、嵌入式应用型人才培养模式，本科类治安专业教育应抓住能力培养重点，强化技能训练，建立以培养能力为主的教学体系，培养学生实践的技能和素质，把他们培养成符合行业需求的，政治素质过硬、专业知识过关，德、智、体全面发展的应用型复合型公安专门人才。

1. 课堂案例教学。案例教学是公安院校的一个特色，因为公安机关在执法过程中很多时候就是对于各种刑事案件、治安案件的调查与处理，在课堂中把现实发生的各种案例进行剖析，可以让学生能够如亲临现场对各种案件进行处置，让学生积极思考，并对案例进行分析和讨论，从中了解到各种案件的特性和案件处理中的经验和教训，并把所学的理论知识融入到现实案例中，以例阐理，以理释例，培养开拓创新意识。

2. 模拟实训教学。模拟实训一般在专业课程相对应的实验室或实训室进行。借助高仿真的办案场所、案件现场，采用当前公安机关执法办案的各种装备和器械，围绕着一个精心设计的治安典型场景或案例来展开。通过让学生身临其境地体验治安管理的执法和办案氛围，在模拟训练中掌握治安管理的执法办案程序和要求，同步训练学生的岗位技能和运用专业知识的分析判断能力。治安学专业可运用的模拟实训室包括模拟派出所、安全防范技术实训室、警务综合信息应用平台实验室。

3. 实践基地实习。实践基地实习是专业教学的重要环节之一，是学校教学工作的延伸，也是学生走向社会的桥梁。本专业学生实习按照学校的要求，由治安系统一安排到基层公安机关（专业实习基地）实习。毕业实习要求：一是制定毕业实习计划和毕业实习基地管理制度；二是实习结束时，每位实习学生撰写并上交实习总结；三是进行自我实习鉴定，并由实习基地和治安系对每位实习学生的实习情况进行书面鉴定，鉴定实习合格方能毕业。为满足治安学专业实践教学的需要，广西警察学院共建有 14 个校外实践基地，分布在自治区公安厅出入境管理处、自治区公安厅预审监管处、自治区公安厅刑事侦查总队、南宁市公安局、南宁市兴宁公安分局、柳州市公安局、桂林市公安局、来宾市公安局、贵港市公安局、崇左市公安局、兴业县公安局、广西革命烈士纪念馆、广西人民警察陈列馆、田东右江革命纪念馆。

（三）推动实践基地建设，校局互动联合培养人才

治安学专业的人才培养指导思想是以警务实战能力为核心、培养具有创新意识的公安应用型人才，而要培养出真正能够适合岗位需求的人才，就必须要与公安机

关进行合作，建立起供学生实践的实习实践基地，这同时也可以缓解基层公安机关警力不足的压力，在这种双赢的前提下通过校局互动来联合培养治安学专业人才。

1. 校局双方共建专业、共育人才。一是要设立科学高效的管理机构，规范基地管理。规范管理，通过协议和制度明确双方及各层级职权，并逐级监督落实，要做到有分明的层级，有明确的职责和有顺畅的沟通，形成一个高效的管理机构。二是要建立健全实习实践基地的各项规章制度，保障教学质量。学校层面上要制定带队老师和学生的相关管理制度，明确教学内容和实践要求；公安机关层面上要从实践教学的师资、工作条件、生活条件以及实践安全等方面制定一系列规章制度，确保学生学有所成，顺利完成社会实践活动。

2. 加强学校与公安机关双方的实践师资队伍建设，提升治安岗位实践教学指导水平。高水平的师资是高质量实践教学和快速提高实践学生职业实践技能的智力保障。对学校来讲，采用“引进来、走出去”的师资培养模式，引进具有高学历，具有丰富行业企业工作经验及技能的“双师”素质和“双师”结构人才。此外，可以采用教师到各地公安机关顶岗锻炼，提高自身的治安业务水平和经验，进而强化实践教学指导的能力和水平，提高校外实践教学的教学效果。

3. 打造实践教学基地的品牌，提升社会服务功能。公安机关不同于企业，企业主要是创造经济效益，公安机关创造的是社会和谐稳定的社会效益，因此，学院与公安机关共建的实践教学基地与其他高校的实践教学基地相比较具有十分鲜明的特色。通过精心筹划、努力建设、科学管理，建设成一个具有示范性及具有较强容纳实践教学能力的治安学应用型人才“院局合作”培养教学实践基地。

4. 实践教学基地开发与利用。实践教学是人才培养的重要环节，建设实践教学体系离不开成功的基地开发和利用，实践教学基地建成后，要通过多种途径与公安机关建立和深化合作关系。在保障学生实践教学的基础上，加强教师与公安机关深层次的合作与沟通，解决公安机关在执法实践和科研开发中的问题。

全面深化公安改革背景下创新应用型人才培养模式的思考
——以治安学专业为例①

杨　红②

（湖北警官学院　湖北　武汉　430034）

［**内容摘要**］公安教育应紧密跟随全面深化公安改革的要求，创新和探索适合公安实际工作需要的应用型人才培养模式。本文以治安学专业为例，结合当前公安改革的要求和公安院校的现状，分析当前公安院校人才培养模式中存在的问题，对应用型人才模式的创新提出相应思路。

［**关键词**］公安改革；公安院校；人才培养

公安教育是党和国家教育事业的重要组成部分，在公安工作中处于先导性、基础性、全局性的地位。全国公安院校公安专业的人才培养模式应以培养应用型人才为主要目的，紧密结合当前公安改革的目标进行改革和创新，以满足公安事业服务国家安全和发展的需要。

一、公安院校的现状和公安改革的提出

根据公安部2018年9月公布的数据，我国现有公安院校34所，其中本科院校25所，高职（专科）9所。公安部直属公安院校5所：中国人民公安大学、中国人民警察大学、中国刑事警察学院、铁道警察学院、公安边防部队高等专科学校。国

---

①　基金项目：2015年湖北省高校省级教学改革研究项目“全面深化公安改革背景下治安学专业人才培养模式的改革创新研究”（编号2015370）；湖北省教育科学规划2016年度重点课题“以规范执法为导向的警察职业核心素养培养研究”（编号2016GA027）；湖北警官学院2015年重点教研项目“全面深化公安改革背景下公安高等院校应用型人才培养模式的创新研究”（编号JYKT2015003）。

②　作者简介：杨红，女，湖北警官学院副教授，主要研究治安学、涉外警务。

家林业和草原局所属院校1所：南京森林警察学院。省属公安院校28所，其中本科院校20所，专科(高职)院校8所。目前，全国开设公安类本科专业18个，分别是治安学、侦查学、国内安全保卫、刑事科学技术、公安视听技术、经济犯罪侦查、警犬技术、公安管理学、涉外警务、安全防范工程、交通管理工程、警务指挥与战术、禁毒学、犯罪学、公安情报学、网络安全与执法、消防指挥、消防工程。专科专业13个，分别是：治安管理、交通管理、信息网络安全监察、特警、警察管理、公共安全管理、警察指挥与战术、刑事科学技术、警犬技术、刑事侦查、国内安全保卫、经济犯罪侦查、禁毒。本文主要以治安学本科专业为研究对象开展研究。

公安教育是公安改革的重要组成部分。2015年颁布的《关于全面深化公安改革若干重大问题的框架意见》及《公安机关维护国家安全工作机制改革方案》《公安机关管理服务和执法工作改革方案》《公安机关管理体制和人民警察管理制度改革方案》《关于公安院校公安专业人才招录培养制度改革的意见》等一系列文件，标志我国全面深化公安改革拉开序幕。其中，由中央机构编制委员会办公室、人力资源社会保障部、公安部、教育部、财政部、国家公务员局等部门联合下发的《关于公安院校公安专业人才招录培养制度改革的意见》是专门针对公安院校公安专业人才招录培养制度改革的指导文件。2018年3月28日中央通过的《公安机关执法执勤警员职务序列改革方案(试行)》和《公安机关警务技术职务序列改革方案(试行)》，标志公安改革正式开始。通过全面深化公安改革，期望建设中国特色社会主义法治体系相适应的现代警务运行机制和执法权力运行机制，建立符合公安机关性质任务的公安机关管理体制和管理制度。中央计划通过五年的改革，基本形成系统完备、科学规范、运行有效的公安工作和公安队伍管理制度体系，实现基础信息化、警务实战化、执法规范化、队伍正规化，进一步提升人民群众的安全感、满意度和公安机关的执法公信力。公安教育改革应紧跟全面深化公安改革的总体设计规划，公安教育训练应放在公安工作全局来谋划，着力为提高公安队伍正规化、专业化、职业化建设水平努力。

二、当前公安应用型人才培养模式存在的主要问题

(一)公安教育缺乏规范化的顶层设计

当前我国的公安教育相对于公安机关的改革和发展，在规范化和顶层设计上有所欠缺。这点在公安院校的名称和体制上得到体现。

首先，从公安院校的名称上看各有取舍难循规律，不能在同层级同体制上得到统一。当前我国公安院校的名称以“警察”“警官”“公安”为主，本科院校采用其中

一个词命名，而专科院校则重复多词的现象突出，显得非常不严谨，如专科公安院校中有 3 所的名称同时使用了“公安”和“警察”或“警官”，包括“天津公安警官职业学院”“黑龙江公安警官职业学院”和“河北公安警察职业学院”，在专科院校中占到 37.5%。经过对全国 35 所公安院校名称的统计分析，76%的本科公安院校以“警察”命名，这些学校主要是省属院校升本后的院校(主要集中在 2004 年后升本的公安院校)；以“警官”命名的院校占 16%，4 所公安院校都是早期三批升本的学校(2002—2004 年)。而“上海公安学院”是一个特例，作为最新升本的省(市)属院校，它却没有跟随近几年升本的公安院校以“警察学院”命名。2018 年 9 月 6 日，“中国人民武装警察部队学院”正式更名为“中国人民警察大学”，与“中国人民公安大学”的校名之间高度相似，与之前并入公安大学的“中国人民警官大学”一字之差，让人困惑于个中不同。由此可见，公安教育的问题从院校命名可窥一斑，“公安”“警察”“警官”三词之间如何界定，其异同难有定论和共识。而对此的认识不统一，必然会影响到公安教育发展的规划和建设。

其次，我国公安高等院校的体制不同，学校的性质各地不一。目前全国公安院校是公务员、参照公务员管理、公益二类事业单位三种性质并存，学校定位定性不同，影响到公安教育发展的方向，对人才培养带来不利因素。从 2008 年的政法干警招录体制改革开始，陆续有省属公安院校转为公务员体制，教师不能评职称、上课不再发课酬，导致教师不愿意做科研，不想上课，学校发展受限的局面。另外一方面，转制后的公安院校与公安一线部门依然难以实现无缝对接，学校没有真正实现“院局合作”随时随地可以进行实训、开展实践教学的目的。有的公安院校本来已经停止学历教育，几年后重新又恢复。这种彷徨、观望、等待和反复的局面，直接影响到公安院校师资队伍建设，进而影响人才培养的质量。多年来，公安院校的体制之争、学历教育和在职培训之争，反映出公安教育发展思路不清楚，缺乏顶层设计，最终对人才培养造成严重的不利影响。

全国公安普通高等院校命名表

	本科				专科				总和
	警察	警官	公安	合计	警察	警官	公安	合计	
部属	4	0	1	5	0	0	1	0	6
地方	15	4	1	20	3	4	单独 1 个；重叠 3 个 (+警官 2，+警察 1)	8	28
合计	19	4	2	25	3	4	2+3	9	34
比例	76%	16%	8%	100%	38%	50%	63%	100%	

备注：“南京森林警察学院”视为部属院校纳入统计。

（二）没有建立高标准的学生综合评价体系和淘汰机制

根据人社部发〔2015〕106号文件，公安院校的公安专业学生参加全国统一联考，为其进入公安机关提供更多便利条件，相当于有了就业保障。但是，在现有的人才培养模式中，并没有建立科学、严格，具有一定高标准的考核淘汰机制，以确保人才培养质量标准。公安院校的学生在校接受警务化管理，也有各类课程考核，但要求都不高，相对于普通高校，公安院校的学生毕业淘汰率基本没有，学生在学业压力不大，就业基本有保障的情况下，缺乏学习的动力。甚至在某些学校还出现倒挂现象，学生不着急考试拿毕业证，学校和老师着急一直催促补考，无限制的降低要求，必须保证所有学生都毕业，这种情况下培养出来的公安后备人才质量堪忧，对公安队伍的长期发展和建设十分不利。

以治安学专业为例，教育部在《普通高等学校本科专业目录和专业介绍（2012年）》中明确指出，治安学本科专业人才培养目标是培养具备从事维护社会治安秩序和公共安全等实际工作需要所需的职业核心能力和技能，能够在治安系统的业务部门工作或者在企事业单位从事安全保卫工作的应用型高级专门人才。但是，教育部并没有明确界定治安学专业人才培养的具体指标。各公安院校在培养方案中，对治安学专业人才培养应具备的素质、知识、技能做了相应规定，而且基本上都建立了学分制标准。但是，这些并没有体现出凸显专业特色的知识、技能、能力的评价标准，没有一套相对细致、具有操作性的评价体系。难以量化和评价的人才培养目标，不能体现出人才培养的实施过程和最终目的，对人才培养质量的提升不利。而现行的学分制，从既定的课程体系以及学校统一活动中得到了毕业的充分保障，缺位学生综合素质的考量、惩罚和淘汰机制，导致学生入校如同进入保险箱，只要通过规定课程考核就可以毕业，没有相应的压力和危机，这不利于调动学生学习的主动性和潜力的激发，让日常教学效果和人才培养质量大打折扣，更无从对学生综合素质进行监督和指导。

（三）警务能力和职业精神的培养还不够凸显

警务能力是公安专业人才培养的特色，其培养过程必须有高效、实用的实践教学体系保障，与教师、教材和课程建设密切相关。近两年公安招录改革的联考题目明显强调对公安专业学生的能力考核，这也是公安教育改革的必然方向。而且公安本科专业有18个，专科13个，分别属于人文社科和自然科学，公安联考主要是执法执勤岗位的招录，对公安技术专业学生明显不利，对于治安学专业、警务指挥与战术专业的学生却有明显优势。如何淡化公安专业的精细化，紧密结合公安实践工作的需求，夯实公安类专业学生的公安基础课程，强化学生基础的警务能力，继而在此平台基础上，进一步去明确不同公安专业的职业核心能力培养，是公安高等院校在培养以本科为主的应用型人才模式中需要去思考和解决的问题。

警察职业精神以及警察核心价值观的养成，主要在于日常管理和任课教师的人格影响、教学熏陶与渗透，精神和价值观的培养与学校的校风、学风、师风建设息息相关。“忠诚、为民、公正、廉洁”的人民警察核心价值观，“令行禁止、英勇顽强、团结协作、无私奉献”的警察职业精神不是靠课堂讲授出来的，更多的是靠学生接触老师和警察，以及自己的亲身经历慢慢感悟、沉淀、固化而来。如果在校期间，接触到不好的老师，不良的学生管理干部，听到不好的事例；实习时遇到不好的警察，不能正确被引导看待各种不公正现象，就无法培养出符合职业精神和价值观的优秀警察。国外警察教育和培训，以及招录都注重警察核心价值观的宣传和培养，我国可以借鉴国外的先进做法，结合本专业的特色，如治安学专业要求学生具备比较扎实的群众工作的能力，可以胜任社区警务等基层基础工作。这就需要治安学专业的学生更能扎根基层，耐得住寂寞，守得住清贫的考验，在校夯实群众工作的思想理念和工作技巧，既可以办案追逃，也可以和群众打成一片，还能敏锐发现有价值的情报信息。

三、公安高等院校应用型人才培养模式

(一)理顺体制，统筹规划公安教育发展

体制不顺，公安教育始终不能走出发展的瓶颈，人才培养质量也无法得到根本改善和提高。公安教育的性质、公安院校教师的身份，如何与公安实践部门建立无障碍的交流机制都是只能从体制上解决的问题。在全面深化公安改革的契机下，应将公安教育改革纳入其中，从顶层统筹涉及，科学规划公安教育和公安队伍的建设和发展思路、方向。从体制上解决当前阻碍人才培养的根本性问题，形成良性的发展机制。对公安院校的名称进行规范，体现公安队伍建设的规范和严谨。对公安院校的职能进行科学归口，保障层次不同院校需求的同时，教师身份应具有一致性。各公安专业人才培养应有国家标准，以保证人才培养质量。公安教育的改革要具有稳定性，不能反复无常，以免导致造成教育的滞后甚至倒退。

(二)严格标准，建立科学公正淘汰机制

公安专业学生将来是执法者，面对日益复杂的国际形势和安全需求，必须在校期间打稳基础，认真学习各项文化和专业知识。对进入“保险箱”容易懈怠的公安专业学生，需要建立严格的考核标准，“出口”把关标准要高、严、合理、科学。以高标准的考核要求，科学公正的淘汰机制让其主动学习，刻苦学习，认真学习，以应对将来复杂的工作环境，履行好警察的职责。制定考核淘汰机制时要注意，不

能仅仅对学习、考试成绩作出要求，也不能满足于日常的出勤率、内务卫生检查等事项考核，应该将警察职业精神、核心价值观的要求体现其中，对其日常行为、言行也要进行考核约束，全方位的通过制度来加强对学生的综合素质、基本能力、职业道德的考核。

(三)强化能力，创新实践教学方式方法

公安部在招录改革文件中强调要突出警务实战能力的培养，要突出专业、贴近实战。能力的培养，首先需要明确各个公安专业的职业核心能力是什么，包括哪些内容，然后通过加强教师队伍发展，做好教材的更新，以及科学设立课程体系，做好每门课程的建设来实现。具体在教学方式和方法上，教师要善于组织课堂，利用公安改革的热点、难点问题和案例来启发学生，训练学生的思维能力和解决问题的能力。同时，教师要更新教育理念和思路，多采用新型的教学法、教育科技手段来进行课堂创新。警务实战能力的培养，除了储备丰富理论知识和良好的知识结构外，更需要通过实训、实习、实战来实现，这也是应用型人才培养的根本所在。公安院校应在现有的"院局合作"、协同育人基础上，进一步拓展警务能力培养的途径，打通现在实践教学环节的堵塞点，完善"教、学、练、站"一体化人才培养模式，在理顺公安教育体制的前提下，在明确各公安专业职业核心能力的情况下，积极探索实践教学的新思路、新方法，加大对学生警务实战能力的培养。

加强警务实战能力的训练不仅仅是人才培养的需要，更是为了减少我国警察的伤亡率。针对近几年基层派出所干警伤亡比率较高的现实困境，治安学专业的学生在校期间需要特别注重培养学生的警务实战能力，掌握现场执法环境的分析评估方法，预测执法风险，及时采取对各种情况的应对措施，以保障规范执法、安全执法。同时，对礼仪礼节，语言能力、沟通能力的训练也非常重要，让学生能善于做群众工作，能够化解矛盾纠纷，可以提前感知到现场的危机，并迅速做出处理措施，以避免矛盾激化产生恶性后果。这些知识技能和能力的培养，即贴合专业特色也符合实际需求，对警察自身的人身安全和顺利履行职责都十分有益。

(四)注重身教，以师风带动价值观培养

警察价值观和警察职业精神不是单纯靠说教和制度可以养成的，需要依靠师长的引导和师范。一个学校的校风、师风好，必然学风好，培养的学生质量高。因此，要提升人才培养质量，培养公安专业学生的警察价值观和警察职业精神，需要从校风、师风、学风上抓起，注重教职员工对学生的言传身教。要学生树立人民警察核心价值观，首先要看教职工是否做到了。教职工而非教师，是因为学生在大学期间，接触到的不仅仅是老师，还有带队干部，和学校行政、后勤等人员，这些人对学生来说都是老师，都是他们观察和模仿的对象，是他们从学校走向社会初识的

人员。学校的管理制度合理，校风好，制度的制定和具体事务处理上能为学生着想，公正处理发生的各类问题和矛盾，带队老师和授课老师能廉洁自律，公正对待每一名学生，在这种环境中培养出的学生必然也会具备相应的品质，形成“忠诚、为民、公正、廉洁”的核心价值观。在日常学习和训练中，在平时开展课外活动时，都注重对学生团结合作、顽强拼搏以及纪律作风的要求，那警察职业精神也会渗透其中，让每个学生自然而然养成令行禁止、英勇顽强、团结协作、无私奉献的警察职业精神。

论治安民警的核心职业能力

温晓东①

（黑龙江公安警官职业学院　哈尔滨　150025）

［**内容摘要**］治安民警是在公安机关从事治安管理工作的人民警察。治安管理是公安机关为维护社会治安秩序、保障公共安全而开展的一系列具有防范性质的管理工作。治安民警的核心职业能力是治安民警胜任治安管理工作所必须具备的一系列相关条件。治安民警的核心职业能力需要参考国家有关法律法规对公安机关、人民警察的要求，以及公安机关领导、优秀人民警察的意见方能正确确定，其主要内容包括业务知识和警务技能两大方面。

［**关键词**］治安民警；职业能力；业务知识；警务技能

治安管理是公安机关的一项重要工作和基本职能，事关社会的秩序稳定和公共安全，具有基础性、决定性的地位。治安民警是公安机关从事治安管理工作的人民警察，其素质和能力的高低，对治安管理工作的效果具有直接影响。治安民警的核心职业能力是衡量其是否具备胜任治安工作岗位的标准。只有科学、严谨地认定治安民警的核心职业能力，才能最大限度地保证所确定的知识和技能符合治安工作的实际需要，实现治安管理的目的。

一、对“治安民警核心职业能力”的定义

（一）职业能力与核心职业能力

职业能力，顾名思义是指从事某项职业所应具备的能力。所谓“职业”，是指个人服务社会并作为主要生活来源的工作；所谓“能力”，是指顺利完成某一活动所必需的主观条件，即人本身所具有的、不依赖外界支持便可完成某一活动的相关

① 作者简介：温晓东，男，黑龙江公安警官职业学院治安管理系教授。研究方向：治安学。

生理、心理因素以及知识、技能等因素的集合。因此，对职业能力可作如下定义：职业能力是指一个人从事某项工作所应当具备的一系列生理、心理以及知识、技能等相关因素的集合。

应当说，从事任何一种职业都需要具备一定的职业能力，否则就无法完成该职业所承担的各项任务。但是，职业能力并不是单一的而是一系列相关因素的集合，因此各种因素在满足职业需要时所起的作用也不尽相同。有些因素对胜任职业起决定、关键作用，缺少任何一个方面，都无法完成该职业所承担的任务；有些因素对胜任职业只起辅助、次要作用，只影响到完成任务的效率或质量。那些对胜任职业具有决定作用、不可或缺的因素，就是“核心职业能力”。

（二）治安民警的核心职业能力

治安民警，通常是指在公安机关的治安管理部门工作的人民警察。治安管理部门是公安机关重要的内设机构，其职责是指导并实施治安管理工作。治安管理工作是公安机关为维护社会治安秩序，保障公共安全，预防和减少违法犯罪以及治安灾害事故的发生而开展的一系列具有防范性质的管理工作，包括人口管理、公共场所管理、特种行业管理、危险物品管理、出入境管理、交通管理、消防管理、治安案件查处、群体性事件处置、大型活动管理以及巡逻、守望、盘查等多项具体工作。治安民警就是公安机关中从事这些具体的治安管理工作的人民警察。显然，治安民警要想从事并且胜任这些工作，也必须具备一定的条件，这些条件的集合就构成了治安民警的职业能力。这些条件中那些对胜任治安管理工作具有决定作用、不可或缺的因素，就是治安民警的“核心职业能力”，其具体内容的确定，直接关系到治安民警能否顺利完成各项具体的治安管理工作，因此是一项严谨而科学的任务。

二、对治安民警核心职业能力的确定

治安民警作为人民警察的一个警种，其所应具备的职业能力，首先要符合人民警察职业能力的基本标准。那么，一名合格的人民警察的职业能力是什么呢？通过对《人民警察法》《人民警察职业道德规范》《公务员考核规定（试行）》等法律、法规、规章中对人民警察及公务员的任职条件、岗位职责、考核标准等规定的分析和归纳，同时参考公安机关领导和优秀民警对从事警察职业的要求和体会，再结合具体的公安工作，可以得出——只要从事人民警察职业，无论处于什么类型的岗位，无论开展哪一项具体工作，都应当具备三个方面的条件，即：身体条件、心理条件和业务条件（当然，三方面条件中的每一方面里又包含了多项具体内容）。这三个方面的条件，既是一名合格的人民警察的基本标准，也是人民警察应当具备的基本职业能力。具体内容如下：

(一)身体条件

耐力	能承担高强度、长时间的勤务，能够不怕疲劳，连续作战，完成任务。
速度	在追捕不法分子、抢险救援时能够及时赶到。
力量	在抓捕不法分子时能擒敌制胜，在抢险救灾、解救群众时能得心应手。
健康	能坚持正常工作，完成担负的任务。

(二)心理条件

政治思想	责任心和使命感	以执法为民、保护人民、为民主持正义为己任。
	全心全意为人民服务的思想	对群众报警求助及时出警，认真对待，耐心细致，充分履职。
	执法公正的思想	严格依法办事，从事实出发，既不冤枉好人也不放纵坏人。严格执法，按责论处，不偏袒任何一方。
	依法办事的思想	在工作中能严格按照法律、法规、政策的规定行事。
	执法为民的思想	有为民服务、权为民所用、管理就是服务的意识。
道德品质	有正义感	刚正不阿，对坏人、坏事决不容忍、决不放过。不畏惧恶势力，敢于斗争。
	正直	公正无私、刚直坦率，坚持原则，立场坚定，不趋炎附势，不混淆是非。
	热爱本职工作	对工作充满热情，不畏辛苦、不怕委屈，无怨无悔。
	清正廉洁	不以权谋私、不贪图钱财，不勒、拿、卡、要。
	文明执法	文明管理，礼貌待人，不要特权。
组织纪律	组织观念强	团结协作，互相配合，步调一致，行动统一。识大体，顾大局，有整体意识和全局观念。
	纪律作风过硬	服从命令，听从指挥；执行命令不折不扣，不投机取巧，不拈轻怕重，不敷衍了事；恪尽职守，全面完成分配的任务、分管的工作。

续表

心理素质	敢为性	面对不法分子和突发事件无所畏惧，敢于挺身而出。
	有恒性	有坚韧的毅力和百折不挠的精神，有战胜困难的信心和勇气。有耐心，能持之以恒地做好本职工作。
	敏感性	有敏锐的观察力，能够发现事物的细微之处。善于透过现象看到本质。
	果断性	面对紧急情况，能当机立断采取行动，不犹豫不决、瞻前顾后、患得患失。
	细致性	认真做好工作，妥善处理事务，不出漏洞，不留隐患。
	乐群性	有良好的人际关系，民警间能相互配合。善于和群众联系、沟通。
	独立性	能独当一面，独立完成分管工作和分配的任务。

(三)业务条件

治安业务知识	熟悉各种治安业务的内容和要求，能熟练开展工作。
治安法律法规	熟悉与治安管理工作有关的法律、法规、政策、要求。
警务技能	熟练掌握擒拿格斗、查缉战术、车辆驾驶、射击、通讯等技能。
公安应用文写作	熟练制作各种公文、统计报表、案卷卷宗及有关文字材料。
公安计算机及网络应用	会使用电脑进行录入、查询、比对等工作。会使用办公系统，执法办案平台，信息情报系统等工作需要的公安网络系统。

应当说，上述三个方面的条件是"三位一体"、缺一不可的，共同构成了人民警察的职业能力体系。

上述三个方面条件中，身体条件是基础。身体健康是从事一切公安工作的前提，更是从事治安管理工作所必需。治安管理工作最大的特点是工作多而杂，表现为工作的种类、数量、内容繁多，需要白加黑、五加二不间断工作。尤其在派出所、巡警队、交警队等基层业务部门，值班是常态，加班是经常，临时性任务多，常需要连续工作(即值班后不能歇班，直接上班并且继续加班)，上下班无规律。这种状态基本会持续民警的整个工作生涯。这样日复一日，年复一年不间断的工作，没有健康的体魄，很难承受得住。

上述三个方面条件中，心理条件是关键。在心理条件中，心理素质一项，又是能否顺利完成各项工作任务的前提。现代科学研究表明，心理素质这项"软实力"对人的各个方面的影响都十分巨大。在具备同等身体条件、业务条件的情况下，心理素质的好坏对完成工作具有决定性的作用。实际工作中，治安工作量大、事杂、时长的特点，导致治安民警往往要承受比常人更多、更大的心理压力，患有抑郁、焦虑、恐怖、强迫等心理障碍的情况非常普遍，给治安民警的工作和生活造成严重影响。加之执法环境较差，受委屈、被冤枉的情况颇多，个别民警在激动状态下难以保持克制和冷静，容易做出过分举动，违法违纪，害人害己。

上述三个方面条件中，业务条件是保证。要想胜任治安管理工作，说到底，靠的是治安专业知识和专业技能，这是顺利完成各项具体工作的保证。判断一个民警是否是合格的治安民警，核心标准就是看其是否具备治安专业知识和专业技能，否则，即便身体素质再好，心理素质再强，也不可能胜任治安工作。因此，在人民警察应当具备的三个方面的基本职业能力中，业务条件无疑是最核心、最重要的部分。

三、治安民警核心职业能力的主要内容

由以上论述可知，治安民警的核心职业能力就是治安业务知识和治安警务技能，那么，这些知识和技能的具体内容又是什么呢？在回答这个问题之前，必须首先明确这样一个事实——作为核心职业能力的治安业务知识和治安警务技能，是综合的而非单一的内容，因为每一项具体的治安工作，无论是人口管理、还是公共场所和特种行业管理，无论是治安案件查处，调解民间纠纷，还是巡逻、盘查，都需要用到多种业务知识和警务技能才能完成，即“多把钥匙开一把锁”。以“调解民间纠纷”工作为例，民警要想妥善完成此项工作，就要具备相应的法律知识，熟悉调解民间纠纷工作的流程，有流利的语言表达能力，较强的与人沟通以及说服、劝解能力，具备一定的人际关系心理学知识，会制作调解文书等多种知识和技能。那种认为“核心的”就一定是“单一的(唯一的)”的想法是十分错误的，对实际工作也是有害的。明确了这一点，就可以结合治安工作的具体岗位，来确定治安业务知识和治安警务技能的具体内容了。

所谓“治安工作岗位”，是指治安管理工作具体的职责分工。按照治安管理对象“人、事、地、物”四大基本类别，并结合公安机关治安部门内部设立的各个业务机构，可以归纳出当前的“治安工作岗位”主要包括人口(户籍、身份证)管理、出入境(外事)管理、治安案件查处、民间纠纷调解、群体性事件处置、治安紧急事态处置(应急管理)、大型(群众性)活动管理、公共场所管理、特种行业管理、交通管理、消防管理、危险物品管理、违禁物品管理，以及巡逻、守望、盘查等。每一项工作，都是一个岗位。

确定工作岗位是确定核心职业能力的前提。既然职业能力是为了满足“职业需要”而确定的，那么就必须知道“职业需要”到底需要什么。尽管通过上述分析已经

知道核心职业能力是指治安业务知识和治安警务技能，但是业务知识和警务技能的具体内容，必须由公安机关的治安部门领导与在治安工作一线的“民警专家”一起参与确定。这里所说的“民警专家”，是指长期在治安部门从事某个岗位的工作，对所在岗位承担的各项任务非常熟悉，并且成绩卓著、表现突出的优秀治安民警。这些民警最了解治安实际工作的具体情况，知道哪些知识和技能对完成一项工作是必需的、必不可少的，对核心职业能力具体内容的确定最有发言权。这种“领导+专家”的决策模式，可最大程度地保证所确定的知识和技能的具体内容符合治安工作的实际需要。治安民警的核心职业能力应包括以下内容：

（一）业务知识

1. 与治安管理相关的法律、法规、规章、政策

治安管理属于行政管理，而行政管理的基本要求就是依法行政，因此，治安管理也必须依法进行。作为治安民警，不但要熟知规范治安管理工作的基本法律、法规、规章，如《人民警察法》《治安管理处罚法》《人民警察使用警械和武器条例》《公安派出所执法执勤工作规范》等，更要熟知指导和规范各项具体工作具体的法律、法规、规章，这部分内容尤其多，如《居民身份证法》《户口登记条例》《公安机关办理行政案件程序规定》《集会游行示威法》《旅馆业治安管理办法》《娱乐场所管理条例》《枪支管理法》《城市人民警察巡逻规定》等。除了法律、法规、规章之外，还需掌握国家以及各省（自治区、直辖市）发布的有关政策规定，如人口迁移政策、出入境管理政策、开办公共场所及特种行业的政策等。按照政策进行管理或执法，是我国行政管理的一大特色，治安管理也不例外。所有这些与治安管理相关的法律、法规、规章、政策等，既有对治安管理工作一般性、原则性的规定，如方针、原则、指导思想等，也有对各项工作的具体要求，如工作职责、制度规范、方法措施等。离开了这些法律、法规、规章、政策的指导和规范，治安管理工作便无从开展，而对这些法律、法规、规章、政策的任何违背或误读，都会导致治安工作的失误甚至违法。

2. 各项治安具体工作的常识

开展任何一项具体的治安工作，都必须对该项工作有一个基本的认识，主要包括该项工作的概念、范围、特点等，这是开展此项工作的前提。试想，如果从事人口管理工作，却不了解人口管理的含义，不知道人口管理的范围，不清楚常住人口、居住人口的特点，不掌握人口管理存在的问题，不明白人口管理的发展趋势，怎么可能做好此项工作。同样，管理公共场所，如果不了解公共场所的含义，不知道公共场所的范围，不清楚公共场所的治安特点和常见治安问题，又谈何管理。所以，各项治安具体工作的常识这部分内容是业务知识的主体，容量巨大，掌握得好坏与否，直接影响到将来能否很好地开展工作。

3. 工作的措施、方法、步骤

具体的措施、方法和步骤是开展各项治安工作的抓手，是业务知识中必须掌握的内容。有些治安管理法律、法规、规章，对工作的步骤、方法和手段等规定得比较详细、具体，具有较强的操作性，如《人民警察使用警械和武器条例》《公安机关人民警察盘查规范》等，在实际工作中只要按照这些规定执行即可。但是多数的治安管理法律、法规、规章、政策等，对治安工作只是做出了原则性的规定，可操作性不强，这就需要对此进行深入细致的研究，从中提炼、归纳出切实可行、具有可操作性的方法、措施和步骤。例如，从《娱乐场所管理条例》中，就可以归纳出对于娱乐场所的治安管理可以采取“登记备案、建立制度、配备人员、完善设施、监督检查、查处案件”等具体的方法和步骤，照此开展工作，基本可以保障娱乐场所的秩序与安全，实现管理目的。

（二）警务技能

治安工作所需警务技能，除了射击、驾驶、格斗等人民警察必备的技能之外，结合治安工作的范围、任务，还应具备诸如巡逻、盘查、守望，堵截等勤务方面的技能，溺水救援、心肺复苏等为遇险群众提供救助的技能，以及熟练使用各种治安管理信息系统，执法办案系统等计算机、网络等方面应用的技能。这方面的技能，要随着警察技术、装备、手段的更新和进步随时进行补充和学习，无论新老民警都应及时更新和掌握，防止其成为完成工作的羁绊。

治安警察专业能力实践培养路径探析①
——以治安案件查处能力培养为例

张　献②

（湖南警察学院　湖南　长沙　410138）

［内容摘要］警察专业能力是警察职业能力的重要组成部分，不同岗位的警种，其专业能力不同。治安警察专业能力即治安岗位民警履职时必备的治安管理知识与技能。治安案件查处能力是治安警察核心专业能力。培养治安案件查处能力就是培养学生的认定违反治安管理行为能力、治安案件的调查与取证能力、依照法定程序办理的能力以及正确填写相关法律文书的能力等四大块内容。治安案件查处能力内容繁多，构成复杂，如何在有限的时间内让学生掌握治安案件查处基本知识的基础上，初步形成治安案件办理的能力是各公安院校必须解决的重要课题。只有实施课堂内与课堂外结合、校内与校外相结合、单一训练与综合实训相结合的方式才能有效培养学生的治安案件查处能力。

［关键词］治安警察；治安案件查处；能力；培养

2007年2月教育部发布了《关于进一步深化本科教学改革全面提高教学质量的若干意见》，意见中指出各高校应深化人才培养模式、课程体系、教学内容和教学方法等方面的改革，实现注重知识传授向更加重视能力和素质培养的转变。警察作为社会上一种特殊职业，其职业能力有着特殊的要求。新时代的中国，政治、经济、文化及价值取向发生了深刻的变化，警察职能也发生了相应的转变，由暴力专政工具向公平正义执法者转变，由限制者、控制者向服务者、保护者的转变。因而，对警察职业能力提出了更高的要求。公安院校是培养公安一线民警的摇篮，对警察职业能力的培养，尤其是专业能力的培养是警察在实战中提高预防、打击违法犯罪，维护社会稳定，成功履职的关键。

---

① 湖南省教育厅教改项目“公安专业学生治安案件查处能力培养研究”的阶段性成果。

② 作者简介：张献，女，湖南湘潭人，湖南警察学院治安系治安管理教研室主任，副教授，主要研究人口管理、治安管理。

一、治安警察专业能力的内涵

警察专业能力是警察职业能力的重要组成部分，是人民警察在掌握专业知识和技能的基础上，有目的地按照一定方法独立完成任务、解决问题和评价结果的能力。警察专业能力是警察行政执法和刑事司法工作中必备的专门知识与特殊技能，具有职业特殊性。不同岗位的警种，其专业能力不同。

治安警察专业能力即治安民警在履职时必备的治安管理知识与技能。一般专业能力包括：接处警及接待能力；文书写作及计算机应用能力；防卫控制和基本战术运用能力；群众工作能力；收集使用情报信息能力。专业核心能力包括：治安纠纷调解能力；户政人口管理能力；案件查处能力；社区安全及行业场所秩序管理能力；群体性事件处置能力等。①

二、治安警察专业能力实践培养的重要性

所谓实践培养，是指在一定理论指导下，通过引导学习者的实践活动，从而传承实践知识，形成技能，发展实践能力，提高综合素质的教学活动。② 实践教学与理论教学既有联系、又有区别，两者可以相互影响与促进。它旨在培养学生创新精神和实践能力，是提高学生个体综合素质的重要途径，实现对人素质的再塑造，也是当前高校教学改革的重要内容。治安警察专业能力实践培养既符合人的认知规律，也是警察职业特性的必然要求。

（一）治安警察专业能力实践培养符合人的认知规律

辩证唯物主义认为，人们对事物的认知是一个以实践为基础的辩证过程，是实践——认识——再实践——再认识的不断循环往复、由低级向高级发展的过程。主体反映客体的唯一途径只能是实践，实践的深度与广度，决定着理解掌握的程度。没有实践，就没有人脑对客观事物的反映，就无法形成认识。叶圣陶先生指出："阅读和写作都是一种行为"，"语言文字的学习，出发点在知，到能够行的地步，才算具备有这种生活能力。""一定要跟实践结合起来，实践越多就知道越真。"③实

① 佟国忠：《当前公安高等职业教育存在的问题与对策》，载《湖北警官学院学报》2016 年第 4 期，第 123-128 页。

② 张英彦：《论实践教学的理论基础》，载《教育科学》2006 年第 4 期，第 34 页。

③ 柳斌主编：《课堂素质教育手册》，九洲图书出版社、人民日报出版社 1998 年版，第 51-52 页。

践性教学，就是在老师的引导下，充分发挥学生的主观能动性，自觉理论联系实际，用理论去指导实践，在实践中理解与升华理论。特别是当理论成功指导了的实践，往往更能激发学生强烈的兴趣和动机。根据美国心理学家马斯洛的五个层次需要论，“自我实现”是人类最高层次的需要，这种需要潜藏在每个有思维能力的人心底，只要方法得当，便可强化学习上的原有动机。教学中，以实际训练为主的方法，客观上都起到强化学习动机的作用。① 另外，教学中学生是主体，学生的学习认知活动是一个个独立的实践活动。学生形成自己独特的认知方式和认知结构，建立自己的认知过程，离不开教师的指导。反过来，教师的正确指导也离不开学生的实践活动，他要通过学生的实践活动去检验。只有通过实践，学生才能把老师所传授的知识“内化”为自己的知识，形成自己的技能和技巧，提高自己的素质。因此，实践是人们认知过程中最为关键的步骤。

(二)治安警察专业能力实践培养体现警察职业特性

社会的竞争，归根结底是人才的竞争，这就决定了高校必须以培养综合素质高、具有创新精神和能力的复合型人才为己任。公安院校具有双重性，既是高校，又具有职业教育的特点。尤其警察是一种高风险的职业，随着国际国内形势的变化，社会不稳定因素增加，危害国家安全和严重的刑事犯罪案件增多，经济犯罪、网络犯罪等高科技犯罪日益对公安工作提出了严峻的挑战，对警察素质提出了更高的要求。因此，新时期公安院校提出要培养政治素质高、思想品德好、知识面较宽、专业功底扎实、动手能力强的专门人才培养目标。而只有加强实践，才能熟练掌握各项业务知识，培养核心职业能力，快速适应工作环境，应对复杂的治安形势，成为一名合格的人民警察。

三、治安案件查处能力构成

治安案件查处是基层公安机关维护社会秩序，加强治安管理，制裁违法行为，预防犯罪行为，保持社会稳定的重要手段和经常性工作，正确办理治安案件是人民警察的核心职业能力之一。治安案件查处是治安案件的调查取证与依法作出处罚决定的简称，是指公安机关根据《治安管理处罚法》与其他有关治安管理法律、法规，对违反治安管理行为受理、调查取证后，对行为人应当予以治安管理处罚的具体行政行为。即治安案件查处是一系列具体的行为，培养治安案件查处能力就是培养学生的认定违反治安管理行为能力、治安案件的调查与取证能力、依照法定程序办理

---

① 柳斌主编：《课堂素质教育手册》，九洲图书出版社、人民日报出版社 1998 年版，第 247 页。

的能力以及正确填写相关法律文书的能力等四大块内容。①

（一）认定违反治安管理行为能力

违反治安管理行为或行为嫌疑发生，是构成治安案件的实体条件。因此，人民警察首先要有甄别违反治安管理行为的能力，明确行为人违反的是哪种治安管理行为，其与刑事违法行为、民事违法行为、其他具体的行政违法行为以及一般违法行为的区别。

首先，对于出现的违法犯罪案情，要能迅速判断是否构成违反治安管理行为，并初步分析其属于哪类违反治安管理行为，可能构成哪种违反治安管理行为。判断是否构成违反治安管理行为的能力和分析违反治安管理行为具体构成条件的能力，是查处治安案件的基础能力，也是提高治安案件办理效率的重要基础。

其次，判断其违反治安管理行为的表现形式。违反治安管理行为表现形式的认识与治安案件的定性量罚紧密相连。区分单位实施的违反治安管理行为、自然人实施的违反治安管理行为；一人违反治安管理行为、共同违反治安管理行为；一行为、多行为；实质一行为、法定一行为和处断一行为；异种多行为、同种多行为；继续行为、竞合行为、连续行为、牵连行为、吸收行为等，明确每一种表现形式的具体认定标准和不同表现形式之间的区别。

最后，探究违反治安管理行为的原因。对于接触到的治安案件，能够从社会原因、个人原因、直接原因、发生条件和相关因素等角度进行分析。正确认识、分析违反治安管理行为的原因，对于治安案件顺利调查取证、准确定性量罚、教育违反治安管理行为人、反思改进治安管理工作等都具有积极的作用。

（二）调查取证能力

治安案件办理的调查取证，是指公安机关查明治安案件事实，收集、固定保全治安案件证据的治安案件办理工作。学生应能准确判断每一治安案件采取的调查取证的基本方法，能规范实施询问、勘验、检查、鉴定、辨认、抽样取证、扣押扣留、先行登记保存、登记、临时查封等调查取证的具体方法，能正确应用治安传唤这种调查取证的常用手段，能准确、及时、全面、合法地收集证据。

（三）依法定程序办理治安案件能力

首先，能迅速准确地选择法定程序。治安案件查处分简易程序与一般程序两种。简易程序也称当场处罚程序，是指公安机关对违反治安管理事实确凿、情节简单、因果关系明确的违反治安案件，依照法律规定，当场作出处罚决定的法律程

---

① 李富声：《治安案件办理能力训练教程》，中国人民公安大学出版社 2013 年版。

序。学生必须明确简易程序适应的条件，迅速准确地选择法定程序。

其次，明确简易程序的步骤，能规范适用简易程序。依据《行政处罚法》《治安管理处罚法》和《公安机关办理行政案件程序规定》，简易程序应按下列步骤实施：表明执法身份；告知被处罚人依法享有的权利；听取陈述和申辩；制作当场处罚决定书并交付被处罚人；执行处罚；报所属公安机关备案。

最后，掌握一般程序基本环节，能依法定程序要求办理治安案件。治安案件查处的一般程序是指查处治安案件一般的、通常适用的程序，是指公安机关对适用简易程序以外的治安案件，经过受理、调查、告知、决定、送达、执行等环节的法律过程。学生应明确治安案件管辖的规定，辨别具体治安案件的管辖归属和需要做的相关工作；明确治安案件受案来源、步骤，能独立、规范完成治安案件受案工作；明确治安案件回避的情形、对象和程序，能独立判断治安案件回避适用情形；明确治安案件行政听证的含义、基本原则、地位和作用、适用范围和形式，能够依据行政听证的基本原则、规范做好治安案件的行政听证工作；明确治安案件普通程序处理决定的含义、条件、步骤、不同情况和期限，能够规范做好治安案件普通程序处理决定工作；明确治安案件的执行方式和一般步骤，熟练掌握不同治安管理处罚的不同适用情形及其具体执行方法，切实做好治安案件的执行工作；明确治安调解的含义、范围、条件、原则要求和程序步骤，能够迅速分析判断案件是否适用治安调解，若适用的，能够规范办理治安调解案件的各项工作；明确治安案件终结的含义、条件，迅速判断是否符合治安案件终结的条件，符合终结条件的，能够规范办理治安案件终结工作。

(四)正确填写相关法律文书的能力

治安案件的查处，不论是简易程序，还是普通程序办理过程中，每个环节都有许多相应法律文书需要填写，因此，办理治安案件能力必须能正确填写相关法律文书。据统计，查处治安案件主要涉及下列法律文书：受案登记表、接受证据清单、受案回执、不予调查处理告知书、移送案件通知书、传唤证、询问笔录、检查证、勘验(检查、辨认、现场)笔录、调取证据通知书、调取证据清单、鉴定聘请书、证据保全决定书、证据保全清单、行政处罚告知笔录、不予受理听证通知书、举行听证通知书、听证笔录、听证报告书、治安调解协议书、当场处罚决定书、不予行政处罚决定书、行政处罚决定书、没收违法所得、非法财物清单、收缴/追缴物品清单、责令____通知书、强制隔离戒毒/延长强制隔离戒毒决定书、提前解除强制隔离戒毒决定书、社区戒毒/社区康复决定书、解除社区戒毒/社区康复通知书、收容教育/延长收容教育决定书、提前解除收容教育决定书、解除收容教育证明书、拘留审查/延长拘留审查决定书、解除拘留审查决定书、限制活动范围决定书、遣送出境决定书、驱逐出境决定书、催告书、行政强制执行决定书、代履行决定书、强制执行申请书、暂缓执行行政拘留决定书、收取保证金通知书、收取保证金回执、担保人保证书、退还保证金通知书、没收保证金决定书、终止案件调查决定书等近50种相关法律文书。

四、治安案件查处能力实践培养的路径

治安案件查处能力内容繁多，构成复杂，如何在有限的时间内让学生掌握治安案件查处基本知识的基础上，逐步提高治安案件办理的能力是各公安院校必须解决的重要课题。笔者结合教学实践，认为只有实施课堂内与课堂外结合、校内与校外相结合、单一训练与综合实训相结合的方式才能有效培养学生的治安案件查处能力。

(一)校内培养

校内培养主要抓课堂，辅以课余。其主要目的是掌握治安案件查处基本理论知识，理解查处时的重点与难点，明确查处的几种程序与正确适用，能基本制作治安案件案卷。可以采用案例讨论、单一模拟实训与综合模拟实训的方法。

1. 案例讨论的应用

由教师介绍具有普遍意义的典型案例，同时设计问题引导学生，学生之间进行讨论分析，从而总结出案例与相应知识点的联系，印证、辨析与巩固所学知识点。如关于违反治安管理行为的认定、处罚；治安案件管辖、治安案件的回避、简易程序的适用；听证的适用、证据的种类与保全；传唤的种类与地点的选择；治安调解的适用；治安案件的执行与终结等内容时更多采用案例教学法。①

2. 单一实训

为了实现执法规范性目标，治安案件查处必须合法规范，治安案件查处课程操作性强，因此教学中更要注重实训，与实战接轨，实现“教、学、练、战”一体化。所谓实训是指在理论讲授之后，按照老师要求处理模拟案例，既可以是某一环节的训练，也可以是某几个环节的训练，甚至是整个案件查处过程的训练。某一环节的训练称之为单一实训，某几个环节的训练(往往是以教学单元内容为依据，又可称之为单元实训)或整个治安案件查处过程的训练称之为综合实训。单一实训和某几个环节的综合实训(单元实训)往往在课堂上讲完相应理论知识点后实施。相关法律文书的填写既可进行单一的专项训练，也可以和其他单一训练项目相结合进行。单一实训实施时，教师根据案件查处的不同阶段设计单一内容，展开实训，主要包

① 李蓉：《治安案件查处课程教学手段探析》，载《四川警察学院学报》2017年第2期，第95-100页。

括接处警、治安案件的移送、传唤、询问、治安检查、勘验、辨认、证据保全、举行听证、治安调解等。

3. 综合实训

综合实训是指对几个知识点的应用，包括单元实训与对整个案件查处程序的训练。治安案件查处单元实训主要包括治安案件的受案、治安案件的调查取证、治安案件的决定、治安案件的执行四个单元的训练。① 治安案件的受案单元实训内容由接处警、治安案件受理、案件的移送及相关法律文书的制作组成。治安案件的调查取证单元实训包括治安案件的传唤、询问、治安检查、勘验、扣押、先行登记保存等调查方法的训练。治安案件的决定单元实训包括简易程序、一般程序、听证程序适用条件的识别；简易程序决定与一般程序决定的实施步骤；治安案件涉案财务的处理。治安案件的执行单元实训包括送达治安管理处罚决定书、宣告治安管理处罚决定书内容、责令改正或限期改正、自觉履行治安管理处罚决定、强制执行治安管理处罚决定、执行记录归档、结案。

对整个案件查处程序的综合训练一般是对治安案件查处普通程序的练习，包括治安案件管辖的判定、治安案件受案、治安案件回避、传唤、询问、检查、证据保全、案件审核、处理程序、告知程序、听证程序、决定程序、执行程序、结案程序。该训练既有治安案件事实认定、定性、适用法律、办案程序、法律文书案卷制作内容，也有警综平台系统的录入、治安案件的网上流转。该训练既可以放在治安案件查处课程的最后几个课时进行，也可以在治安专业综合实训时来设计。若有警务综合信息系统实训室的学校，综合实训应该在网上进行，进行网上办理治安案件的实训，与实战接轨。若没有网上办案实训室的，则可以进行纸质卷宗的填写与整理。②

(二)校外培养

校外治安案件查处能力的培养，主要在见习与实习两个阶段。根据公安专业人才培养方案，公安院校要求学生寒暑假在公安机关基层组织(主要是公安派出所)进行见习，在大四第一学期进行实习。

1. 见习期的培养

所谓见习，是指学习者系统学习某一学科前对将要学的事物有一个初步的了解，增加一些感性认识，为今后理论知识学习和深入学习打下基础，也可通过见习帮助理解学习中碰到的一些问题。查处治安案件是公安派出所的基本职责，更是派

① 张晗：《治安案件查处课程模拟实训教学初探》，载《教育教法探讨与实践》2015 年第 6 期，第 237-238 页。

② 刘建昌：《治安案件调查与处理实训教程》，中国人民公安大学出版社 2011 年版。

出所“三队一室”正规化建设中案件查处中队的主要任务。每一位见习的学生应该熟悉派出所各个岗位的职责，见习前列举各个岗位见习的任务。如在案件组见习，对于治安案件查处部分，应当在经验丰富的民警指导下进行。从面上看，应熟悉治安案件查处的普通程序，能按照正确顺序快速说出普通程序的基本步骤，能明确简易程序的基本环节；从点上看，应初步了解如何接处警、如何对违法嫌疑人进行传唤、怎样询问、如何进行检查、明确治安调解的步骤、如何整理治安案件案卷以及对《受案登记表》《询问笔录》《治安处罚决定书》等主要法律文书进行正确填写。

2. 实习期的培养

所谓实习，是指在正式上岗前，把已有的知识运用于实际的操作中，进而熟悉和熟练全面掌握本工种的技术，以达到岗位技能的要求。实习期比见习期长，一般为期三个月以上。实习往往是顶岗实习，因此对学生要求比较高。若在案件组实习，则必须与正式民警一道参与治安案件的办理，治安案件查处的受理能力、调查能力、治安管理处罚的决定能力、治安管理处罚的执行能力四大主要能力得到进一步强化。由于派出所接处警警情多、种类复杂，学生在实习时，不仅可以反复印证强化已有的知识结构，而且可以修正甚至是补充已有的知识点，完善已有的知识结构，形成新的能力。

以“院局合作”为平台提升公安专业学生法律素养

徐　争[①]

（湖南警察学院　湖南　长沙　410138）

［**内容摘要**］公安专业的学生毕业后大部分会进入基层成为一线民警，他们对相关法律知识的理解和掌握，对实践中的法律运用和工作的开展有关键的作用。具备良好的法律素养也是公安实践对公安专业学生提出的要求。在教学实践中，对公安专业学生的法律素养的培养还存在一定的不足，不能满足实践对高素质公安法律人才的需求。本文拟从目前公安专业学生法律学习的现状入手，结合实践中对公安民警法律素质的要求，以“院局合作”为视角，分析如何培养公安专业学生，以提升其法律素养。

［**关键词**］“院局合作”；公安专业；法律素养；人才培养

公安法学教育的终极目标是培养学生作为一个公安法律人所应当具备的法律素养，要使学生知其然且知其所以然，理解和领会法条规定所蕴含的法律价值和法律精神。法律素养，不仅指法律知识掌握得多少，还应当具备法律头脑和法律习惯。[②] 要真正实现执法规范化、实现依法行政，要依靠由内而外的法律头脑和法律习惯，这就要求从学校开始注重培养学生的法律素养。公安专业的学生作为将来的执法者，其法律素养的培养是十分重要的。

一、公安专业学生法律学习的现状

（一）课程设置方面

大部分公安专业的学生法律学习是通过学校设置的课程实现的，具体又根据不

---

① 作者简介：徐争（1988—　），女，湖南警察学院治安系教师，讲师，主要研究治安案件查处、户政学。

② 张俊霞，《全球化背景下我国公安法学教育目标定位的思考》，载《公安教育》2007 年第 7 期，第 47 页。

同专业的特点有所区别。

根据湖南警察学院2016年版人才培养方案，各公安专业开设的和法学直接相关的必修课程是公安法制基础(40课时)、刑法(56课时)、刑事诉讼法(56课时)，在此基础上，侦查系另外开设了行政法和行政诉讼法(56课时)作为选修课；治安系开设了民法(56课时)、治安案件查处(56课时)、行政法和行政诉讼法(56课时)作为必修课；警务战术指挥开设了行政法和行政诉讼法(56课时)作为选修课；交通管理工程专业开设了民法学(56课时)作为必修课，交通安全法(32课时)、行政法和行政诉讼法(56课时)作为选修课；刑事科学技术专业开设了行政法和行政诉讼法(56课时)作为必修课。

从以上统计可以看出以下问题：第一，从学科来说，公安专业学生的法学学习主要集中在刑事法律方面，另外行政法律也有涉及，但民商法领域较少有专业涉猎，法学理论知识也比较薄弱；第二，从课时来说，法学相关课程在整体课时中所占比重较低，且就刑法、民法等课程来说，课时较少，难以满足课程本身的需要。

(二)教学和学习效果方面

对教师来说，基于已有的课程设置，教师在教学上有一定的困难。一方面，部门法要依赖理论法学的基础，缺少理论法学的课程，在开展部门法教学的时候，教师会出现束手束脚的问题，在讲授一些部门法知识的时候力不从心。即使在讲授部门法时贯穿理论法学的知识，但也不够系统，且会占用本就有限的部门法学习的时间。而如果避开不讲，则很难将法律讲授充分；另一方面，有限的课时下，某些部门法的任课老师很难充分展开讲授。以刑法为例，若充分展开，56课时可能只能将刑法总则讲授清楚，若要涵盖总则和分则，往往只能走马观花，很难打牢基础，培养刑法思维。同时，在教学中，一些案例可能和实践联系不紧密，无法引起学生足够的兴趣。对学生来说，学习效果也不好。较薄弱的法学理论基础，让学生在有限的时间里难以深入和充分了解部门法知识，学习上似懂非懂，尤其面对一些比较艰涩、专业的术语时，产生畏难情绪，而这种畏难情绪更加会影响学习效果，让学生不愿学习，应付了事。

在这种现状下，公安专业学生在法律知识积累上远远不够。一些毕业了的学生在工作一段时间后反映，学校学习的法律知识有用但不够，同时与实践结合不紧密，学生面对一些实际问题时不知如何分析，难以灵活运用所学法律知识。

二、实践对民警法律素养的要求

人是生产力中最具决定性的因素，民警的执法素质对公安机关的执法水平具有决定性的影响。① 公安机关通过各种途径鼓励民警提升法律素养，实践中就有公安机关对通过高级执法资格考试、法律资格考试的民警进行表彰和奖励，这直接反映出公安机关对高法律素质人才的需求。在公安工作的各个方面、各个环节，对具有较高法律素养人才的需求日益迫切。

(一)执法中对行为的定性需要法律知识为基础

对民事违法行为和刑事犯罪行为的界分，行政违法和刑事犯罪的区分等行为性质的认定，既需要实践的经验，又需要对法律有较全面的理解和掌握。例如，随着技术的发展和投资方式的多样，很多诈骗案件往往披着貌似合法的外衣，在迷惑受害人的同时，也给侦查带来难度，民警对于该行为性质上属于民事欺诈还是诈骗类的违法甚至是犯罪把握不准，要能做出准确判断的前提是对民法、刑法、治安管理处罚法相关知识及相互关系的理解。另外，实践中越来越多见的经济类案件，往往具有比较复杂的人员结构，或者可能使用了 APP 或网站等平台，且手段方式具有一定隐蔽性，需要具备一定的民商法专业知识才能辨别和调查清楚。

(二)化解矛盾纠纷要建立在法律规定的基础上

公安机关作为化解社会矛盾纠纷主体之一，肩担着化解社会矛盾纠纷的职责，又身处在化解社会矛盾纠纷的一线阵地，有着其他主体无可取代的优势。要真正化解矛盾纠纷需要建立在对矛盾纠纷准确的分析和认识的基础上，要弄清矛盾纠纷的根源、矛盾纠纷的性质和矛盾纠纷当事各方应享有的权利和应承担的义务。化解矛盾纠纷要做到有理有据，只有公平公正的调处才能获得认可，真正实现化解矛盾纠纷的目的。实践中的矛盾纠纷具有多样性，往往涉及邻里关系、家庭矛盾、劳资纠纷等各种社会关系，因此，对民警提出了更高的要求。民警需要在掌握刑法、行政法方面的知识外，对民法、婚姻法、劳动法、商法等相关法律知识有更多的涉猎，才能更好地应对和处理矛盾纠纷。

(三)法制工作的需要

法制部门是公安机关的重要组成部分，为公安机关的执法活动提供法制服务保障，同时也对执法活动进行监督，在提升案件质量、执法能力、群众满意度等方面起到了重要作用。公安机关法制部门的民警要履行职责，应当具备较强的法律素养。而且根据《国家统一法律职业资格考试实施办法》，除非法律法规另有规定，行政机关中初次从事行政处罚决定审核、行政复议、行政裁决、法律顾问的公务

---

① 孙茂利：《公安执法规范化建设的探索与实践》，载《中国检察官》2018 年第 19 期，第 41 页。

员，应当通过国家统一法律职业资格考试，取得法律职业资格。而公安法制民警就承担了治安管理处罚决定的审核和行政复议工作，因此在今后，公安法制工作对民警法律知识的储备和法律水平要求会更高。

目前，地方除了法制总队、法制支队、法制大队，在各县级公安机关执法勤务机构和派出所均配备了法制员，对存在的执法问题加以提醒、纠正，如同企业生产车间流水线上的“质检员”，负责第一道执法质量把关。① 从法制员的全面配备，可以看出对法制工作的重视。法制员工作专业性强、涉及面广，对法制员知识储备、执法能力要求很高，法制员要熟练掌握公安法制业务知识才能胜任。通过调研发现，目前部分法制员自身专业素质不强，对法律法规尤其是出台的新法新规不了解。因此，法制员难以独当一面，无法对案件办理起到应有的指导、监督作用。从法制员的现状来看，公安实践需要具有较高法律素养的包括法制员在内的法制民警队伍，提升民警的法律素养是迫切且必要的。

三、提升公安专业学生法律素养的途径

公安院校要培养应用型人才，而目前公安专业学生在法律知识的储备上不能完全适应实践的需要，学校的法学相关教育也存在脱离实际需求的情况。在此情形下，“院局合作”就成为解决现有问题，提升公安专业学生法律素养的必由之路。通过“院局合作”，公安院校与基层公安机关建立科学的合作机制，发挥双方的优势，实现公安院校与公安机关共同培养适应警务实践需要的高级人才的目标。② 基于“院局合作”的平台，有助于学校深入了解和分析公安实践对公安专业学生法律素养的要求，并以此调整课程的设置和教学内容，引入有经验的教官，以合适、多样的教学方式和合作形式共同提升学生能力，培养符合实践需要的人才。

（一）总的要求

1. 要理论结合实践。既要注重对实践案例、经验的借鉴，又不能忽视理论本身，要将二者结合起来，不要出现只重实践的误区。

2. 要紧紧围绕学生能力提升的需求进行布局。“院局合作”共同育人的模式是以培养在校学生的警务综合素质和民警的业务技能为目标的，在学生培养这个方面，“院局合作”的出发点和落脚点都在于促进学生能力的提升，“院局合作”在学

① 孙茂利：《公安执法规范化建设的探索与实践》，载《中国检察官》2018 年第 19 期，第 42 页。

② 皮中旭：《“院局合作”背景下的治安学专业人才培养》，载《求知导刊》2015 年第 11 期，第 83 页。

生培养上应以学生为中心进行考量和设计，要充分考虑如何使学生从中受益，不能仅以公安院校和公安机关为驱动，而偏离学生这个中心。

3. 要注重效果，不能浮于表面。当前在公安院校的“院局合作”中，对学警实习、实践的内容缺少合理的安排和规划，个别学警到公安机关的学习也往往是走马观花，流于形式。另外，指导教师缺失和缺位，也导致一些学生好的实习内容没有得到推广，差的实习过程也不知如何改进。① 要真正充分利用“院局合作”的平台资源，充分汲取实践中的养分，不要仅仅是挂着“院局合作”的名号走过场。无论是老师还是学生，在参与实践的过程中都要沉进去，真正从实践中学习。要做到这一点，就应该从安排和规划、考核评价的标准、师资的保障等方面更合理的布局。

（二）具体做法

1. 要科学开设法学相关课程。首先，要科学拟定人才培养方案。在拟定人才培养方案的过程中，应借助“院局合作”的平台，深入公安机关开展调研、座谈，听取公安机关对人才培养方案的意见。制定出人才培养方案的初稿后，还可以组织合作单位参与论证，着力解决法学相关课程设置、课程中实践教学安排等问题，适应公安机关对学生法律素养的要求。

在具体的课程设置上，一要考虑适当开设法学理论相关的课程，树立法学思维，并为部门法学习打好基础；二要适当增加民商法相关课程的学习，增加如刑法、民法等比较大、比较基础，且与实践关系比较密切的部门法的课时；三要进一步加深对程序法的学习，以保证今后的执法活动更规范。

2. 结合实践需要，安排教学内容、组织课堂教学。第一，在教学大纲的制定上，既要考虑理论上的需求，又要考虑实践的需要；在保证课程整体框架和体系完整、有一定理论深度的前提下，听取实践部门的意见，考虑公安实践的需要；在重难点上和课时安排上做倾斜，对于实践中常用的法律、易混淆的知识点和易出现的问题做重点的梳理和讲授。第二，在教学中，要在实践中出现的一些真实案例的基础上适当进行改编作为教学案例，使案情的分析更贴合实战。同时，增加案例的使用，在课堂上创造运用理论知识的机会。第三，借助“院局合作”的平台，请实践部门的同志参与，尽可能贴近和模拟实战，组织高质量的实训。

3. 改革考核方式，考查学生能力。第一，在考试中设计更多开放性、思辨性的试题，尤其通过“院局合作”的平台，获得一些实践中的典型案例或者疑难案例，保留细节，不要人为的去除实践中存在的迷惑、干扰因素和不相关的因素，尽可能还原案件办理的情境，让学生自行展开分析。第二，可以依托“院局合作”的平台，

---

① 王磊、徐畅：《公安教育改革的“实战化教学”假定与行动——以“院局合作”共同育人模式为视角》，载《江苏警官学院学报》2017 年第 2 期，第 111 页。

请实习单位对学生实习中运用相关法律的具体实践进行评价，并将此也作为相关考试最终分值的组成部分。

4. 教官指导制度化、常态化。通过“院局合作”平台，选派一些优秀的基层人民警察到公安院校担任教官，有利于弥补专职教师岗位相对固定、与实践存在脱节的短板。根据对“双千教官”的教学效果调查，可以发现教官在授课中有比较明显的优势，他们是理论讲授与实训教学的双面手，其教学效果满意度高，学生收获较大，① 通过邀请教官参与课堂教学和实训教学，并对学生进行指导，能让学生获得更多的实践经验和前沿视野，也能进一步激发学生学习的兴趣。具体到法学相关课程中，教官能通过自身的经验，将法学知识和规范执法的理念通过鲜活的案例传授给学生，也能结合实践执法的现实，在案例评析、行为定性给出学生新的思考角度。在“院局合作”的平台下，应当通过制度将教官参与教学确定下来，根据课程的需要，安排有相应实践经验的教官与学校老师一起开展“双师型”的教学，发挥各自的优势，充实教学内容，完善教学效果。

5. 通过“院局合作”的平台，学校和公安机关要加强沟通，增进互信，使深层的合作成为可能。一方面，学校教师要主动向公安机关学习，紧跟实践的发展变化。根据公安部有关文件精神，要求专业教师每 3 年参与警务实践不得少于 6 个月。② 教师要利用好深入实践的机会，真正从实践中汲取教学和科研的养分，并将从实践中获得的经验和案例运用于对学生的培养中，以实践需要为基础提升学生法律素养。另一方面，公安机关也要秉承开放的态度，在不违反纪律的基础上，为教学提供一些真实的案例和素材。

① 李永清、贾舜宁：《“双千教官”教学效果之实证调查与思考》，载《公安教育》2018 年第 6 期，第 59-60 页。

② 闵政、王硕文：《公安院校专业教师每三年警务实践不得少于六个月》，载《人民公安报》2010 年 11 月 26 日。

群众工作能力是基层治安民警的岗位基础能力

张丽园[①]

(贵州警察学院　贵州　贵阳　550012)

[**内容摘要**] 群众路线是公安工作生命线，群众工作能力是所有基层民警的基本功。基层治安民警要履行好岗位职责，完成好工作任务，就要具备相应的岗位能力，这些岗位能力的基础，就是群众工作能力。提升基层治安民警的群众工作能力，必须首先树立群众观念，掌握群众工作基本方法，切实做到密切联系群众，注重宣传教育群众，动员组织群众，才能真正实现公安工作立警为公、执法为民的宗旨。

[**关键词**] 群众工作能力；治安民警；为民服务

基层治安民警是公安机关最主要的警种之一，是公安机关接触群众最广泛的群体，他们的能力素质高低直接影响着警民关系，影响着公安队伍的形象声誉。基层治安民警要履行好岗位职责，完成好工作任务，必须具备一系列岗位能力，比如说警务沟通能力、治安案件查处能力、网上办案能力、调解治安纠纷能力、处置群体性事件能力、对各类治安情报信息收集、研判、管理、运用能力、对大型活动治安秩序的维护管理能力、常用公安文书的写作能力等等，而这一切能力的基础，是民警的群众工作能力。

一、基层治安民警必须树立正确的群众观念

群众路线是我党的根本工作路线，我党的一切工作都要贯彻和执行群众路线，群众路线在党的各项工作中贯彻实施的过程就是群众工作。所以要求全体党员干部及国家工作人员都要去做群众工作，都要会做群众工作，这已成为全体党员干部和国家工作人员必备的基本技能。群众路线也是公安工作的根本路线，所以作为天天

---

① 作者简介：张丽园，女，贵州遵义人，贵州警察学院公安管理系副主任，副教授，主要研究公安学基础理论。

都要同人民群众打交道的基层治安民警，更要具备会做群众工作这个基本技能，不仅要学习群众工作的基本知识和基本理论，还要掌握群众工作的相关技巧，并将这些知识理论、技巧主动运用到各项工作中去，才能真正践行党的群众路线，做好各项公安工作。

中国共产党的几代领导人，都非常重视群众路线，留下了许多精辟论述。毛泽东同志说过：“群众是真正的铜墙铁壁”“共产党员是人民的勤务员”“党群关系好比鱼水关系。”邓小平同志说过：“党的领导的好坏，关键在于能否依靠群众”“不要以为我们共产党是金字招牌，如果脱离群众，党的威信是靠不住的。”江泽民同志说过：“我们想事情，做工作，想得对不对，做得好不好，要有一个根本的衡量尺度，这就是人民拥护不拥护，人民赞成不赞成，人民高兴不高兴，人民答应不答应。”胡锦涛同志说过：“为民，就是要坚持立党为公、执政为民——当好人民公仆，做到权为民所用、情为民所系、利为民所谋。”党的新一代领导人习近平同志更是对坚持党的群众路线做过许多经典论述，如“我们要牢记全心全意为人民服务的根本宗旨，认真组织开展以为民务实清廉为主要内容的党的群众路线教育实践活动，始终保持同人民群众的血肉联系”；“人民群众是我们力量的源泉——每个人的工作时间是有限的，但全心全意为人民服务是无限的。”2017 年 5 月 19 日，习总书记在接见全国公安系统英模代表大会上，提出了公安队伍建设的总要求，即“对党忠诚、服务人民、执法公正、纪律严明”，其中“服务人民”的要求，就是我党宗旨的反映，就是党和国家对全体公安民警走好群众路线、维护好群众利益的殷切希望。这些论断是我们公安民警走群众路线，开展公安群众工作的重要理论依据。

公安机关是国家政权的组成部分，是国家发挥人民民主专政职能的重要机关，基层公安民警天天同群众打交道，其一举一动、一言一行无不代表着公安机关的形象。代表着党和政府的形象。公安工作具有广泛的社会性、群众性，离不开群众的拥护和支持，所以，树立正确的群众观念、群众意识，掌握群众工作基本知识、基本方法，是公安民警的基本要求，更是基层治安民警的岗位基础能力。

群众工作主要是指宣传教育群众，尊重依靠群众，组织引导群众，提高群众的思想政治觉悟，调动群众的积极性、创造性，动员群众参加党所领导的各项工作。群众工作的核心是“相信谁、依靠谁、为了谁”的问题。公安群众工作，就是指公安机关及人民警察在依法开展工作的过程中，贯彻一切为了群众，一切依靠群众，从群众中来，到群众中去的工作路线，密切联系群众，团结服务群众，宣传教育群众，动员组织群众的活动的总称。基层治安民警要真正走好群众路线，真正做到情为民所系，权为民所用，利为民所谋，真正用心去学习掌握群众工作方法技能，首先必须树立正确的群众观念，必须形成强烈的群众意识，这是开展公安群众工作的思想基础。

二、基层治安民警必须提高群众工作能力

早在2006年，公安部就明确规定了会做群众工作是基层民警的基本功。群众工作是公安工作的基础，是公安工作成败的关键；《人民警察法》规定全心全意为人民服务是公安工作的宗旨。2017年5月，习总书记提出的“服务人民”是公安队伍的总要求。因此，作为公安基层接触群众最多最广泛的治安民警，具备较强的群众工作能力是其开展工作的基础。实践证明，基层民警的群众工作做得好，其工作就有较大的成效；反之，工作就陷于被动。近几年来，公安队伍招录的新警，文化素质总体上较以往普遍提高了许多。基层公安队伍中大专生、大学生比比皆是，甚至研究生也并不罕见，然而，在实际工作中，这些拥有较高学历的新警，相当一部分并不会做群众工作，因为不会做群众工作，建立不起牢固的群众基础，影响了公安基层基础工作，导致一些公安基层领导对这些高学历的新警的工作并不满意。他们认为，很多招进来的大学生，怕苦怕累，好高骛远，不会和群众打交道，并不适合当基层警察。甚至认为，这些高学历的大学生警察，在做基层基础工作方面，还不如一些文化素质不高，但懂得和基层群众打交道，深受群众爱戴的老民警。这些实实在在存在的情况，充分反映了一个不容忽视的问题：那就是如何提高基层治安民警的群众工作能力，如何建立牢固的群众基础。不解决好这个问题，不把群众工作能力作为基层治安民警的基础岗位能力来要求，必然影响整个公安基层基础工作的成效。

如前所述，基层治安民警是公安机关维护社会治安的最主要警种之一，是公安机关基层一个庞大的群体，每一个基层治安民警都代表着公安机关的执法形象，甚至代表着党和政府的形象，治安民警的群众工作能力，直接影响着整个公安工作的开展，关系到民心向背，关系到良好警民关系的构筑，因此，每一个基层治安民警都应该具备较强的群众工作能力。

培养基层治安民警的群众工作能力，首先应该解决民警思想观念中存在的问题。长期以来，一些基层治安民警头脑中群众观念淡漠，甚至根本没有群众观念，他们崇拜强权，以管人者自居，根本没有服务意识，甚至错误地认为，警察就是应该体现出威严强势的一面，体现出不可侵犯的一面，认为群众中刁民很多，和他们打交道如果不厉害一点，就压不住他们，群众那就不会听警察的话。在这样的观念支配下，一些基层治安民警，在和群众打交道中，根本不会自觉使用文明和气的语言，更没有和蔼尊重的态度，面对群众，说话颐指气使，居高临下，呼来喝去，群众稍有不从，就将之当成打击对象来对待，甚至无视法纪，做出一些匪夷所思的行为。如2018年10月15日，湖南省株洲县一位27岁的小学女教师因为让迟到的学生罚站几分钟，女孩的父亲，当地的派出所副所长驱警车直入学校，将该老师带

走，并且关入审讯室非法拘禁7个多小时，下午3点左右才被放出，这则新闻在网络上引起热议，造成很坏的社会影响。这位副所长的做法，实在是目无法纪、目无群众的典型。其次，应该将群众工作能力作为考核基层治安民警工作成绩的主要依据。群众工作是公安工作的基础，公安工作的功过是非，都要由人民群众来评价，会做群众工作，是每一个基层民警应有的岗位核心能力。从基层治安民警必须履行的职责来看，其岗位能力应该包括：开展社区群众工作能力、调解治安纠纷能力、开展安全防范工作能力、危险物品管理、行业、场所、大型活动管理、群体事件处置能力、警务沟通能力、治安信息收集与运用能力、网上办案能力、公安文书制作能力、办案协作能力、警察查缉能力等。其中，最基础、最核心的就是群众工作能力。因为从上述岗位能力的关联性来看，几乎每一种岗位能力都要以群众工作能力为前提，比如调解治安纠纷能力，调解对象是群众，如果不懂群众心理，不会做说服教育工作，谈何调解纠纷？又比如群体性事件处置，更是考验民警做群众工作的水平，处置群体性事件的政策要求公安民警做到内紧外松、疏导为主，然后才是快速处置，既然要疏导，就是要掌握政策，尽量说服教育群众通过正常的渠道反应诉求，没有很强的群众工作能力谈何容易。至于治安信息收集与运用能力、开展安全防范工作能力、大型活动管理能力等等，无一不与群众打交道，无一不是在群众中开展，没有群众工作能力，就谈不上这些岗位必需的能力。所以，对基层治安民警的工作考核，应该把群众工作能力作为主要的考核依据。这样，基层治安民警才会自觉走群众路线，自觉联系群众，才会重视群众工作，从而将业务工作扎根在群众工作之中。

三、基层治安民警如何提升自己的群众工作能力

首先，树立“人本主义”思想，强化为民服务意识。“人本主义”思想是现代管理活动所崇尚的，即在一切社会管理活动中，要以维护人的合法权益为出发点，不能以公权力随意侵犯公民合法权益，这在公安工作中也是应该得到充分体现的。古代开明君主都知道民贵君轻，水能载舟亦能覆舟的道理，何况现代文明社会、法治社会中掌握社会管理权力的人更应懂得这个道理。一些年轻的基层民警之所以不会做群众工作，究其根源还是没有在头脑中形成强烈的群众意识，没有把现代社会的“人本主义”思想真正融化在具体的工作中。加之一些年轻民警受到社会上各种不良风气的影响，头脑中存在各种拜金主义、享乐主义、个人至上主义、无政府主义的意识，忘却了立警为公、执法为民的宗旨，忘却了人民警察来自于人民，人民警察必须服务于人民，滥用人民赋予的各项权力，以管人者自居，淡化管理中的服务职能，长此以往，怎么能履行好岗位职责，受到人民群众爱戴拥护呢？我们通过大量调研发现，凡是基层基础工作做得好的民警，不见得文化有多高，但是他们无一

例外的都有一颗真诚服务群众的心。比如全国优秀社区民警——江西省南昌市青山湖分局湖坊派出所社区民警陈勇琦，就是一个时刻把群众挂在心上的人，他信奉的理念是：“少一事不如多一事，多一事就是少一事。”具体而言就是主动为群众排忧解难，在为群众服务方面，从不躲事。陈勇琦为群众“多事”，群众就为陈勇琦“少事”。2006 年 4 月，10 多位村民因道路改造停电问题拦路上访。陈勇琦及时赶到，当村民们听说拦路上访会对陈勇琦产生不良影响时，纷纷撤离，转而采取正当渠道反映问题。“水涨船高，人抬人高。民警心中有老百姓，老百姓心中就有民警。陈警官自己拔掉了高门槛，我们就把他当朋友。”

其次，掌握群众工作基本方法，密切联系群众。密切联系群众是公安工作群众路线的有效举措。公安机关及公安民警要得到民心，得到社会群众真心实意的拥护和支持，必须以密切联系群众为群众工作的起点。公安机关在以往半个多世纪的实践中积累总结出许多行之有效的群众工作方法，很多方法堪称经典，至今仍在使用。但是随着社会形势和时代的变化，群众工作方法更要与时俱进，具有时效性和实效性，公安民警在新时期开展群众工作，也要立足于现实需要，在借鉴以往群众工作经验的基础上，不断探索创新出群众工作的新经验、新规律、新做法，只有这样，才能做好新时期的群众工作。

比如，接待群众或者接到群众电话时怎么做？首先说话要有礼貌、要客气，其次要注意语气的友好，要把通电话当做与对方面谈一样，尽可能地注意自己的语气、腔调，使自己所发出的声音亲切悦耳，充满活力，给群众留下好的印象。还要仔细聆听对方的讲话，并不时对对方所说的话作出反应，如“好”“对”“哦”“嗯”等，尽量让对方感到你认真、负责的态度。通话的时间不要过长，要避免打“马拉松”式的电话，一些忌语应注意避免。这些看似微不足道的细节却直接影响着群众对公安机关的印象。又比如入户走访，什么时间去合适？肯定要选择合适的时间段去走访。一般来说，最好避开群众吃饭和休息的时候去。走访时，民警应在居民门前稍事整理警容，再轻声敲门或轻按门铃。不要大声喧嚷、猛力敲门或频按门铃，主人开门后，民警可先自我介绍或由陪同的居(村)委干部做介绍。未获得允许，不可入内。如果居民家中有客人，或正处理家务，不便接待时，可与主人约定时间再来走访。于细微处见精神，这些细节做好了，与群众打交道的纽带就建立起来了。另外，在大数据时代，基层治安民警还要自觉利用网络平台联系群众，最有效的做法是建立网上警务室。开通公安微博、微信，推进和谐警民关系建设，进一步拓宽公安机关服务群众的渠道，实现警民“微距离”沟通交流。

再次，注重宣传教育群众，充分调动群众的治安积极性。群众由社会各阶层、各群体的人员构成，其身份背景、受教育程度、观念意识、知识素质、见识能力、觉悟水平等各有不同，对公安工作的认识理解也存在差异。所以，公安群众工作的重要一环就是要做好宣传教育群众的工作，让群众了解公安工作的政策、法律，从而自觉履行社会公民维护社会治安的义务，支持配合公安工作。公安民警在开展群众工作的过程中，在不涉及警务工作机密的情况下，要主动满足群众的“知情权”，要让群众了解信息、掌握情况，应该知道的要知道，必须知道的要知道。因为一个人了解的情况、掌握的信息，会影响其思想和态度，从而影响其行为。如果群众对真实的情况不了解、正确的信息不掌握，就会被虚假情况、错误信息误导，产生不正确的态度和行为。在公安群众工作中，一些问题和矛盾纠纷的产生，往往是由于群众不了解真实情况，不掌握正确信息，产生误解误会，进而引发不恰当行为。这些年，在公安工作中，一些基层公安民警不重视宣传教育群众的工作，认为这是务虚，没有多大实际意义，但事实上宣传教育群众不仅不是务虚，还具有非常重要的实际意义，它直接影响到社会群众对公安工作是否支持配合，所以，在公安群众工作中，宣传教育群众的工作是不能忽视的重要环节。宣传教育群众比较见效的方法是借助各种媒体宣传，借助广播、电台、电视、报刊、网络等媒体进行宣传。这种宣传方式受众最为广泛，广大群众信任度较高，是我们宣传教育群众的一种主要方式。在采取这种方式进行宣传时应注意几个方面：因地制宜，正确选择媒介。比如在农村社区应选择广播、有线电视等宣传媒介；在城市社区可选择电视、报纸等；针对年轻人可选择网络、微博、微信、qq 等。宣传内容要关注与群众联系最密切的问题、群众所关心的治安问题和热点问题。宣传的重点应是公安民警打击违法犯罪，维护群众利益，关心服务群众的好事迹、好典型、好榜样，也就是以正面宣传为主。

最后，广泛组织动员群众，形成打防控一体化的社会治安防控网络。在新时期，基层治安民警要立足实际情况，结合业务工作需要，探索出有效发动群众的办法。众志才能成城，万涓汇成巨流。历史经验证明，什么时候公安机关把群众引导好、发动好、组织好，公安工作就一往无前、一帆风顺；什么时候疏远群众、脱离群众、失去群众，公安工作就困难重重、孤立无援。在当前社会矛盾多发、易发的新形势下，公安机关靠单打独斗、大包大揽已经不可能从根本上搞好社会治安，如何更好地发动群众已成为摆在公安机关及其民警面前的一大紧迫课题，也是我们绕不过、躲不开的一大艰巨难题，要传承和发扬我们党发动群众、组织群众的优良传统，用共同梦想凝聚人心，用发展成果惠及人民，用榜样力量引领民风。

组织动员群众，还要坚持公安民警带头维护和提高公安机关的公信力。公安机关是维护人民群众根本利益的执法机关，公安机关的公信力要靠我们每一个公安民警来维护，只有我们每一个民警都能严于律己、以身作则、率先垂范，才能在群众中形成凝聚力、号召力，动员组织群众的目的才能实现。

动员组织群众，还要创新方式方法。基层治安民警要深入研究、准确把握新形势下群众工作的特点和规律，敢于担当，善于开拓，不断丰富适应形势要求、符合发展实际的新理念、新思路、新办法。要善于运用市场化、社会化机制管理经济社会事务，运用群众的办法解决群众的问题，充分发挥社会治安辅助组织的作用，形成政府、公安机关、社会各组织机构、社会治安辅助组织共建共管的合作局面。要善于运用信息化手段开展群众工作，充分发挥互联网覆盖广、传播快、影响大、参与性强的优势，筑牢更加开放、更多互动、更为紧密的警民关系，引导和动员更多群众参加到维护社会治安的工作中，推进法治中国的建设，共同实现富国、强国的“中国梦”。基层治安民警应该从人民群众最关心的治安问题入手，努力解决一系列关乎百姓生活的治安问题，真正为群众办实事、好事，为百姓排忧解难，尽力营造和谐平安的社会治安环境，让人民群众幸福指数更高一些、生活更愉悦一些。其他相关的群众工作也就好做了，比如说动员组织群众参与社区文化活动，动员组织群众参与社会公益活动，组建社区群众义务治安巡逻队，发挥社区居民特长，积极参与社区治安等等，只要民警真正做到为民服务，这些工作绝大多数群众都是支持配合的。

综上所述，基层治安民警要履行好岗位职责，完成好公安工作任务，必须具备相应的岗位工作能力，必须牢记习总书记“对党忠诚、服务人民、执法公正、纪律严明”的殷切嘱托，把业务工作根植于群众工作中，以群众工作能力为核心，不断提升自身业务能力，才能真正实现公安工作立警为公、执法为民的宗旨。

以“院局合作”为平台提升警察队伍应急能力[①]

刘　霞[②]

（湖南警察学院　湖南　长沙　410138）

[**内容摘要**]“院局合作”作为一种趋势在全国公安院校和各级公安机关之间开展，合作形式各种各样，合作逐渐向教学系部、专业（方向）深入。随着国家应急管理部的成立，警察队伍应急能力的培养逐渐向社会安全事件集中，重点突出，且更有针对性。在“院局合作”平台上，警察队伍应急能力的提升有了更广阔的空间。公安院校和公安机关要充分利用好这一平台，标准化教师队伍，标准化“应急”脚本，加强实践教学的师资培养，制定科学可行的评价标准体系，规范管理应急演练，提升警察队伍应急能力。

[**关键词**]“院局合作”；警察；应急能力

2018年9月11日上午，广州公交集团、广州市公安局公交分局在环场路（花花世界）公交站场举行了2018年“应急演练季”综合应急演练活动。演练按照“仿真模拟、情景再现、教学示范”的原则，由公安局公交分局、公交集团下属各单位等参演单位人员以公共交通行业为场景，通过实战演示和同步解说，详细演示了公交车辆、公交站场内发现可疑物品、暴徒袭击、车辆纵火爆炸等突发事件现场处置及常用消防应急器材设施使用等重要内容。演练，增强了公交集团各企业与公安部门的联防协作、群防群治的能力，加深了公交集团干部职工对防恐安保工作的意识和认识，切实提高了员工应对突发事件的处置能力，全力筑牢了公交集团与公交分局的防恐保护网。[③] 广州公交集团、广州市公安局公交分局联合举办的综合应急演练活动是警察队伍提升应急能力的一次有效尝试。提升警察队伍应急能力，是一项繁杂而艰巨的任务。为了培养出“来可战”的预备警官，增强教学的实践性成为必要。

---

① 基金项目：本文系湖南省教育厅课题“突发社会安全事件应急管理人才培养研究”（编号：XIK18CGD024）阶段性成果。

② 作者简介：刘霞，女，湖南警察学院治安系讲师，主要研究治安学。

③ 广州日报大洋网：《2018年“应急演练季”综合应急演练活动举行》，http://news.dayoo.com/guangzhou/201809/12/152263_52302036.htm.

“院局合作”是目前实现优势互补、资源共享，打造“教、学、练、战”一体化人才培养模式，提高人才培养质量的最佳途径。“院局合作”发展不断深入细致，借助该平台提升警察队伍的应急能力即是必然。

一、“院局合作”

（一）“院局合作”的目的

“院局合作”中的“校”是指各公安院校，“局”则是指各级公安机关，“合作”是为了培养适用公安工作的专门人才。“院局合作”，是职业教育中“校企合作”向公安教育领域延伸的结果。我国的公安教育经历了较长的学历教育时期，导致培养出来的“预备警官”之后缺乏动手能力，与现阶段倡导的培养“应用型”人才的目标相背离。为了改善这一局面，自“教育规划纲要（2010—2020）”实施以来，各公安院校和公安机关之间逐渐开展警察培养合作，其目的就是要为公安实战工作培养出具有专业知识的“应用型”人才。因此，浙江警察学院专门成立了“‘院局合作’网”，并开宗明义地指出：“‘院局合作’是公安人才培养与民警素质提高、学科专业建设与警务模式革新、科研项目开发与实践成果梳理、公安教育发展与公安实践创新互动多赢的有效载体，也是公安教育事业可持续发展的重要方向。”①可见，“院局合作”对公安工作专门人才的培养意义重大。

（二）“院局合作”的形式

1. 在合作单位成立“实践教学基地”，从合作单位选拔教官到公安院校任教。自2014年湖南警察学院和湖南省9个市县（区）公安机关签订“院局合作”协议以来，先后在这9个市县（区）公安机关成立“湖南警察学院实践教学基地”，并在湖南省公安厅的组织下，分别向全省各地市州公安机关选拔经验丰富的民警到学院任教。西安市公安局、西北政法大学警务实战“院局合作”签约，在西安市公安局成立“西北政法大学警务实践教育基地”，“西安市公安局警官教育培训基地”。② 如江西警察学院与江西省公安厅经侦总队的“院局合作”，由江西省公安厅经侦总队

① 《“院局合作”概况》，浙江警察学院“院局合作”网，http://www.zjjcxy.cn/xjhzw/type2/03050601.html.

② 王晓易：《“院局合作”互利共赢》，http://news.163.com/14/0403/05/9OSQD7TG00014AED.html.

在全省范围内遴选具有经侦理论水平的优秀民警，来学院担任驻校教官。① 在“院局合作”这一平台之上，经验丰富的民警到公安院校任教，和公安院校教师一起教研、一同授课的教学新模式，改变了传统的教学方式，让枯燥的理论变得多姿多彩，活跃了课堂气氛，大大地提高了学生的学习积极性，理论与实践在课堂上有效结合，提高了教学效果。

2. 学院将毕业生成建制地输送到合作单位进行毕业实习。自湖南警察学院和湖南省9个市县(区)公安机关签订“院局合作”协议以来，学院根据各合作单位的实际需求，每年将即将毕业的毕业生，按对口专业或近似专业，尽量以区队为单位，分派到合作单位进行为期三个月的实习。实习期间毕业生由合作单位统一安排，为了保障实习效果，学院还根据实习点分派毕业实习带队老师驻点，定期检查学生的实习情况并向学院汇报。实习生不但巩固了课堂的理论知识，更增强了实际动手办案能力，为实习单位支援了警力。南京森林警察学院信息技术学院与通州公安局自2013年签订“院局合作”基地以来，合作良好，硕果累累。② 2018年2月1日，吴育宝副院长带领师生团队在南通市公安局网安支队、通州区公安局实习，并在案件侦办的前期分析研判、中期侦查抓捕、后期证据固定等方面提供了关键的技术支持。

3. 学院送教到基层。2015年6月26日下午，信息技术(网监)系主任刘绪崇博士受邀来到张家界市公安局，为全市侦查办案民警就“如何提高互联网违法犯罪案件侦查打击能力”开办讲座。③ 2015年7月1日，管理系心理学教研室主任段水莲老师应邀为星沙强制戒毒所民警开展压力释放与情绪管理的团体辅导活动。④

(三)“院局合作”的发展

2014年4月2日，西安市公安局西北政法大学警务实战“院局合作”签约揭牌仪式在西安市公安局拉开了序幕⑤。4月4日上午，湖南警察学院与衡阳、湘潭、岳阳、张家界、常德、永州等6个市公安局，长沙市芙蓉区、益阳市赫山区、长沙

① 姚书翰：《开展四个“院局合作”项》，http://news. eastday. com/eastday/13news/auto/news/china/u7ai3425538_K4. html.

② 中国高校之窗：《南京森林警察学院师生助力破部督大案 “院局合作”获央视点赞》，http://www.gx211. com/news/20180626/n15299976935940. html.

③ 《刘绪崇受邀为张家界市公安局办案民警授课》，http://www. hnpolice. com/show. aspx? id=20047&cid=799.

④ 《“院局合作”：段水莲老师应邀为星沙强制戒毒所民警开展减压辅导》，http://www. hnpolice.com/show.aspx? Id=20044&cid=799.

⑤ 王晓易：《“院局合作”互利共赢》，http://news. 163. com/14/0403/05/9OSQD7TG00014AED.html.

县3个区县公安分局“院局合作”会议在警察学院警训楼隆重举行①。2015年1月20日，江西警察学院经侦专业与江西省公安厅经侦总队深入开展“院局合作”。②2018年5月4日上午，中国人民公安大学侦查与反恐怖学院新闻中心与南充市公安局正式签署“院局合作”框架协议③……“院局合作”逐渐在全国开花，并深入发展，逐渐细致到具体的专业(方向)与公安机关相互合作对接。

二、警察队伍应急能力的培养

(一)应急能力

应急，从词源结构上来说，“应(yìng)”动词，表示动作，即回应；“急(jí)”形容词或做名词，表示紧急事件，“应急”的字面意思应是对紧急事件的回应，或应付紧急情况。“应急”一词自古就有，宋　周辉《清波别志》卷中：“一值水旱，及起解稽违，不过借南库钱以应急耳。”叶圣陶《倪焕之》六：“一向用男教师，只是不得已而思其次，是应急的办法。”④“急(jí)”，表述的紧急情况有很多种，如飞机即将起飞，时间来不及；如“人有三急”；又如森林里遇见猛兽，指情急，都可以说是情况紧急。但是，随着社会的发展和进步，如今，“应急”进一步衍生出“应急能力”“应急管理”等关联词汇，这其中的“急(jí)”就是指面对突发、公共安全事件的紧急状态，如地震、海啸、台风等自然灾害，“非典”“禽流感”等卫生事件，聚众冲撞国家机关、单位等安全事件等。因此，“应急”是指应对突然发生，造成或者可能造成严重社会危害，需要采取应急处置措施予以应对的事件。此类事件发生频率不高，但一旦发生就会威胁或者损害公共安全。

1. 应急管理。应急管理是指政府及其他公共机构在突发事件的事前预防、事发应对、事中处置和善后恢复过程中，通过建立必要的应对机制，采取一系列必要措施，应用科学、技术、规划与管理等手段，保障公众生命、健康和财产安全，促进社会和谐健康发展的有关活动。⑤ 简单说来，应急管理，是指为了实现应急效率，在威胁公共安全的事件处理中，对应对该事件所需要的人员、物资、技术等相

---

① 《学院与9市县(区)公安机关“院局合作”会议隆重举行》，http://www.hnpolice.com/show.aspx? id=20030&cid=799.

② 姚书翰：《开展四个“院局合作”项》，http://news.eastday.com/eastday/13news/auto/news/china/u7ai3425538_K4.html.

③ 《我校与四川省南充市公安局签订“院局合作”框架协议》，http://zcfk.ppsuc.edu.cn/info/1059/4528.htm.

④ 百度百科，https://baike.baidu.com/item/应急/10328153? fr=aladdin.

⑤ 百度百科，https://baike.baidu.com/item/应急管理/10201940? fr=aladdin.

关事务进行管理的行为。在国外，突发公共事件应对被称为应急管理(emergency management)。20世纪60至80年代初，西方应急管理理论形成了第一个研究高潮，研究领域也比较齐全，出现了包括理论研究、国际危机研究、冲突研究、危机中的个人、团体与组织关系研究等方面的大量成果。后来，也有人将“应急管理”称为“crisis management”，重点是为了能提前预防(prevention)和介入(intervention)。20世纪70年代中后期以来，国内关于应急管理的研究主要集中在专项部门应对为主的灾害管理方面。2003年的“非典”凸显了我国的应急管理在面对重大公共卫生事件时捉襟见肘，2007年8月30日通过，自2007年11月1日起施行的《中华人民共和国突发事件应对法》，突发事件，分为自然灾害、事故灾难、公共卫生事件和社会安全事件四大类，标志着我国应急管理体系基本建成。2018年3月根据第十三届全国人民代表大会第一次会议批准的国务院机构改革方案，组建应急管理部，作为国务院组成部门。负责组织编制国家应急总体预案和规划，指导各地区各部门应对突发事件工作，推动应急预案体系建设和预案演练；负责建立灾情报告系统并统一发布灾情，统筹应急力量建设和物资储备并在救灾时统一调度，组织灾害救助体系建设，指导安全生产类、自然灾害类应急救援，承担国家应对特别重大灾害指挥部工作；负责指导火灾、水旱灾害、地质灾害等防治；负责安全生产综合监督管理和工矿商贸行业安全生产监督管理等。公安部及各级公安机关仍然以维护社会稳定和安全为主要职责，负责指导和应对社会安全事件。自此，我国应急管理体系逐渐成熟并持续发展。

2. 警察队伍的应急能力。能力，主要指人所拥有的干某些事情的本事，能力是不能委托和授权的，但是可以培养。如警队培养了一名神枪手，有百步穿杨的能力，该神枪手或者其所属警队不可能将其百步穿杨的能力委托或授权给其他人，但却可以继续培养出新的具有相当能力或更厉害的神枪手。应急能力，是应急管理水平的综合体现，是政府及其他公共机构对突发事件事前预防、事发应对、事中处置和善后恢复的能力。警察队伍的应急能力，则是指公安机关及其人民警察对突发社会安全事件事前预防、事发应对、事中处置和善后恢复的能力。警察队伍在这里作为一个有机体，应该具有甚至超越以自然规律而存在的人的基本功能，对社会安全事件具有本能的预判、评估、预防、准备、执行、处置等，就好像看见乌云密布就能预测下雨，会准备雨具或者选择其他出行方式一样，或者在途中遇到暴雨能选择躲雨或其他方式避免大雨造成不必要的损失，雨后会及时处理积水等等。关于警察队伍的应急能力，是可以培养的，是可以通过经验积累养成的。警察队伍的应急能力对突发社会安全事件的预防与处置起决定性作用。

(二)警察队伍应急能力的培养

1. 对警察队伍应急能力的培养逐渐受到重视。在国家应急管理部成立之前，警察的应急能力培养是全方位的，防火、防灾、防疫、反恐，面面俱到。由于涉及面广，对水利、地质、卫生等职能部门的了解不够、沟通协调不畅，应急能力培养主要集中于在突发事件中“救人、救物”，对趁火打劫的违法犯罪嫌疑人采取强制措施，“抓人、赶人”。这些活动都是被动进行的，主要依赖相应的设施设备，好比在洪水中救人，没有船，警察的拯救力就是非常有限的。在突发紧急事件中，警察即要“救人、救物”又要“抓人、赶人”，总会有得此失彼的时候。所以，对警察应急能力的培训，虽然有在进行，但眉毛胡子一把抓，没有重点、针对性不强，受训民警觉得乏力，培训效果并不明显。各地公安机关的应急能力养成与工作经验与教训的积累：例如，2012 年 9 月 12 日，湖南省邵阳市就出现了一起以“保钓”为主题的非法集会、游行、示威。为了防止居心叵测的人趁火打劫，对周边商户实施打砸抢烧，当地公安机关根据以往的经验和时事政态，提前做好预防工作，一方面，对群众进行法制教育和安全教育，密切关注社会动态、排除可能存在的安全隐患，民警逐个走访商家，教授消防知识并建议涉日产品暂时下柜，对路边停放的日产汽车与车主联系劝告暂时不要上路；一方面，鼓励群众积极提供线索，密切关注网络舆情，对相关人员进行密切监视，并逐个核实。同时，提前在警察队伍中进行维稳处突训练，明确预防与处置的具体职责，在发生非法集会游行示威的情况下妥善处置，将危险、危害降到最低。在 9 月 16 日当天，果然有大量群众在某公园附近聚集，幸好当地公安机关早有准备，一路引导上万群众按照公安机关设定的路线宣泄爱国情怀，活动持续到 13 时许，没有发生打砸抢烧事件。9 月 17 日，长沙市公安局发布了关于坚决制止非法集会游行示威活动的通告，明确告知要理性表达爱国热情，绝不允许以爱国保钓为借口，实施打砸抢烧等违法犯罪行为。①

国家应急管理部成立以后，对警察应急能力培养逐渐向日益增加的恐怖袭击、非法集会游行示威和群体性事件上集中。为了防范和惩治恐怖活动，加强反恐怖主义工作，维护国家安全、公共安全和人民生命财产安全，《中华人民共和国反恐怖主义法》由中华人民共和国主席于 2015 年 12 月 27 日发布，2016 年 1 月 1 日起施行。2016 年 1 月 23 日，中央政法工作会议要求，做好反对暴力恐怖和维护政治安全、金融安全、网络安全、公共安全五大领域风险预警、防控工作，切实提高维护国家安全和社会稳定工作的预见性、前瞻性。② 自此，各地公安机关纷纷根据辖区的具体情况制定反恐防暴应急演练方案，百度上搜索到“反恐演练”主题记录 4780000 条，其中以“反恐演练”为标题的 27600 条，在 2016 年 1 月 1 日至 2018 年 11 月 14 日期间就有 3030000 条。然而，同样地在中国知网中检索，只有 67 条结

① 红网：《长沙市公安局发布通告坚决制止非法集会游行示威活动》，http://news.sina.com.cn/o/2012-09-18/111225198532.shtml.

② 中央政法委：《做好反恐等五大领域风险预警防控》，中国经济网，2016-01-23。

果，检索“应急能力培养”183项。可以说，如今的警察应急能力培养虽然较之以前更加集中、专业，更加具有针对性，但是毕竟还处于初级阶段，还有许多问题需要探讨。

2. 警察队伍应急能力的培养，主要依靠各级公安机关。“院局合作”是大学课堂教学的有益补充，是人才市场对人才质量要求的必然选择。高等院校培养出来的人才若不能适应人才市场的需求，那么其人才培养就是失败的。公安院校培养出来的预备警官如果不能执法办案，不能执行法律，对社会的危害更为显著。“院局合作”为培养警察队伍的综合素质打造了一个非常难得、可贵的平台，对警察队伍的执法能力的提高有重要意义。但是，就警察队伍的应急能力而言，“院局合作”的作用还是有限的。对警察队伍应急能力的培养，目前主要依赖各级公安机关本身。一方面，各级公安机关辖区的治安问题各有特点。各公安机关根据自己辖区的特点开展应急能力培训，效果更为明显；一方面，警察队伍应急能力培训，需要大量的设备、人员、场地，需要大量的资金。各公安机关只有在自己的辖区里开展应急能力培训，才能争取到政府和其他机关团体的支持，应急能力培训才有可能。公安院校对此能提供的条件非常有限。公安院校的教师到合作单位去挂职锻炼，或者调研，因为没有执法权，所为的锻炼和调研只能停留在表面。回到学校，只能讲些所见所闻而已。反过来，公安机关选拔出来的教官能教给学生的也就是关于应急能力培训的经验教训，效果却甚微。一方面，在一个教室上课的不一定会在一个地方工作，那么学生面临的问题是不一样的；一方面，课堂上建立起来的默契源于特定的情景设置，一旦情景不再默契也就为零。

三、利用“院局合作”提升警察队伍应急能力的建议

（一）应急能力培训的教师标准化

目前，在“院局合作”的平台上，公安院校可以从公安机关选拔经验丰富的民警教官。因此，警察队伍应急能力培训的教师主要有三类：公安院校的专业教师，各地市州警校专门从事应急教学的教官，公安机关选拔出来的经验丰富的教官。这三类教师，各有特点。前两者对教学规范比较熟悉，公安院校的教师侧重对理论的讲解和对经验教训的总结，讲的都是“普适性”的原则和道理；警校的教官侧重的是对本地市州内比较突出的案件、治安问题的介绍和说明，讲的是操作性、针对性非常强的规定，换个地方就可能失效的；从公安机关选拔出来的教官，一般都是在某种案件、问题的处理上具有代表性的民警，他们的经验教训值得推广，就有一定的“普适性”，由于一方面教学设计是学校安排的，一方面不熟悉教学方式，教学效果不能达到预期效果。最好的方式就是利用“院局合作”平台，将这三类教师进

行统一培训，一起做教研，扬长避短。

（二）标准化“应急”脚本

一方面，“应急脚本”要规范设计应急能力培训的“案例、情景”。有些案例虽然典型，但是就有地方特色，可以介绍，但没有太大的推广价值；有些案例虽然社会危害大，但其实因果关系简单，用来做课堂导入或警示教育更为合适；而有些案例，虽然少见，但在应急处置前后措施、手段、设备、技巧的使用非常讲究，确实具有介绍推广的必要；有些情形危害没有发生，或者潜在危险巨大，对案情研判具有教学意义。规范设计警察队伍应急能力培训的“案例、情景”有利于在培训中规范应急行为，减少紧急情形下的伤亡损失。一方面，制定和检验应急预案。应急预案的制定，公安院校的教师将必须考虑的因素进行了较为详细的讲解，但是，因为缺乏针对性，学生并不知道怎么制定应急预案。通过“院局合作”平台，各地优秀教官会详细介绍针对某一具体问题的应急预案是怎么制定出来的，在实施的过程中遇到了哪些困难，最后又是怎么解决的。如何制订并检验应急预案，对提高警察队伍的应急能力就显得非常必要了。

（三）加强实践教学的比重

加强比重，不一定就是增加实践教学的课时，更重要的是加强实践教学的师资。教学的最终目的是使学生获得从事某种职业必需的技能。知识，是掌握某项技能的基础。学生是否掌握了老师传授的知识，只有实践才能得知。实践教学，不能局限于在学校的“模拟街区”“模拟派出所”等校内实践教学。“院局合作”以来的实践教学，与以往有所不同，教官和教师同堂授课，逐个指导，效果是比较明显的。情景观摩，是当前做得还不够的。一方面，紧急情景一般都是突然发生的，来不及安排观摩；一方面，警察队伍应急处突的观摩，如果没有讲解，最多就是了解现场处置有多复杂。最好的方法就是通过视频，教官/教师在旁分析、讲解。

同时，让学生走出校园，到一线岗位上去实践，这是非常难得的。湖南警察学院的做法主要是将毕业生分派到合作单位进行毕业实习，由合作单位提供民警指导，提供机会尝试。这样做的不足之处就在于：首先，指导民警自己工作繁忙，无暇顾及；其次，指导民警个性差异大，对实习指导难以规范考核；再次，学生工作单位与实习单位不一致，有的学生实习不认真，没有学习目标；最后，实习结束后，没有系统的梳理评价，实习效果大打折扣。要充分利用“院局合作”平台，增加实践教学的师资力量，让实习更有价值。学院可以多派教师到合作单位，让学生的实习指导更加细致和专业，合作的公安机关可以选拔出来的教官为主对实习学生进行严格考核。

（四）制定警察队伍应急能力评价体系、加强应急演练规划管理

警察队伍应急能力评价，至少应包括：应急预防、应急准备、应急响应、应急处置和应急恢复五个方面。分级分类，每一个方面都应当设置具体的操作指标和权衡系数。就像公安院校的教学工作考核一样，将应急能力评价标准量化，打分。评价体系越细致，评价结果越可靠。评价体系建成后，在警察应急管理过程中予以调整规范，才能施行。在原则统一、目标统一的情况下，允许地方差异。

应急演练对于警察队伍应急能力的提升的价值是巨大的，一次有效的应急演练，能大大提升警察队伍的应急能力，当社会安全事件发生时，能有效的降低伤亡损失。但是，应急演练不能滥用，它是一项耗时耗力耗财的活动。耗时，因为准备一次应急演练，需要相当长的时间，联系场地，协调政府其他职能部门，甚至在演练结束后还要对公众做好解释说明工作。耗力，应急演练本身就是体力活，前前后后需要消耗警察大量的体力和精力。耗财，在应急演练过程中，适用的装备器材需要耗费大量的资金。加强对应急演练的规划管理能降低演练成本，提高演练效率。

治安学专业“院局合作”实践教学的反思[①]

——以湖南警察学院为例

刘力敎[②]

（湖南警察学院　湖南　长沙　410138）

[**内容摘要**] 基于“院局合作”的治安学专业实践教学本质上还是治安学专业领域的教学活动，虽然目前“院局合作”实践教学取得了有目共睹的成效，但新时代社会变迁带来了新业态，新业态带来了新的治安需求，过去的“院局合作”实践教学中仍然存在重任务轻责任、重业务轻思政、重形式轻过程、重现在轻未来等不正常现象，只有以人为本、立德树人，才能求得更好的实效。

[**关键词**] 治安学；实践教学；“院局合作”；反思

“院局合作”人才培养是公安部2009年上海会议以来一以贯之的公安教育训练大举措，近10年的实践证明，“院局合作”人才培养能有效缓解公安院校教学资源不足、场地设施有限等问题，较好地推动了治安学专业实践教学与公安实战的对接，实实在在地提升了治安学专业应用型人才培养质量。然而时代不断在变，社会治安需求也不断在变，反思新时代背景下治安学专业应用型人才培养的实践教学“院局合作”模式，无论是教学的指导思想、培养目标，还是师资优化、过程设计等，都有待于与时俱进、有的放矢地适时调整。

一、湖南治安学专业实践教学“院局合作”基本情况的回顾

在湖南省公安厅和湖南警察学院的倾力支持下，湖南警察学院治安学专业实践教学的“院局合作”在2013年4月正式启动，截至目前，治安系已与湖南省内治安

① 基金项目：湖南省教育厅教改项目“基于‘院局合作’的治安学专业实践教学体系改革研究”（湘教通[2015]291号）和公安院校治安学专业实践教学质量监控研究（湘教改[2016]400号）阶段性成果。

② 刘力敎：男，汉族，（1966—　），湖南警察学院治安系安全防范教研室主任，副教授，研究方向为治安学和教学管理。

总队、长沙县公安局等19家单位建立了“院局合作”关系，依托这19家“深度协作”的“院局合作”平台，合作双方资源共享、各取所需、治安理论与治安实务有效对接，既满足了治安学专业应用型高素质人才培养的适时需要，又部分缓解了合作单位特殊时段的警力资源压力，合作效果反馈基本持正面评价。

（一）从指导思想看方向正确

正确的合作方向是“院局合作”是否能取得成功的前提，在“院局合作”实践教学实践中，湖南警察学院治安系依据国家相关高校转型战略及公安部的《公安高等教育发展规划纲要（2016—2020）》、湖南省公安厅《关于全省公安机关深化改革提升队伍整体素质的决定》确定了治安学专业实践教学“院局合作”的整体指导思想，即本着“自愿、合作、多元、共赢”的总原则，以平台规范建设为抓手，立足于平台建设、制度完善、服务实战、合作育人，按照“规范管理、资源共享、重点突破、有序推进”的总思路，从广度、深度、精度、力度4个维度渐次推进院局双方的深度合作。正因为大方向正确，因而实践教学“院局合作”的效果也越来越明显。湖南警察学院治安学专业实践教学人才培养的“院局合作”在2013年4月正式启动，截至目前，已与省内19个公安实战单位建立了“院局合作”关系。其中，湖南警察学院治安系与长沙县公安局共同打造的治安学专业实践教学“院局合作”平台被确定为湖南省治安学专业应用型人才培养示范基地。①

（二）从培养目标看定位准确

整体而言，湖南警察学院治安学专业实践教学“院局合作”的目标是以治安学专业人才培养目标为蓝本，并在整体上与专业人才培养目标保持了基本一致，同样是从知识、能力、素养三个维度予以界定。

1. 知识定位。知识上要求通过“院局合作”的实践教学，进一步深化学生对马列主义、毛泽东思想和新时代特色社会主义的理论认知，进一步强化学生对党和国家有关公安工作的路线、方针、政策及现行法律法规的了解、熟悉，进一步固化学生相关治安学领域的基本知识、基本理论、行业标准与行业规范。

2. 能力定位。能力上要求基于“院局合作”的实践教学，进一步帮助学生拓展自身的治安行政管理实战能力，进一步巩固学生书面阅读、文字书写、口头表达、人际沟通能力和警种岗位技能，促进学生观察性、自主性和独立性学习能力及创新思维的养成。

3. 素养定位。素养上要求依托“院局合作”的实践教学，帮助学生通过参与合

① 湖南警察学院：“院局合作”基地建设与管理暂行办法，载湖南警察学院官网2016年10月1日，http://www.hnpolice.com/show.aspx? id=19672&cid=799。

作对象单位治安实务及情境现场感知，进一步提升其政治、道德、法治、身心、人文、科学及职业与专业的素养。专业实践教学目标三个维度的综合考量，有益于培养学生忠诚意识、纪律意识、群众意识、法治意识，提升学生的专业认同感和职业执行力。①

（三）从具体运作看措施可行

从具体运作看，近年来的实践证明，湖南警察学院治安专业实践教学“院局合作”的运作模式是可行的。

1. 课时分配可行。查阅湖南警察学院治安学专业人才培养方案，该方案中的《专业课程设置与课时分配表》的相关数据显示，治安学专业本科班级专业课程总课时为 1954 课时，其中实践教学项目所分配的课时为 566 课时，占到了专业课程总课时的 35.5%，在课时分配上凸显了实践性学习这个应用型人才培养重要环节，促进了授课学生的理论与实际相结合。同时，在学分分配上，实践教学学分共 56 学分，占到了专业课总学分 169 的 33.13%。另外，时间安排上主要利用每年的寒暑假，第一、二学年寒假，每个假期安排 2 周时间，统一组织学生到“院局合作”单位跟班学习，开展专业认知实习；暑假则共集中 8 周时间，统一组织学生到“院局合作”单位参与治安勤务实践，第三、四学年暑假及第四学年一学期，主要是专业实习。这样的时间安排既是无改善增长的体验，又缓解了实践教学与专业课程、通识课程争课时的矛盾。

2. 手段方式可行。在实践教学“院局合作”的具体实践中，湖南警察学院依托“院局合作”平台多管齐下，采取了专业实习、假日见习、专业综合实训、课程课堂实训、课余见习、个案实战等相结合的运作模式。其中：

（1）专业实习。以班级为单位统一将不同班级的治安学专业学生安排到不同“院局合作”单位，每个“院局合作”单位系部都同步派出专业指导老师，而“院局合作”单位则“一对一”为每个实习学生指定指导民警，采取“师傅带徒弟”的方式进行实践教学，“师傅”干嘛，“徒弟”跟着干嘛，除了休息和睡觉，指导民警与受教学生始终在一起。

（2）假日见习。同样是以班级为单位，由学院治安系统一组织，利用双休日和五一、十一等节假日，到“院局合作”单位长沙县公安局的一线派出所，开展以巡逻防控、街面执勤为主要内容的治安勤务见习活动。假日见习同样是一种共享、双赢式的实践教学。一方面充分利用了合作单位的现场教学资源，受教学生通过现场感知，不仅提高了学习的主动性和积极性，还实践了专业知识、反思了专业理论。另一方面，节假日及双休日人们街面活动增多，见习学生的参与适时缓解了合作单

① 湖南警察学院：治安学专业人才培养方案（2018 版）。

位街面防控力量的不足。

(3)专业综合实训。为此，治安系专业编印了《治安学专业实践教学实训教程》，下发到每一名学生，让其提前预习、熟悉相关知识点。就近选择长沙县泉塘派出所、星安派出所，在第四学年下学期，以班级为单位分批组织即将毕业的治安学专业学生分组开展为期一个星期的专业综合实训。参与专业综合实训的各小组学生在实训指导老师带领下早出晚归，白天在实习派出所全程参与该所的日常警务活动。这些活动涵盖了接处警、巡逻防控、纠纷调处、入户调查、来信来访接待和治安、刑事案件办理等方方面面。

(4)课堂实训。除了前述3种形式的“院局合作”实践教学，湖南警察学院还根据治安学专业课程特点，每门课程都安排了一定比例的实训课时。比如《治安学原理》在40课时的总课时中安排了4个课时的课堂实训；《社区警务》在40课时的总课时中安排了8个课时的课堂实训；《保卫学》在40课时的总课时中安排了4课时的课堂实训。为此，学院先后建起了安全防范技术实验室、消防实验室、应急实验室、模拟街区、模拟派出所等校内实践教学平台，以满足课堂实训的需要。

(5)课余见习。课余见习是湖南警察学院治安学专业实践教学的一个传统方式。课余见习有三种途径：一是组织学生治安会，开展内部安全管理；二是鼓励学生应聘学院保卫处学生助理，让学生在保卫处值班民警带领下参与学院视频监控中心、枪库值守；三是每个学期都组织治安学专业全体学生轮流参与学院南、北门的门岗值班，每人每次1小时。通过上述3种措施，帮助学生课余实地体验单位内部治安保卫工作。

(6)个案实战。院、系两级充分利用长沙市公安局这个“院局合作”平台的实战资源，不断组织治安学专业的学生就近参与一些治安实务部门的现场勤务。比如，利用晚上组织学生参与长沙市区范围内夜间举办的大型活动安全保卫工作现场勤务；利用双休日参与每年的高考、公务员招考的试卷押运、考试现场保卫等工作；利用暑假组织学生参与省会长沙相关职能部门的反腐、扫黑等涉案人员的看守工作。这样既不耽误学生正常上课，又帮助学生获得了实战体验。

3. 资师整合可行。“院局合作”实践教学过程中，平台构建是前提，而师资准备是保障。在治安学专业实践教学过程中，湖南警院基于“院局合作”平台和“双千工程”不断优化承担实践教学任务的师资配备。一是走出去。选派多批次专职教师到长沙市公安局治安支队、株洲市公安局治安支队等“院局合作”单位挂职、学习，不断提高系部专职教师实践教学的能力；二是请进来。先后从长沙市公安局、湘潭市公安局等“院局合作”单位遴选了多批次“双千”教官来学院承担课程实训教学任务，不断提高专业实践教学的水平；三是就地取材。为优化专业实践教学管理，各“院局合作”单位均成立了“院局合作”工作领导小组，历次学生专业实习、见习中各单位均优中选优，选派本单位优秀治安民警担任实践教学指导老师，因而求得了实践教学的实效。

(四)从培养质量看反响较好

无论是“院局合作”还是实践教学，终极目的是人才培养质量。衡量治安学专业人才培养质量的关键指标之一就是治安学专业学生毕业就业后用人单位的满意度。用人单位是毕业生对接社会、融入实战的舞台，只有用人单位充分认可，实践教学才无可厚非。据湖南警察学院招生就业处2015年至2017年连续3年的毕业生人才培养质量跟踪评估报告相关数据显示，用人单位对近3年治安学专业毕业生满意度普遍持认可态度。其中：

2015年10月，学院走访调研了30多家用人单位，针对2015届毕业生(其中治安学专业114名)人才培养质量开展问卷调查，在人才质量选项中，80.56%的被调查单位选择了满意，选择不满意的单位为零；在人才培养整体水平选项中，选择满意的占75.02%，选择不满意只占2.05%；在毕业生工作态度选项中，选择敬业精神强的占96.33%；在专业视野选项中，选择视野宽的占83.49%；在业务能力选项中，选择表现优异的占93.65%，选择为人可靠的占95.54%。①

2016年12月，学院针对2016届毕业生(其中治安学专业234名)人才培养质量到用人单位进行了全面跟踪问卷调查，问卷结果显示，用人单位对2016届毕业生总体满意度为100%(其中满意占81.25%，比较满意占18.75%)；用人单位对毕业生岗位适应性评价中，选择毕业生能“很快适应工作”的占76.19%，“较快适应工作”占23.81%；用人单位对毕业生各类素质评价中(包括思想、道德、文化、心理、身体素质及职业技能、工作业绩等)，80%以上表示很满意和满意，没有出现不满意的评价。②

2017年9月，学院针对2017届毕业生(其中治安学专业236名)中844名毕业生的人才培养质量做抽样跟踪调查，其中，公安类专业毕业生对学院教育教学方法满意度为99.62%，仅有0.38%表示不满意；对学院校外实践教学总体满意度为98.53%；对学校专业实践技能训练总体满意度为98.28%。100%的用人单位对公安类专业毕业生表示满意，其中，37.5%的单位认为我校毕业生3个月内能适应岗位的需求，62.5%的单位认为我校毕业生6个月内能适应岗位的需求。用人单位对毕业生工作整体表现的评价中，认为100%的毕业生服从意识强，75%吃苦耐劳，69%职业技能好，50%人际沟通能力强，50%善于团队合作。③

---

① 湖南警察学院：2015届毕业生质量评估报告，载2015年12月21日湖南警察学院官网。

② 湖南警察学院：2016届毕业生质量评估报告，载2016年12月30日湖南警察学院官网。

③ 湖南警察学院：2016—2017届毕业生质量评估报告，2017年12月29日载湖南警察学院官网。

二、目前治安学专业“院局合作”实践教学遇到的新挑战

(一)新时代社会变迁带来的新挑战

当前中国社会已步入特色社会主义新时代，习近平同志在党的十九大报告中指出，我国社会的主要矛盾已经转化为人民日益增长的美好生活需要和不平衡不充分的发展之间的矛盾。不平衡不充分意味着社会公共产品资源有限且分配不均；公共产品资源有限则意味着群体与群体、群体与个体、个体与个体之间存在着不断的博弈，分配不均则意味着群体、个体之间会产生差距；有博弈就会有冲突，有差距就会导致矛盾；冲突和矛盾都会诱发安全问题；广泛的社会矛盾运动和剧烈冲突所诱发的安全问题最终会以社会治安的形式展现出来，直接影响到社会治安秩序，甚至会导致治安问题。特别是非传统安全背景下，非传统因素诱发的新型治安问题不断出现，如何在人才培养中未雨绸缪因应这些传统的、非传统的治安问题？是当前治安专业教育教学过程中所面临的一个新的挑战，也是治安学专业“院局合作”实践教学过程中应当及时解决的新问题。

(二)新业态机制更新带来的新挑战

构成业态有两个要素，一是形态，二是效能。形态是手段，效能是目的，二者的对立统一就构成业态。动态化信息化网络社会架构下，受知识升级、产业转型、理念更新等因素的冲击，新业态的出现已成社会常态。无论治安行业还是警察行业都在不断发生变化，因陈守旧、抱着传统经验、传统方法、传统对策、传统思维不思进取与改变的做法已不可取，其结果只能逐渐被时代所淘汰，治安学专业“院局合作”实践教学也不例外。信息化、互联网、AI 技术等现代信息技术、通信技术、网络技术催生了智慧警务；法治建设、人权提质、道德回归与重塑等演绎了阳光警务；政府公信力需求、法律与道德权威坚守、治安秩序维护的标本兼治、标准化建设造就了规范警务；人财物大流动、善治、公平正义等让草根警务应运而生；社会公众对美好生活向往、各行各业对治安环境与秩序需求、国家中国梦的目标追求等要求快反警务、素质警务、威权警务……各种警务新业态都对治安学专业实践教学的“院局合作”提出了新要求，也为平台建设、师资优化、手段更新带来了新挑战。

(三)新需求措施优化带来的新挑战

社会变迁会产生新业态，新业态会导致新需求，满足新需求自然就会有新措施，有新措施同样也会给“院局合作”的治安学专业实践教学带来新挑战。从受教对象学生层面看。因为同等课时前提下要接受更多的新理念、新知识、新技能、新

经验和新思维、新方法，学习压力就会更大、学习时间会更紧、学习节奏会更高。从施教者教师和教官层面看。行为世范、学为人师，面对思维活跃、基础不一、知识积累储备程度不同又个体特质形形色色的不同学生的不同需求，给学生一杯水，教师、教官就得先有一桶水。教师如何与时俱进不断提升、完善自身的综合素养、知识储备、实战技能，以及合作单位选配的民警教官如何与时俱进地满足受教对象学生的不同需求，同样是当前治安学专业实践教学“院局合作”面临的新挑战。

三、当前治安学专业“院局合作”实践教学中存在的问题

（一）重任务轻责任

任务是一种基于指令的可量化的事务，而责任则是对事务所产生的影响应尽的义务。师者，传道授业解惑也。实践教学中院局双方所指派的专职教师、实战教官、带班民警事实上都从不同角度承担着同一角色的义务，即“师者”的义务。治安学专业实践教学中仍然不同程度地存在着重任务轻责任的现象。从施教者层面看，实践教学的过程中部分教师、教官和民警工作缺乏主动和激情，被动受领实践教学任务的背后是一种消极的应付甚至抵触。这种消极或抵触的动因主要是来自两个误区：一是实践教学费力、缺场地设施、缺真实情境，师生短时间临时参加，无法深度参与，类似表演的彩排，实际效果不佳，可有可无。二是“院局合作”的实践教学既非专职教师专业课程的理论教学，又非实战民警的岗位本职工作，是分外之事，承担“院局合作”实践教学工作任务是无端增加额外工作量，多一事不如少一事。正因为有这两个方面的认知误区，不能站在预备警官培养的全局角度和学生适应社会发展履职能力的发展角度看待问题，进而导致实践教学工作中缺乏责任感，敷衍塞责，完成任务了事。

实践教学质量是事关专业人才培养质量的大事。辩证唯物主义认为，理论来自于实践，是实践的升华，高度凝练的升华反过来可以更好地指导实践，好的实践可以有效丰富理论的内涵，内涵丰富的理论可以完善实践。学生的专业践行能力是学生核心能力之一，光有理论没有践行力的学生在专业领域充其量只是一个生手。想成为熟手、能手，就离不开实践教学。当前最好的实践教学就是“院局合作”。缺乏这个认知，就会缺乏全局思维和发展思维，就不会意识到作为“师者”肩负的责任，重任务轻责任现象就会长期存在。

（二）重业务轻思政

思想是行动的先导，良好的综合素质与业务能力只是行动的基础，一个高素质的治安学应用型人才除了应具有一定的综合素质与业务能力外，还得有主动工作的

担当激情。当前“院局合作”实践教学过程中存在的第二个问题就是重业务指导轻思想政治工作，或者业务指导和思想政治工作“两张皮”，不能有机融合。认为能办成事就是王道，填表格、跑流程、录信息、用设备……会做就行。虽然公安院校本质上仍然属于职业类院校，可绝非技工类学校。公安机关是一支特殊纪律部队，公安类院校培养的是未来公安队伍的接班人，经常性思想政治工作是这支队伍克敌制胜的法宝。“院局合作”的实践教学应当知行合一，既要基于实践教学教会学生做，还应结合每一项具体警务活动，帮助学生明白为什么要这样做、做的过程中有什么纪律要求……将正确的世界观、人生观、价值观与工作实践有机结合，一同施教，帮助学生在实践性学习中既强能力又强业务，尽量克服重业务轻思政的不良倾向，确保业务、思政双管齐下。

（三）重形式轻过程

形式是外在的，过程是内生的。在矛盾的对立统一中，外因只是变化的条件，而内因才是变化的根据。目前部分地方的实践教学中重形式轻过程的现象依然突出。表面看，从院局双方共签合作协议到成立专门的“院局合作”实践教学工作领导小组、选派教师和教官、制定出台相关运作制度，再到确定施教学生、施教时间地点和开展实践教学，领导讲话、媒体跟进，项目繁多、亮点纷呈、经验满天飞，表面很热闹，实际上“招牌太好反而看不到里面的内容”。“院局合作”实践教学是实实在在的一项具体的教学活动，是教与学双方充分利用合作双方现有资源、依托“院局合作”平台所开展的现场情境教学。虽说形式是为内容服务的，但在实践教学中过程管理重于形式的服务，真实场景的感知、全过程参与的真实体验、指导老师与教官结合实例释疑解惑……是其他教学手段和模式无可替代的，其教学内容选择、教学过程设计、教学手段整合、教学过程管理、教学效果评估等应当扎扎实实，都具有针对性，而不应被选择性的忽视或流于形式，形式和过程同等重要。

（四）重现在轻未来

市场经济与“小政府大社会”背景下，基层警力不足的矛盾将会在一定时期长期存在，这也导致了治安学专业“院局合作”实践教学中重现在轻未来问题的产生。一方面，受教学生成批次到达承接实践教学的“院局合作”单位后，部分单位选择性地忽视了实践教学的教学功能，部分受教学生很快便成为顶岗、替岗的替补对象，用于解决单位巡逻防控力量不足等实际问题，导致学生只能接触一些低层次的、传统性的、日常性的简单业务。另一方面，虽然每次实践教学都有实施方案，其教学内容、教学手段、教学流程、教学要求等都在方案中有明确界定，但实际操作中，教学单位习惯性的以日常警务活动为依托开展实践教学，学生只能接触承教单位现实中已经发生的治安问题和治安业务，无法接触前瞻性的、技术性的、关键性的业务。同时，带队教师和指导教官也习惯于关注当前的一些业务知识，没有前瞻性的专业引导；只专注治安学专业领域的指导，而忽视其他专业知识的融合；只专注日常经验，而忽视未来发展，上述种种，进而导致受教学生专业视野不开阔、发展后劲不足。

四、强化实践教学应对挑战和解决问题的路径

完善“院局合作”实践教学是一个渐进的过程，不可能一蹴而就，应当正视问题与挑战，有的放矢地逐一解决问题。

（一）校准定位：以人为本

“院局合作”实践教学中的“教”由院校教师和合作单位民警共同完成，“学”由受教学生集体完成，教学双方之间的关系本质上是人际互动关系。在这个互动的人际关系中教师、教官、学生及平台提供者之间，双方或多向的循环互动，最终达成协商、合作的平衡。基于超循环理论，解决实践教学过程中存在的问题和遇到的挑战，其实是教学体系从一个旧平衡渐次达到一个新平衡的过程。其动因既有自组织的，也有他组织的。他组织体现在中央教育工作会议精神及教育主管行政部门的要求。自组织来源于公安院校治安学专业应用型高素质人才培养目标定位和公安机关治安实务部门新警招录使用等实际需求。2018 年 10 月 17 日，教育部办公厅下发《关于公布首批“三全育人”综合改革试点单位名单的通知》（教思政厅函[2018]36号）精神要求，整合各方资源构建一体化育人体系，形成全员全过程全方位育人格局。[①] 这里的全员育人是指由学校、家庭、社会、学生组成的四位一体的育人机制。“院局合作”实践教学契合全员育人要求，治安学专业实践教学全员育人的一种具体体现。“院局合作”实践教学中不同程度地暴露出不同类型的问题是“院局合作”实践教学发展、成熟过程中的正常现象，新时期面临新挑战也很自然。正视问题、迎接挑战就得校准定位，牢牢抓好“以人为本”这个坐标原点。

1. 平台层面的目标定位。关键问题是“院局合作”实践教学的治安学专业应用型高素质人才培养如何定位的问题。2018 年 5 月 2 日在北京大学师生座谈会上，习近平强调：大学是立德树人、培养人才的地方，培养什么样的人、怎样培养人是

① 教育部办公厅：关于公布首批“三全育人”综合改革试点单位名单的通知（教思政厅函[2018]36 号），载 2018 年 10 月 19 日教育部官网，http://www.moe.gov.cn/srcsite/A12/moe_1407/s253/201810/t20181026_352849.html。

教育教学的根本问题。[①] 因此，治安学专业实践教学"院局合作"平台应与时俱进，立足于不断变迁的社会环境，公安实战需求适时修正、调整好教学目标，校准教学的目标定位，明确界定好每次实践教学人才培养的阶段性小目标，让实践教学有章可循，有据可依。

2. 施教层面的能力定位。包括院校专职教师的能力定位、承教合作单位教官的能力定位。教学目标确定后，施教者的教学能力是确保实践教学达到预期目的的外因。外在条件能满足实践教学的实际需求，教学效果自然会事半功倍。金无足赤，人无完人；闻道有先后，术业有专攻。就教师、教官个体而言优点、不足共存，选配教师、指定教官要立足当次实践教学的实际情况，因事而异、因人而异，围绕教学对施教者的能力需求反向倒推，进而确定教师、教官的选派条件，对照条件选定教师、指派教官。不能不问实际情况"一刀切"，所有实践教学项目施教任务由同一批次的教师、教官承担，而要充分整合院局双方教师、教官的特长优势力，确保每一次实践教学在师资力量上得到可靠保障。

3. 受教层面的变化定位。这个变化是指实践教学受教学生的收获和进步。实践教学受教者往往以群体形式出现，但群体中的每个个体都具备自身特质与特点，有学习态度端正、学习主动的，也有学习态度不端正、学习缺乏主动性的；有理论学习扎实、知识积累丰富的，也有理论学习不扎实、知识积累不丰富的；有理解能力、接受能力强的，也有理解能力、接受能力弱的；有思维活跃、视野开阔的，也有思维不活跃、视野不开阔的……故此，定位受教者变化时，应因人而异、综合考量、分类设定。评价变化既要考虑不同学生之间的个体差异，又要考虑同一学生不同方面的差异，以确保科学、合理。

(二)抓住关键：立德养德

构建"院局合作"平台、开展专业实践教学是为了培养治安学专业应用型高级人才，做事先做人，立德才能树人。

1. 施教者要立德养德。反思之所以存在重任务轻责任、重业务轻思政、重形式轻过程、重现在轻未来等不正常现象，其根源还在一个德字。这个德就是师德。师德是传统美德、社会公德、个人品德、职业道德的浓缩和精华。教师是人类文明的传承者，承载着塑造灵魂、传播真理与知识的重任，打铁还须本身硬，立德树人，无论教师、教官首先要不断强化自身的德，其次是要德才兼备。只有以德育人、以德服人，同时又有与身份、岗位、教学任务相匹配的才华，才能引导、帮助学生回归本分，树立起正确的世界观、人生观、价值观，给学生以核心竞争力。施

① 新华社：习近平在北京大学120周年校庆师生座谈会上的讲话，载2018年5月4日培昆仑策网站。http://www.kunlunce.com/xjpxjp/2018-05-04/124975.html。

教者有了德，才会重责任、讲担当。再次是受教者要立德养德。德智体美劳全面发要是新时代对每一位学生的要求，德智体美劳，德居首位。这个德是个人品德、家庭美德、社会公德和公民行为规范的浓缩和精华。具体到学习生活中就是尊重知识、尊重科学、尊师重道、尊老爱幼、发奋图强、格物致知、助人为乐、阳光健康。德是人生之纲，纲举才能目张。学生以学习为本，学生有了德，才会刻苦学习科学文化知识、主动探寻科学奥秘，才能回归梦想、具有创新精神和献身精神，真正成人成才。

(三)聚焦专业：提升质量

专业是指高等学校或中等专业学校依据社会分工需要所分成的学业门类(《辞海》中的定义)。专业由课程组成，治安学专业课程体系建设基本功能就是提高专业人才培养质量。各个具体的“院局合作”实践教学项目丰富专业课程的内涵，因此，实践教学还应回归聚焦专业。将实践教学的重心聚焦于治安学专业领域，有益于提升质量。

1. 聚焦学生专业意识培养。治安是一种由国家法律制度所界定的社会现象，合法的现象即治安秩序，非法的现象即治安问题。治安学专业意识是对治安专业规范的认同与坚守。维护治安秩序、预防治安问题是治安学专业领域相关知识、能力、素养关注的两个重点。“院局合作”实践教学应聚焦于受教学生维护治安秩序、预防治安问题等专业意识的培养，为后续的专业思维养成、专业知识与技能的积累从导向上进行铺垫。

2. 聚焦学生专业思维养成。专业思维是专业视角下的思维方式，良好的专业思维映射出特定的处事程式。预防治安问题、维护治安秩序过程中最核心的专业思维体现在控制、消除诱发治安问题、影响治安秩序的原因、条件上。因此，实践教学与理论教学一样，无论在课程设计还是过程管理中都应注重学生治安学专业思维的培育，这样有利于学生核心竞争力的强化。

3. 聚焦学生专业视野拓展。寻根究源，治安现象的形成是广泛的社会矛盾不断运动、变化、发展的结果。新公共管理理论认为，目前社会治理是一项主体多元、合作多向的系统工程。培养高素质的治安学专业应用型人才应当跳出治安看治安，具有大治安理念。“院局合作”的实践教学同样如此，不能就治安讲治安、就治安教治安，应当以治安学为中心、统筹国内国外两个范畴，兼顾哲学、社会学、经济学、心理学、信息学等治安边缘学科专业领域可以解构治安现象的相关理念，以此拓展学生的专业视野。

4. 聚焦学生专业知识积淀。治安学是公安学的下属门类学科，虽然治安秩序维护、治安问题预防离不开侦查学等公安类学科专业知识的支持、辅助，毕竟治安学专业有别于其他公安类专业，其知识体系主要是治安学基础理论、治安行政管理和治安社会防范3大块。同时，科技强警是趋势，非传统安全问题也不断出现，所以培养治安学专业高素质应用型人才，"院局合作"的实践教学仍应聚焦于这3大块。在基本理论、基本知识、基本技能、基本经验四个维度帮助学生不断积淀的同时，也帮助学生不断积淀现代科学技术知识和国际警务合作相关知识。

总之，基于"院局合作"的治安学专业实践教学本质上还是治安学专业领域的教学活动，虽然目前"院局合作"实践教学取得了有目共睹的成效，但新时代社会变迁带来了新业态，新业态带来了新的治安需求，过来的"院局合作"实践教学中仍然存在重任务轻责任、重业务轻思政、重形式轻过程、重现在轻未来等不正常现象，只有以人为本、立德树人，才能求得更好的实效。

依靠“院局合作”，改进实践教学

杨纪恩①
（湖南警察学院　湖南　长沙　410138）

［**内容摘要**］改进实践教学是治安学专业教学改革的主要内容，是实现“教学练战一体化”的重要途径，是培养新时代应用型实战型专业人才的有力手段。当前，治安学专业实践教学存在的短板主要有实践教学力量薄弱，实践教学条件差，实践教学体系亟待重塑，考评机制不健全等等。要改进实践教学，必须依靠“院局合作”，明确治安学专业教学改革导向，推进实践教学师资队伍建设，改善实践教学条件，完善实践教学评价体系，搭建“院局合作”互助平台。

［**关键词**］“院局合作”；治安学；实践教学；改进

改进实践教学是治安学专业教学改革的主要内容，是实现“教学练战一体化”的重要途径，是培养新时代应用型实战型专业人才的有力手段。要改进实践教学，必须开展“院局合作”，这是公安教育的特色所在，也是提高人才培养质量的必由之路。特别是在公安院校自身实践教学条件薄弱、实践教学效果并不理想的前提下，尤其需要依靠“院局合作”，不断强化和改进实践教学环节，以此提高公安院校人才培养质量，推进公安教育发展，满足社会发展对应用型治安学专业人才的需要。

一、“院局合作”是培养应用型、复合型人才的重要途径

公安院校治安学专业人才培养目标是为公安实践部门培养从事治安管理和安全服务的应用型复合型人才，特别需要强化实践教学，提高人才培养的质量。早在2009年，公安部出台《加强和改进公安教育训练工作意见》明确指出，要加强职业技能和实战训练，强化警务技能和战术训练，着重抓好武器警械使用训练及考核，增强民警自我防范意识和实战能力。2012年，教育部、中央宣传部、财政部、文

① 作者简介：杨纪恩，男，湖南警察学院治安系副教授，主要研究应急管理。

化部、总参谋部、总政治部、共青团中央发布《关于进一步加强高校实践育人工作的若干意见》确切提出，各高校要结合专业特点和人才培养要求，分类制订实践教学标准，增加实践教学比重。有关部委出台的意见表明，公安教育是职业教育，必须强化实践教学，培养学生实践能力，应对实战需要。如何通过开展实践教学来提高人才培养质量呢？党和国家通过制定大计、方针和政策，为公安院校指明康庄大道。习近平总书记在中共十九大报告中特别强调，要完善职业教育和培训体系，深化产教融合、校企合作。为了贯彻十九大报告精神，2017 年 12 月国务院办公厅印发《关于深化产教融合的若干意见》，明确指出要深化“引企入教”改革，支持引导企业深度参与职业学校、高等学校教育教学改革；支持校企合作开展生产性实习实训，鼓励企业直接接收学生实习实训。对公安院校和公安机关来说，产教融合就是“院局合作”。对于“院局合作”的具体实施，公安部部长赵克志在庆祝中国人民公安大学建校 70 周年大会上是这样强调的：要把教学科研与警务实战更加紧密地结合起来，努力培养更多符合公安实战需要的应用型、复合型专门人才；要健全具有公安实战特点的课程体系和教学内容，完善“教、学、练、战”一体化人才培养模式；要以信息技术推动教育教学改革，推出更多满足实战需求的信息化研究成果；要健全与公安实战部门“协作共建、合作育警”机制，实现人才培养和实战需要的互利共赢。由此可见，为了贯彻实施党和国家教育方针政策，必须依靠“院局合作”开展治安学专业实践教学；同时，治安学专业实践教学必须坚持“院局合作”，努力实现为实战部门培养应用型、复合型人才的目标。

二、当前治安学专业实践教学存在的短板突出

木桶理论告诉我们，木桶的装水量是由木桶最短那块木板决定的。治安学专业实践教学存在的短板很多，包括教学基层薄弱、师资力量不强、实训条件差、教材缺乏、考评机制不健全，这些短板制约着实践教学的效果，影响到治安学人才培养质量。

（一）实践教学力量相对薄弱

公安院校治安学专业实践教学指导教师的数量和质量与实践教学效果密切相关，充足的师资力量和高素质的师资水平是提高实践教学质量的前提条件，是实现既定公安人才培养目标的基本保障。公安院校实践教学不仅要求教师须具有一定的专业理论知识，而且需要具有较强的实践操作技能和解决问题的现场综合应变能力。但是从目前全国公安院校治安学专业的师资队伍来看，很快出现青黄不接的现象。有着丰富教学经验和实践能力的教师年龄偏大，已经退休或者即将退休。大多数治安学专业任课教师比较年轻，这些教师大部分并非公安院校毕业，可能有的教

师到公安大学进行短期进修学习，有的教师利用假期到实践部门进行实习调研锻炼，但他们的实践经验仍然不足，难以满足实践教学的需要。加之受到重理论轻实践思想的影响，一些教师认为实践教学费时、费事、费力，并不愿意在实践教学上投入更多心思和精力，所以导致治安学专业实践教学的教师队伍质量很难得到提高。

（二）实践教学条件有待改进

由于历史和体制的原因，公安院校大多建校时间短、学校规模小、办学层次低。前几年，国家还对公安教育政策进行调整，实行公安招录体制改革，压缩甚至停止全日制学生招生，在一定程度上影响到公安院校的发展壮大。近年来，国家加大了公安院校发展的倾斜政策，各省的公安高等专科学校基本上升格为本科院校，对公安教育起到推动作用。但是，各省的公安院校都是省属院校，相比部属院校，能够争取到的国家教育经费十分有限，特别是用于实验室建设的经费短缺。而且，与技术工程类的专业相比，用于治安学专业实验室建设经费明显不足，实践教学仪器设施投入不力。公安院校将实验室建设经费主要投入到刑事技术、网络安全、交通管理等专业，治安学专业实践教学基础建设跟不上学校发展的规模和速度。还有，现在各地公安机关都是网上办案，由于数据软件安装成本和保密问题，治安学专业实践教学难以和实战部门联网，模拟网上办案受到影响。由于经费投入不足，导致实验室条件简陋、设备陈旧、数量不足，实践教学课开出率较低，实践教学效果较差。

（三）实践教学体系亟待重塑

治安学专业培养的学生应在具有必备的基础理论知识和专业知识的基础上，重点掌握从事工作岗位所需的基本能力和基本技能。但是大部分公安院校升本之后，在制定人才培养目标时，教学内容只是在原来专科的基础上进行扩充。公安院校治安学专业教学同样或多或少地沿袭了传统的教学模式，在教学上重理论轻实践，以理论教学为主，把实践教学放在次要位置，显示不出公安院校的实践性特色。这就必然导致人才培养满足不了公安工作的需求，使教育偏离办学初衷。从具体的治安学专业实践教学内容来看，绝大多数公安院校的治安学专业课程体系受传统教育思想的影响，理论课时数太大，实践技能教学课时不足，而且内容陈旧，没有形成科学体系，没有综合的实践教学指导书和大纲。还有些学校脱离实际情况过高地设定课时标准，导致教学与实践相背离。有的实训项目简单重复，例如突发事件预案编制实训项目，多门课程的教师都安排了同样的实训。这样的实践教学设计，可以说是脱离了公安工作实际。由此培养出来的学生动手能力差，适应环境慢，毕业上岗之后，在学校学习的那些知识根本不管用，还得从头开始学。分析其中的原因，是相关公安实践部门很少参与治安学专业实践课程的制定，才导致专业的实践课程体系设置不合理。

（四）缺乏科学的考核标准和评价机制

目前，我国对公安院校实践教学的评价是包含在人才培养工作水平评估当中，但实践教学在评估中占的权重仍然很低。公安院校不重视对实践教学的考核评价，特别是缺乏相关的深层次研究。公安院校实践教学评价方法的选择与运用并不是难事，比如构建比较科学的实践教学评价体系、规范化的公安院校实践教学大纲，包括实验、实训和实习大纲，各类毕业设计指导书等，但目前大部分公安院校治安学专业的实践教学评价还没有形成一套比较科学的体系。大部分院校实践教学内容既缺乏量的增加，更缺乏质的变化。① 而且，普遍存在实践教学考核、激励、评价机制不健全的现象，学生在实践环节中实践能力的评价方法和标准、教师实践教学质量的评价方法和标准都缺乏统一和规范。

三、依靠“院局合作”改进治安专业实践教学的具体举措

依靠“院局合作”来强化和改进实践教学环节，是实现公安院校治安学专业人才培养目标的需要，是坚持正确的公安教育改革和发展方向的需要。公安院校必须依托公安机关的教官、场地、设备和技术，稳步增强师资队伍，不断改善实践教学条件，合理制订教学计划，尽快健全考评机制，全面提高实践教学水平和人才培养质量。

（一）切实明确治安学专业教学改革导向

公安教育为公安实战服务，为实战部门培养合格人才，这是公安教育的最终目标。所以，公安教育要根据治安形势的变化，紧密围绕公安工作的实际需要，加大教育改革力度，为公安实践部门培养高素质、强能力的合格人才。由此，治安学专业教学改革一定坚持能力本位、学以致用的导向，在制定人才培养计划、设置课程体系、编写教学大纲时，要广泛征求公安实战部门的意见和建议，根据实战当中需要的技能和能力来制订教学计划，提高人才培养质量。要让每位教师认识到实践教学的重要性，从而重视实践教学，干劲十足地投入到实践教学当中去。要充实实践教学内容，优化实践教学体系，根据不同阶段制定实践内容、实践项目、课程设计、考核标准，增加与公安工作密切相关的操作性实训，减少传统教学中的演示

① 孟玉珍：《新建公安本科院校实践教学管理中存在的问题及对策研究》，载《湖南警察学院学报》2012 年第 3 期，第 145 页。

性、验证性实验项目，使学生逐步掌握基本的综合实践能力、专业技术应用及操作能力。

（二）稳步推进实践教学师资队伍建设

师资队伍建设是改进实践教学的重要途径，公安院校治安学专业要以培养“双师型”教师为目标、以提高教师综合素质为核心，狠抓师资队伍建设，努力打造一支与治安学专业建设相适应的结构合理、业务精湛、创新能力强的高水平师资队伍。① 一是改进教官制度，继续从公安机关选拔“双师型”教官到学校任教，在保障他们的福利待遇和优先晋升的基础上，做到授课内容专题化，时间安排短期化。二是鼓励和督促教师通过多种途径主动与公安实践部门联系，利用假期或者无课时间到实战部门实习和调研。学校要有计划、有针对性地安排专业教师到公安实践部门锻炼，确保每位专业教师每学年到公安实践部门从事警务实践活动的时间不少于一个月，以了解公安实践部门新设备，掌握新技术，并应用到治安学专业实践教学当中。三是选拔教师参与公安实战部门组织的培养教育，提高他们的专业技能。可以有计划地选送教师到公安大学进行培训进修或者做访问学者，选派骨干教师定期进行培训，以获得前沿技术信息和先进的教学方法。四是支持教师参加社会上的各种资格、资质证书的考核培训，积极帮助有职称证书的教师参加其他相关专业技术职务资格的社会化考试或职业技能的鉴定，取得与实践教学相关的职业证书。五是要督促和鼓励教师积极参与教研和科研，不断提高自己的教学水平和专业技能，要求所有专业教师，不但要能从事理论教学，也要从事实践教学，真正使理论与实践教学紧密结合，有效地保证教学质量。

（三）大力改善实践教学条件

实践教学活动离不开实验室、实训教学基地、实习基地、实践教学共享平台，这些都是开展实践教学活动的重要载体。在学校现有条件不能满足实践教学需要的前提下，学校在加大治安学专业实践教学经费投入的同时，更要依靠公安机关现有的办案条件和实验场所，不断改善实践教学条件。具体来说，一是各公安院校与公安实战部门联合申报要努力建设教学与科研紧密结合、学校与社会密切合作的实践教学基地，有条件地强化现场教学环节。二是申报国家财政专项资助实验室建设项目，依托学校现有实验条件，争取国家专项资金，重点建设实验教学示范中心。三是探索市场化运作模式，在确保实训效果的前提下，引进安全防范产品生产企业、保安服务公司等在学校或者校外建立实践教学场所，不但可以为在校治安学专业学

---

① 刘力敏：《论治安学专业实践教学“院局合作”平台的优化》，载《北京警察学院学报》2018 年第 2 期，第 118 页。

生提供实践教学的机会，而且能够承担各级各类职业技能的培训任务，同时满足教学、实训、技能鉴定、培训、技能竞赛以及生产技术服务的需要。四是与公安实战部门或内部研究机构，联合研制和开发实践教学软件和课件，并为本校的实践教学服务，又可以对外出售，取得经济效益和社会效应。

（四）逐步完善实践教学评价体系

教学评价是课程教学当中最重要的环节，不管是理论教学还是实践教学，都需要进行教学评价，以便总结教学经验，改进教学活动。治安学专业实践教学环节是一个比较复杂的过程，由于缺乏统一的评价标准，很难进行科学的教学评价。因此，学校实践教学要想达到预期的效果，有必要参照实战部门绩效考核内容，制定科学、完善的实践教学体系。一是建立和健全实践教学的管理机构和管理制度，加强实践教学评价制度化、规范化建设，为开展实践教学提供重要保证。二是加强实践教学的教材和大纲建设，编写《治安学专业实践教学大纲》《治安学专业实训计划》《治安学专业学生实践教学实验报告》《治安学专业实践教学教师手册》《治安学专业实习综合成绩考评办法》等教学资料。① 通过教材和大纲建设来规范实践教学活动，以确保实践教学质量。三是要把行业标准引入公安院校治安学专业实践教学当中，把职业技能鉴定纳入教学计划中，列入评价体系，通过参加职业技能鉴定考核来提高学生的实践能力。

（五）稳步搭建“院局合作”互助平台

治安学专业教学为基层治安管理部门培养合格人才，同时也需要基层治安管理部门的支持，公安实践部门的支持对治安学专业实践教学起到重要的推动作用。一是搭建综合实训平台，安排学生到公安实战部门进行参观实习、在具体的监管场所进行实训、进行模拟操作训练、到公安实践部门实习等形式，实现实践教学形式的多样化。二是搭建专业实习平台，公安实战部门要为公安院校治安专业学生实习提供条件和机会，选拔实践经验丰富的民警担任指导老师，一对一地进行指导培养。这既有利于解决基层公安机关警力不足的问题，也有利于学生通过到公安实践部门实习，置身于生产第一线，融入到公安队伍当中，感受警队氛围，使学生毕业之后能够很快适应工作岗位。三是搭建咨询答疑平台，通过建立微信、QQ 群，让教师与实践部门的民警双向交流，教师在教学当中遇到的疑问，可以咨询实践部门的民警；民警办理案件碰到的难题，可以请教专业课程教师，以此实现互助共赢。

---

① 陈建军、方格：《公安院校实践教学改革若干问题思考》，载《湖北警官学院学报》2007 年第 4 期，第 86 页。

“院局合作”背景下治安信息检索的教学实践①

黄　进②　冯锁柱③
（北京警察学院　北京　昌平　102202）

［内容摘要］目前“院局合作”已成为公安院校发展的强大推动力。其中，“院局合作”形成过程呼唤治安信息检索，课堂检索比所队搜索滞后待破除、治安论文与一线报告脱节需扭转和使用检索与创造检索分离需化解。面对现实，“院局合作”的发展中实现检索是可行的，二者有一致的价值追求：服务公安一线、新的教学维度；教学练战一体化和历史的机遇期；两队一室的改革。具体实现路径中包括，夯实学院治安信息检索基础、建立一线治安信息搜集平台和建构学院与一线信息的融合。

［关键词］“院局合作”；治安信息检索；教学实践

一、“院局合作”形成过程呼唤治安信息检索

（一）课堂检索比所队搜索滞后待破除

目前公安院校治安学专业普遍存在重理论、轻实践现象，专业实践教学往往流于形式，严重制约了专业人才培养质量和专业发展。④ 公安院校治安信息检索教学环节仅进行一维检索。从教学体系上看，治安信息检索相关课程教学方案较为陈旧，甚至有的学校存在着本科生、专科生选用同一本教材、考核同一张试卷的情况，缺乏梯次教育。五所部属院校以及各省市警院在信息检索相关课程设置上也是

---

① 基金项目：北京警察学院 2018 年教研重点项目“《治安史》课程建设研究”（项目编号 2018JZD04）阶段性研究成果。

② 黄进：男，北京警察学院治安系讲师，主要研究治安学。

③ 冯锁柱：男，北京警察学院治安系教授，主要研究治安学。

④ 刘振华、刘力皲：《公安院校治安学专业实践教学评价体系的构建》，载《湖北成人教育学院学报》2017 年第 23(06) 期，第 21-23 页。

五花八门，没有实现统一的范式。对于其核心内容，往往采取专题讲授或在业务课程教学中简单介绍，丰富的信息内涵不能让学生在短时间内吸收。而在其相关的教学大纲、教材设置和考核评价方面，还没有建立起一套完整的标准化管理体系。对于从事治安信息检索的教学人员，专业课教师较少具备相应的检索专业能力。具备专业能力的图书馆、资料中心的老师，本身还要完成自身的日常事务性工作，花在教学上精力有限，难以大面积广泛地进行专业教育教学。治安信息检索教学又是一门实践性很强的教学，要求讲授与实践紧密结合。但在过程中，硬件环节又是阻碍两者兼顾的桎梏。教学方式方法上，与信息化运用结合相对较晚，大多还停留于传统的教学模式，基本处于单一的"教"与单纯"学"的层面，在灵活性、对抗性和实战性上深入不够。① 受教学硬件条件的制约，有时候会出现，第一节课老师讲，学生记笔记；第二节课学生实践，老师答疑。没有呈现边讲边练，边练边讲的教学场景。随着时代的发展，治安信息检索相关课程已经由最初的信息检索向信息能力转化。原有的简单检索，已经不能够满足教学目标的需要。而公安一线不拘泥于一种固定的治安信息检索模式，综合使用多种搜索引擎进行治安信息搜索，需要学生进行多维治安信息检索能力。学院所学的一维与实践所需的多维困境待破除。

（二）治安论文与一线报告脱节需扭转

治安论文的写作规范源于治安信息检索课程的教学，源于公安信息检索教材的编写。由于缺少理论支撑，现有教材基本上属于业务经验型的教材，非本科教学之用（处于专科层次），满足不了本科教学和治安实践部门的需要。② 公安院校现有较新的教材是 2006 年 1 月北京警察学院王东主编、群众出版社出版的《公安文献信息检索教程》，距今已有十余年。而非公安院校则有 2017 年 11 月上海交通大学出版社出版的《文献信息检索与论文写作（第六版）》，该书前后 6 次改版，21 次重印，成就经典"学术出版素养教育读本"。而公安院校的相关教材多与《公安文献信息检索教程》类似，结构多为：信息检索基础、手工检索、计算机检索、综合资源检索、数据库检索等。而非公安院校教材，如《文献信息检索与论文写作（第六版）》则包括了：文献信息检索基础、文献信息检索工具基础、网络信息资源的检索与文献线索的应用、EV 平台与 EI 的检索、引文索引及其检索、中文文献检索平台及其数据库的检索、中文电子图书数据库的检索、经典外文检索平台及其数据库的检索、特种文献的检索、文献的合理使用、学术规范与论文写作。其内容包含最新

① 黄庆贵：《新建公安本科院校实践课程建设路径探析》，载《教育评论》2018 年第 7 期，第 121-125 页。

② 王彩元：《科学构建治安学专业课程体系之理性思考》，载《江西警察学院学报》2016 年第 6 期，第 32-37 页。

的：EV 平台与 EI 的检索、SCI 与 SSCI 简介、CNKI 平台及中国期刊全文数据库的检索、万方数据知识服务平台及其检索、维普期刊资源整合服务平台及其期刊文献的检索、读秀学术搜索、超星电子图书、书生之家电子图书、方正 Apabi 电子图书、EBSCOhost 平台及其数据库的检索、SpringerLink 平台及其数据库的检索、SciVerse 平台及其 ScienceDirect 数据库的检索、Scitation 平台及其电子全文期刊的检索等内容。治安论文不论从立意、结构还是内容，都与社会生产生活实际有较大差距，更与治安一线部门总结差距较远。

（三）使用检索与创造检索分离需化解

尽管我国公安机关治安信息化进程突飞猛进，但是公安教育中的公安院校治安信息化教育还较为落后。一方面，各级公安机关在其内设机构中往往都设置情报信息中心及其类似机构。但是，作为公安机关重要组成部分的公安院校却没有相应的专业课程。仅有部分学校开设《公安情报信息检索》选修课程。在必修课程中，与治安信息检索能力相关的更多的是《公安情报学》课程。而《公安情报学》课程更多地设置在侦查学或网络安全与执法专业中。其多是以刑事侦查为主要线索，将庞大的信息概念缩小为情报的搜集。另一方面，治安信息检索相关教学环节，不是独立存在的，而是同计算机技术、网络技术与公安业务课三者相交融。脱离了公安业务的治安信息检索失去了公安意义。这就需要在专业课程中，加大对其所涉及治安信息检索内容的教学。但是在实际教学中，由于治安信息检索的能力要求高，学生往往更倾向于直接动手动脚的实践科目。加之公安院校学生在现行招录培养体制中，要面对应试。所以，学生中对工具类学习兴趣不高、积极不足、精力不够，仅仅应付了事，没有掌握治安信息检索的内在规律和一般方法。在公安院校停留在一般的治安信息检索的层面，公安一线开始创造数据库，在使用检索的同时制造检索内容，并根据检索内容构建搜索引擎为公安治安信息化服务。

二、“院局合作”的发展中实现检索的可行性

（一）一致的价值追求：服务公安一线

公安部党委提出的《关于加强和改进公安教育训练工作的意见》和 2015 年 1 月 1 日起新施行的《公安机关人民警察训练条令》集中体现了新形势下公安教育训练工作的总目标和新要求，强调了公安教育训练要加强职业技能和实战训练，切实增强警察履行职责的能力。① 身处信息社会环境中，公安一线需要对治安信息搜集，公

① 唐静：《应用型公安院校“案件查处模块”实践教学模式探析》，载《教育与职业》2017 年第 19 期，第 93-97 页。

安院校传授治安信息的检索方法。"院局合作"实践教学平台作为公安院校培养高素质、高技能的治安学专业人才的重要载体，它承载的是治安学专业应用型人才培养过程中的部分教育职能。① 搜索带有应用性，而检索偏重学术性。对治安信息搜集整理，不仅是治安信息检索工具的使用以及数据库的维护，更是公安院校大学生在学习过程中，提出问题、分析问题、解决问题和总结问题中的重要一环。它所涉及学生的思维能力、表达能力和逻辑能力。从题目信息的获取到最后完成检索、写出文献综述过程中，是需要对信息从寻找、收集、整理、判断、筛选以及提炼的整个过程。不仅是治安信息使用的一环，更是前期准备以及后期总结全流程对信息创新的一环。针对信息的获取是提升学生自学能力中的重要一环节。具备信息检索能力，能够提升学生在遇到全新问题后自行解决能力。在公安院校信息检索教学环节中，老师仅仅提出具体的题目，介绍完基本方法后，让学生自行完成。这就培养学生从治安信息的初步获取到最后治安信息的整合完成的全部过程。不仅仅是第一步搜索治安信息，而且深入到使用治安信息的每一环节，更是整体环节的具体一环在某一具体操作上的具体表现。而治安信息检索的教学环节，不仅涉及本课程内容，更涉及计算机基础、网络技术基础以及专业课基础，是综合多门学科基础，在具体环节中的表现。治安信息检索过程能够提升学生对信息的整合能力。将学生获取信息能力提升到一定的高度与水平。这与信息时代，社会对信息人才的需要相吻合。

（二）新的教学维度：教学练战一体化

从 1994 年我国全面接入互联网开始，信息社会秩序需要维护，上网网民财产需要保护，这些都以信息技术为基础。以信息技术为基础的虚拟社会呈现网络资源稳中有升、生活资源保持增长、网络普惠成果明显、在线理财使用率高、电子商务社交融合、移动支付保持增长、网上娱乐健康发展、短视频类迅速崛起、共享出行高速增长和在线政务加快发展等特点。1998 年，公安部成立公共信息网络安全监察局，启动"金盾工程"建成"公安部—省厅—地市公安局"的三级网络系统。在公安院校中培养具备信息意识的预备警官，不仅能够直接培养网络警察，而且能够培养具备信息意识的刑事警察、社区警察、外事警察、交通警察、户籍警察等等。信息的唯一性，有助于培养刑事警察侦查办案中同一认定能力；信息的趋势性，有助于培养社区警察对社区可防可控案件的提前规划；信息的国际性，有利于培养外事警察宽广的国际视野和国际语言；信息的流动性，有利于培养交通警察对道路行人车辆的抽象化秩序维护理念；信息的人为性，有利于培养户籍警察对人身特征的数字化识别。在"教学练战"一体化维度中，"教"在老师对学生指导的治安信息检索、

① 刘力毅：《论治安学专业实践教学"院局合作"平台的优化》，载《北京警察学院学报》2018 年第 2 期，第 115-120 页。

"学"在学生课堂对治安信息的筛选、"练"在学生课程论文和毕业论文中治安信息化程度的体现、"战"在学生参加重大安保勤务和毕业实习阶段的治安信息化提升。

(三)历史的机遇期：两队一室的改革

北京市公安局进行的"两队一室"改革是指派出所设置社区警务队、打击办案队、综合指挥室。社区警务队设置2至4个，每队轮流承担派出所值班任务，同时包片负责管辖区域内接警处置、巡逻盘查和日常勤务等12项职责任务。打击办案队设置1个，主要承担辖区案件办理、专案工作和联合执法工作等7项职责任务。综合指挥室1个，下设指挥调度、窗口服务和户籍管理等工作。"两队一室"需要治安信息化作为支撑。进入信息时代，对信息的检索已成为公安一线与公安教育中的必要环节。不仅能培养公安院校学生对于治安信息内容的使用能力，而且让学生在使用治安信息过程中培养信息道德。教师在课堂上要引导学生正确对待网络信息，做一个有道德操守的网络使用者。对公安院校学生来说，在撰写课程论文以及毕业论文的过程中，都要进行文献综述，需要学生引用他人的观点。如何做好引注、写好参考文献，都是信息道德的具体体现。这就涉及信息学术规范。这些都能使学生在信息的使用过程中不仅能使用到信息自身，而且在信息的使用过程中更能做到学术道德规范。保持课程论文和毕业论文的原创性，以创新的形式完成自己的论文设计。教师在实践环节要求学生检索与治安相关的文献信息，标明相关的参考文献，并做出总结。要求学生实事求是地撰写文献综述，不得抄袭。在这过程中，有个别学生心存侥幸，采取"复制"+"粘贴"的办法完成作业。此时，老师不仅要指出其作业内容上的问题，更要讲求信息道德，实现学术规范，做精做细公安教育工作。

三、"院局合作"建设中实现治安检索的路径

(一)夯实学院治安信息检索基础

"院局合作"的人才基础在"校"，信息检索的人员来源也在"校"。这就要求公安院校扎实开展治安信息检索教育教学基础。信息专业化的信息检索学科属于大学图书馆范畴，图书馆老师掌握专业的检索知识能力。但是，公安院校图书馆老师没有完全实现专业化学科背景，对学生的治安信息化指导也停留在简单的介绍，较少地系统讲授信息检索知识，由图书馆老师开设的信息检索相关课程很少。即使开设，也与公安专业联系松散。而公安专业课程老师，又更多地毕业于公安院校，自身所接受的信息检索教学内容有限，对于学生的指导更多的是根据自身经验完成。针对于此，一方面要强化图书馆老师的专业能力与专业素养，紧跟信息检索中图书

馆学、情报学最新科技成果，熟悉信息化背景下图书馆文献分类法、电子资源分类法；能够针对本科生开设信息检索选修课；能够针对公安院校信息资源开展课题研究。另一方面要强化专业课教师的信息素养，针对专业课教师做好岗前培训、在职培训、专题培训等进修课程，提升专业课老师的专业信息化水平，引导专业课教师在教学环节中进行信息检索实践实训环节，进行本专业的信息检索课题研究。通过专业的公安信息化和公安信息的专业化教育教学，提升信息检索教学团队的整体水平，带出一支公安信息检索教学团队，夯实治安信息搜集基础。制定系统可行的实训教学实施规划和计划，通过改革使实训教学与理论教学的课时科学分布，完成能力培养的目标要求，使实训教学为主的理念深入治安学的教学中。①

（二）建立一线治安信息搜集平台

治安信息检索相关课程与教学环节，不仅是专业课程中的教学内容与毕业论文的必备内容，而且要融入到整个公安院校人才培养体系中，更是要融入到公安一线执法办案中。在公安院校人才培养方案中，要将治安信息检索能力融入到四年本科学习中。在获取研究资料的过程中，研究者与被研究者之间是一个“互为主体”的关系。② 例如，在大一进行图书馆教育，了解图书馆纸质资源与电子资源、馆藏资源与读者服务，学习计算机检索相关初级知识能力；在大二进行公安基础课程的电子化检索学习，使学生在熟悉公安基础知识的同时掌握公安基础信息化能力，为公安业务课程的学习奠定基础；在大三进行公安业务课程的学习，使学生将公安业务知识能够转化为电子化公安业务能力，掌握治安信息背景下公安业务核心基础内容，为毕业实习做好准备；在大四进行毕业实习中融入公安信息能力培养，借助“金盾工程”，使学生能够真正应用信息检索能力为公安工作服务。通过四年的信息检索教学设计，打牢学生的治安信息检索基础，在校完成教学内容上的信息能力，实习中实现治安信息能力在公安工作中的应用。在教学平台上，实现“教学练战”一体化培养模式，使得学生在信息化方面，上手快、后劲足、有发展。同时，治安一线部门也要把自身的治安信息搜集平台数据库，适度地开放给公安院校教学，使得学生能够把学校学习的马上应用到一线执法办案中。

（三）建构学院与一线信息的融合

当面，公安院校的信息平台多与教育系统平台联系，与公安一线联系较少。公

---

① 刘海霞：《当前治安学专业实训教学的作用及反思》，载《教育与职业》2015 年第 27 期，第 92-94 页。

② 郭明、张成：《公安田野调查：公安学研究与人类学方法的一次交叉尝试——兼对田野工作在公安学相关领域应用的初步探讨》，载《广西民族研究》2016 年第 5 期，第 59-68 页。

安院校开设治安信息检索相关课程或在课程中设计信息检索相关教学环节的，多是包含以下方面内容：介绍本学校的纸质图书资源和电子文献资源；指导学生掌握手工检索方法；指导学生掌握国内外数据库应用；指导学生能够通过数据库检索信息；指导学生能够编写高级检索公式进行检索；指导学生能够通过搜索引擎检索信息；指导学生通过信息检索完成课程论文和毕业论文（设计）；指导学生完成文献综述写作。但是这些仅仅是信息检索的初步能力，还应上升到信息意识道德、信息道德和警察信息素养等更高一级层面。要完善公安机关和公安院校联合育人机制，推进职业化教育模式改革创新，依托各级公安机关，特别是实战部门开放办校，共同搭建培养平台，完善合作育人机制，形成全警办教育的新局面。① 培养学生不仅能够掌握信息技能，更能掌握信息能力；不仅适应本课程、本专业的教学要求，更能适应毕业后从警的信息化职业生涯；不仅能够使用信息资源，更加能够创造信息资源。公安部要组织全国公安院校专家，针对公安院校特点，统一规划布局，做好信息检索教学的顶层设计，压缩传统手工检索内容，扩大计算机信息网络检索相关内容。以传统公安专业为突破口，运用“互联网+”理念，在公安院校中建立类似“金盾工程”的信息化工程，突出治安信息检索的教学地位，扩大信息检索的教育评价等级，采取课堂教学与网络教学相结合的方式，推进公安教育信息检索建设。

① 马建文：《打造治安法学高地的路径——以广东为例》，载《社会科学家》2018 年第 3 期，第 106-109 页。

“院局合作”背景下治安学专业综合实训课程教学改革与实践
——以湖南警察学院为例

贺红梅①
（湖南警察学院　湖南　长沙　430138）

［内容摘要］治安学专业综合实训是学生实习之前开设的一门实践教学课程，是学生掌握相关专业课程的理论知识后，对学生的实践技术和技能进行操作训练的一种教学活动，是公安院校教学理论联系实际和培养学生能力的重要手段。湖南警察学院近年来一直在对治安学专业实训课程进行探索和研究，比较了校内实训和派出所开展实训的效果，发现在派出所以消防监督检查和社区信息采集为基础开展的实训，既有利于学生能力的培养，又有利于派出所工作的开展，是较有效的专业综合实训方式。

［关键词］治安学；实训；专业综合实训；改革

实训教学是指在学生掌握相关专业课程的理论知识后，为了使学生能够熟练掌握本门课程中的技术或技能，在真实或者仿真的情境下对学生的实践技术和技能进行操作训练的一种教学活动②。公安教育的宗旨是培养具有扎实的理论功底、较强实践能力和创新精神的人才。实训教学是把学生的理论知识转化为工作能力的一种有效途径，是培养应用型人才的一种重要手段。治安学专业作为公安院校传统主干专业之一，如何开展专业实践教学以提高学生的能力，一直是“治安学人”探索和思考的重要问题③。

---

① 作者简介：贺红梅，女，湖南警察学院治安系教授，主要研究治安学。

② 陈华：《关于推进公安教育实训教学改革的思考》，载《法制与社会》2017 年第 9 期，第 201 页。

③ 刘振华、刘轶等：《治安学专业实训教程》，武汉大学出版社 2017 年版，第 3 页。

一、治安学专业综合实训改革的几种尝试

按照湖南警察学院治安学专业人才培养方案，当专业课程结束后，实习之前的一个学期，设置有32课时的专业综合实训。对于这门课程的教学和组织，这些年我们一直处于探索和改革之中。实训内容和实训形式都在不断进行调整，实训的形式经历了在校内向校外的转变，原来综合实训是在校内的模拟派出所和模拟街区，通过模拟情境进行。“院局合作”以后，治安学专业的综合实训课由校内模拟实训，改为到派出所开展实地实景训练，实训内容和具体组织方式也一直在探索和改革之中。

（一）校内治安学专业综合实训

“院局合作”之前，湖南警察学院治安学专业综合实训安排在校内的模拟派出所和模拟街区进行。实训的内容包括：入户调查，旅馆业、娱乐场所治安检查，治安巡逻与盘查，治安调解，治安案件查处等内容。实训教学由治安学专业任课老师担任，每个区队安排两位专业教师，就实训项目逐一准备案例和场景在模拟派出所和模拟街区开展实训。

校内实训由于学生集中在比较固定的相对稳定的模拟派出所和模拟街区，场地范围不宽，结构也比较简单，学生的组织管理比较方便。由于是模拟案件和情境，教师可以精心选择有代表性和典型性的案例和场景开展实训。

校内实训也存在一定的缺陷，主要表现在：一是教师实践知识相对具有滞后性。虽然学校要求专业课教师要经常到公安实践部门开展调研工作，及时了解治安实践的发展动态，了解治安实践中存在的新情况和新问题。但是治安形势日新月异，专业课教师的实践知识与治安实际之间还存在一定的差距。校内实训在紧贴治安实际方面存在不足，影响实训的针对性和实效性。二是实训场地简单，实训师资严重不足。校内实训的模拟派出所和模拟街区相对简陋，难以体现复杂的公安实践情况。师资力量严重不足。实训过程教师应全程参与了解每个学生的实训情况，而一个区队近50人参加实训，只有两位指导老师，由于学生较多，教师不可能具体了解每组的实训情况，更不用说每个学生。三是实训内容极易重复。上每门专业课的时候，教师在讲授相关章节的理论知识后，会开展相应的实训，这些实训也是在模拟派出所和模拟街区进行。如果专业综合实训还是在同样的地方，基本上还是同样的老师在带学生实训，老师和学生都会感觉在重复以前的内容，只是用的是新案例和新场景而已，老师和学生的积极性都将不同程度受影响，当然也会影响实训的效果。

(二)以派出所日常工作为基础开展治安学专业综合实训

由于在校内进行治安学专业综合实训存在诸多局限性，"院局合作"开展以后，我们尝试将其安排在实训基地长沙县公安局进行，实训之前，学校和系部与实训基地领导到各个派出所开展实地调查，以选择最适合的实训场所。在多次调研和协商之后将综合实训选择在泉塘派出所和新安派出所进行。这两个派出所管辖的人员和单位较多，流动人口多，治安情况比较复杂，而派出所管理规范，其中泉塘派出所还是长沙县示范派出所，且距离学校也比较近，是进行综合实训比较理想的场所。

每次参加实训是一个区队，约50个同学，我们将他们分成两组，每组约25个学生，分别安排在新安派出所和泉塘派出所开展专业综合实训。每个派出所学校安排一个专业课老师带队。实训采取与派出所日常工作相结合的方式进行。根据派出所日常的接处警、社区、户政窗口、案件办理等业务将学生分为四个组，每组约5至6人，派出所给每个小组派了带队教官。这种形式的综合实训主要是教官结合自己的日常工作任务和职责，带领实训小组成员开展相关工作。

这种形式的实训，一是有利于调动学生积极性。结合派出所日常工作开展的实训在公安实践部门进行，面对的都是真实的治安实际，对学生来说具有很大的吸引力，责任心也增强了。二是教官经验丰富，对学生有较好的示范和引导作用。实训一般选择经验丰富责任心强的人担任，他们纠纷调解的方法和技术，案件查处的规范，治安管理的有效，警民关系的和谐等都能深深地影响和感染学生，使学生不仅能学到相应技能，同时还能对培养警察职业道德，提高警察责任心和荣誉感起到一定的作用。三是在实践部门的实训，遇到的问题复杂多变，可以让学生体会到自己所学知识的不足，激发他们的学习动力。四是带队教师在带领学生进行实训的同时，自己也在进行实践了解和调研，有利于指导教师掌握实践中的第一手资料，并运用到今后的教学和科研之中。

但是，派出所日常工作为基础开展的综合实训，每个学生在派出所实训的内容不同，是根据教官的日常工作来开展实训，导致治安学专业的很多核心内容学生在实训中没有参与。为了解决这一问题，我们尝试了根据分组情况，每天调换不同的组，这样在实训的一周时间里，每个同学就能实训完既定的实训内容。但是这种实训形式也不理想。每天都在更换不同的组，处警组换成案查组，案查组换成社区组，加上每个派出所20多人，教官对人员还没熟悉就更换了学生，每一项实训不够透彻、连贯和有序，感觉很混乱。另外实训的内容是根据派出所的工作内容来开展，如接处警没有任务的时候，一些同学就无所事事，有的在所里闲逛，不仅浪费时间还影响所里的秩序。

（三）以派出所消防监督检查和信息采集为基础开展治安学专业综合实训

在前面两种实训方式都有利有弊的情况下，治安学专业的综合实训尝试了第三种方式，就是以派出所消防监督检查和信息采集为基础开展实训，在此基础上结合进行其他内容的实训。派出所消防监督检查时，不同的单位有不同的检查要求，酒吧、宾馆、商店、饭店、学校的要求都不一样。还结合派出所的日常工作，开展消防或禁毒宣传，晚上开展集中的检查行动等业务。这种形式的综合实训相对而言比较科学，学生按社区分组，每组四到五人，实训开展前，由学生应派出所要求先分好组并将名单交给派出所，派出所根据分组情况安排社区民警和社区工作人员带队开展实训。

这种实训方式能较好地把教官和学生联结起来，实训的内容也涵盖较广，且与教官的日常管理工作紧密结合，既能有利于教官开展实训，又有利于教官工作任务的完成。每个学生都有具体的实训任务，对培养学生的工作责任心、警察意识、群众意识都能起到较好的作用。

二、完善治安学专业综合实训应注意的问题

治安学专业综合实训通过三种形式的比较，发现以派出所消防监督检查和信息采集为基础，结合其他业务开展的实训效果最佳。克服了校内实训和在派出所以日常工作来开展实训的不足，能最大限度地调动学生积极性，教官和实训学生相对稳定，实训的范围也大大增加，是值得开展的一种相对有效的实训方法。为了完善这种实训方法，需要从以下几个方面来加强工作，使得实训更有成效。

（一）实训内容安排要科学

实训内容的设定应科学合理，避免大而全，增强可操作性。治安管理的对象相当广，因而治安学专业所学内容也相当多，包括治安防范、治安管理、治安问题查处等方面的诸多内容。当然治安学专业综合实训不可能把所有学过的内容都包括进去，否则就会成为走过场，没什么效果。专业综合实训的内容选择应是治安管理工作中的核心内容。在内容设定上，我们主张以公安派出所消防监督检查为基础，再结合社区治安信息采集，社区治安宣传教育，治安巡逻与盘查，入户调查，常住人口管理，居民身份证查验，居住证办理，公安机关对娱乐场所日常治安检查，公安机关对旅馆业的治安行政许可，公安机关民警对旅馆业日常治安检查，110接处警规范等内容。

由于治安案件查处涉及的时间比较长，而治安学专业综合实训的安排集中，课

时有限，所以在综合实训的时候不建议再涉及此内容。当然治安案件查处的内容相当重要，可以在上《治安案件查处》课的时候来进行，当此门课程理论知识讲完以后，可以请派出所的民警到学校指导学生开展治安案件查处的综合实训，包括治安案件调查取证，办理治安案件中扣押财物强制措施的适用，办理治安案件程序等内容。

（二）实训工作之前准备要充分

准备是否充分关系到实训项目能否顺利进行和项目质量的高低。实训是在理论知识掌握的基础上开展的实践技术和技能操作训练，所以学生理论知识掌握的牢固程度和理解深度会影响到实训操作。实训之前，指导教师要布置学生对以前所学的理论知识进行复习和回顾，认真阅读《治安学专业实训教程》涉训项目的相关内容，掌握实训项目的步骤与注意事项。并将实训学生进行分组，将名单提前呈报派出所，以便派出所安排实训教官与社区的衔接。指导教师对学生实训中的注意事项也应作相应的宣讲。使学生在实训之前明确实训的目的和意义，明确自己的态度，做好吃苦学习锻炼的准备，并给自己拟定实训计划，对不懂的事情和新学会的技能进行总结和反思①。

（三）学生人身安全要重视

公安工作具有一定的风险性，学生在派出所进行治安学专业综合实训，面对的是实践中真实的人和事，涉及真实的治安问题，遇到的人中可能有精神病人、醉酒人、违法犯罪人员等。实训中安全风险现实存在，实训中必须重视安全风险问题，注意培养学生的安全意识。对于实训中可能出现的常见的紧急情况或危险情况，指导教师在实训之前要组织学生学习，使他们懂得处理的基本方法。派出所也要在学生实训前再次对安全问题予以强调和指导，教官对每天实训出发前就当天安全注意事项要进行说明，虽然学生曾到实践部门见习过，毕竟他们还没有真走上社会，安全意识还没有成为一种习惯。

（四）警容风纪和警务礼仪要恰当

虽然是学生在教官带领下开展实训，但实训中接触的是真实的管理对象和事件，学生协助教官开展安全防范和治安管理工作。因而实训中学生的言行在群众看来和正式民警是一样的，群众会把他们当做正式警察来要求。学生工作的态度，工作的方法不仅直接影响实训的效果，同时还会影响当事人的权益和利益，影响到警

① 杨宜民：《浅谈公安职业教育实践教学的岗位实训环节》，载《公安学刊——浙江警察学院学报》2016 年第 3 期，第 97 页。

察的形象和警民关系，因而学生在实训中要注意警容风纪和警务礼仪。指导老师在实训之前要组织学生学习警容风纪和警务礼仪，或引导学生自学，教官在实训中也要强调此项内容，并在实训中及时提醒学生着装、言行都要符合规范。

(五)教官与学生人数搭配要合理

实训学生和教官的人数搭配要合理，以一个教官带四至五个学生为宜。学生太多，教官难以做到兼顾每个学生的实训情况。而且在一周的时间里教官和学生是固定的，有利于互相之间的熟悉与交流。将学生分成几个组，分派到不同的社区，由社区民警和社区工作人员带队开展工作，这样教官基本上可以兼顾到每个学生的实训情况，以便及时进行指导。原来由一个社区民警带20多个学生，则教官不可能兼顾到每个学生。

(六)实训与实践工作要协调

派出所警力有限，抽调大量的教官来专门从事实训工作不现实，但如果结合治安管理的日常工作来开展实训则是可行的。以社区民警为教官，以社区的日常消防监督检查和信息收集为基础，开展相应的实训，既未耽误民警的日常工作，也因为学生的加入，增加了检查的力量，可以对辖区的消防开展一次地毯式检查。一周的实训学生基本上会对接处警，治安巡逻、治安盘查、治安宣传、公安派出所消防监督检查，娱乐场所、宾馆、网吧治安检查、治安信息的采集和录入等内容都参与了实训。实训效果较好。对派出所来说，也通过学生的实训，对三实信息的采集，辖区单位进行了一次较全面的消防监督检查和信息收集，达到了一举两得的效果。

在“院局合作”背景下，探索和研究治安学专业综合实训，完善相关措施，使学生解决问题的能力得到增强，为培养应用型的治安专业人才作出贡献。同时也通过学生的加入，严格管理，使学生能协助公安机关开展治安宣传，信息采集，清理整顿等任务，维护好一方平安。

依托“院局合作”平台创新治安学综合实训教学的思考
——以湖南警察学院治安学综合实训教学为例

刘　轶①

（湖南警察学院　湖南　长沙　410138）

［内容摘要］治安学综合实训是治安学专业实践教学的一个重要环节，以“院局合作”为平台创新治安学综合实训课程的教学环节，其作用在于实现公安院校教育培养目标、彰显公安教育特色、促使“院局合作”的深度融合。依托“院局合作”平台进行综合治安学实训更具针对性、综合性、灵活性、多样性和仿真性等特征，也更能达到良好的教学效果。

［关键词］“院局合作”；综合实训；课程建设；创新

目前，绝大多数公安院校与公安实践部门就课题研究、咨询论证、学术研讨、课程建设与研发、教育培训、实验室建设等方面达成了“院局合作”协议，院局之间形成了较为稳固密切的合作关系，这种合作新模式集“教、学、研、战、建”于一体，有利于资源共享、优势互补、合作共赢、共同发展，对于推动公安教育训练理论与公安工作实践、公安教学训练与公安警务实战深度融合具有重大意义。治安学综合实训课程作为一门实践性很强的课程，如何依托“院局合作”的平台借助合作单位丰富的资源创新教学设计、教学模式以及教学方法，无疑值得校局双方进行研究和探讨。

一、依托“院局合作”平台进行治安学综合实训教学的必要性

充分利用院局间各种教育训练优质资源，实现优势互补、资源共享、共同发展是“院局合作”的出发点和合作的目的。治安学综合实训课程的实践性强，借助“院

---

① 作者简介：刘轶（1970—　），男，湖南警察学院治安系，副教授，主要研究治安行政处罚。

局合作”平台更能达到实训的效果，也能在一定程度上缓解合作单位警力的紧张。

(一)治安学综合实训的内容决定依托“院局合作”平台更能体现实训效果

为达到治安学综合实训的教学目的，治安学综合实训至少包括社会治安状况调查、社区治安情报信息的采集与使用、社区治安宣传教育、入户走访、社区安全防范检查、社区人民调解工作、常用安全检查仪器的使用、常用入侵报警系统的使用、常用视频监控系统的使用、治安巡逻、治安盘查、常住人口登记、居民身份证查验、公安机关民警对娱乐场所日常治安检查、大型群众性活动安全保卫工作现场勤务、公安机关对旅馆业的治安行政许可、公安机关民警对旅馆业日常治安检查、公安派出所日常消防监督检查、爆破作业单位安全检查、民用爆炸物品治安行政许可、110接处警流程规范、110接处警求助现场处置规范、群体性事件处置中行政强制措施的适用、群体性事件现场处置、公共安全危机管理应急预案的制定与演练、火灾扑救与安全疏散、治安调解、治安案件调查取证、办理治安案件中扣押财物强制措施的适用、办理治安案件一般程序等涉及治安防范、日常治安管理、治安问题查处方面的实训内容。以上实训内容有些可以在校内进行，但有些实训内容比如社区人民调解工作、治安巡逻、治安盘查、对娱乐场所日常治安检查、110接处警流程等依托“院局合作”平台，更能体现实训的真实性，学生参与实训的收获会更大。所以为达到综合实训教学的目的单靠学院有限的教学资源是远远不够的，必须依托公安实践部门即学院的合作单位来开展。

(二)实训师资力量薄弱也决定治安学综合实训必须依托“院局合作”的平台

目前，公安院校的教师普遍都是从院校到院校，理论知识较为丰富但缺乏公安一线的从业经历，公安实践能力不足，真正的“双师型”教师缺乏。一些治安学专业教师因为常年从事繁重的教学任务而没时间下基层了解最前沿的公安业务信息，还有一些教师不愿“走出去”，不愿深入实践，不愿向实践学习，导致真正能指导治安学综合实训的教师少之又少。此外，在实训教学的师资安排上，学校不可能为了一个区队学生的综合实训而安排四至五名教师去进行指导，顶多是安排一名主讲教师和一名辅讲教师，如此薄弱的师资力量要带领一个区队的学生进行实训难免会影响实训的效果。因此，要达到治安学综合实训的目的和效果，借助外力即“院局合作”的平台无疑是最好的选择。

(三)校内实训设施及实训场地资源有限

治安学综合实训涉及的实训项目多，需要有相应的实训设施和仿真度较高的实训场地，比如，要在校内进行对旅馆业日常治安检查的实训或进行治安巡逻、治安盘查的实训，如果没有仿真度较高的场地，这些实训项目的实训就会流于形式，难以达到实训的预期效果。所以，实训场地及实训设施是否完善直接影响到治安学综合实训效果的好坏，由于实训投入等各方面的原因，校内实训设施、实训场地不完善的状况仍然存在，已经成为制约开设治安学综合实训项目的重要因素，也显得依托“院局合作”平台开展治安学专业综合实训的重要性。

二、目前依托“院局合作”平台进行治安学综合实训存在的主要问题

近两年来，我们都是依托“院局合作”单位长沙县公安局来开展治安学综合实训教学，在教学过程中我们发现依托“院局合作”平台进行治安学综合实训教学主要存在以下几个方面的问题。

（一）“院局合作”方难以提供足够多的实训单位

治安学综合实训的很多内容需要依托公安基层派出所进行，而且根据一个区队至少多达 40 多名学生的实际情况，每 10 名同学安排到一个派出所或治安大队，一方面便于合作单位的工作安排，另一方面也更能体现实训效果，这样一来每个区队实训时就需要合作单位提供 5 个左右的基层所队参与指导学生的实训教学。但由于受合作单位基层所队地理位置、软硬件、警力以及派出所辖区的治安形势的制约，合作单位长沙县公安局无法提供足够多的基层所队来指导参与我们的治安学专业的综合实训，往往是由一两个派出所负责指导学生进行治安学专业的综合实训，扎堆进行实训的现象比较普遍，在一定程度上影响了实训的效果。

（二）实训项目的设计上缺乏与实训参与单位的沟通

就目前我院依托“院局合作”平台开展治安学综合实训的情况来看，治安学综合实训项目的设计都是由实训主讲教师来完成，在实训前才将实训的方案、实训的项目交给基层派出所，没有事先与实训参与单位进行沟通，对实训参与单位辖区内治安状况也欠缺了解，导致在开展实训时难以做到有的放矢，很多实训项目难以真正落实。

（三）实训教师无法掌握学生的实际实训情况

实训教师将学生带到基层派出所后，带领学生进行实训的是派出所的民警，在进行具体实训的过程中学生是不是按实训的要求、实训的内容去进行了实训，实训的方法是否规范，实训的效果是否明显，由于实训的主讲教师和辅讲教师参与的程

度有限，不可能对所有参与实训学生的实训情况进行了解，导致实训教师根本无法全方位掌握学生的实际实训情况。

(四)无法形成科学的考核标准

既然是一门治安学专业的课程，那么就应该对学生的学习情况进行考核，但在基层派出所实训的过程中，由于不同的实训项目带队的民警各不相同，实训的带队民警也不了解应该如何结合课程教学的目的去考核参与实训的学生，导致在考核时不同的带队民警采取不同的考核方式去对学生的实训情况进行考核，无法形成科学的考核标准。

(五)带队民警在带领学生实训方面参与热情不高

学生在基层派出所实训时需要实训的带队民警花费时间与精力手把手地传帮带，但由于基层民警普遍工作任务重，加之在"院局合作"过程中没有形成实训带队民警参与学校专业课实训的有效激励措施，缺乏激励民警的硬性指标，导致民警在"院局合作"的参与上积极性不高，不时出现带队民警不愿细心指导学生实训的情况。

三、"院局合作"领域内创新治安学综合实训教学的设想

如何依托"院局合作"平台开展治安学综合实训，充分发挥"院局合作"的最大效能，应该在制度建设、激励机制、教官建设、人员交流与沟通等方面建立一套系统、科学、长效的机制，真正在"院局合作"领域内创新治安学综合实训教学。

(一)加强制度建设，建立长效机制

"院局合作"模式下，治安学专业综合实训课程的实训在合作单位进行，对学校的课程建设有益，对合作单位来说也有利无害，治安学专业的学生在进行综合实训过程中有时能在一定程度上缓解合作单位警力紧张的状况。所以"院局合作"双方应加强对公安专业课程实训环节教学重要性的认识，建立健全专业课程实训教学制度的建设，由合作双方共同制定诸如实训基地建设、课程实训带队民警选拔和考核、课程实训带队民警激励机制等制度和章程，明确目标、划分职责、理顺关系、严格考核，形成良好的氛围和运行机制，确保公安专业课程实训有章可循、衔接紧密、高效运行。

(二)加强与合作单位的交流与沟通

交流产生感情，升华彼此关系，如果校局双方缺乏有效沟通，势必会造成"院

局合作”关系的冷漠乃至破裂，因此，系部应与合作单位建立起经常性的联系，特别是与合作单位业务科室要保持联系，彼此互通有无，可以通过“走出去、请进来”的方式加强沟通与交流。同时，应该关注合作单位业务科室的发展动态以及合作单位业务科室在“院局合作”及其在其他工作中遇到的困难与问题，并积极组织系部力量协助研究与解决。

1. 相互沟通制定科学合理治安学综合实训项目和实训方案。治安学综合实训项目和实训方案是否符合当前治安管理形势的需要直接影响综合实训的效果。因此，系部在制定治安学综合实训项目和实训方案时应事先与合作单位的带队民警充分沟通交流，在充分交流沟通的基础上结合实训教学的目的共同制定较为科学、合理的实训项目和实训方案。

2. 相互沟通确定在什么时间段进行哪些实训项目的实训。在学校确定治安学综合实训课程开设的时间以后，综合实训的教师应该事前与合作单位沟通，由合作单位根据其辖区治安状况以及其工作重心确定什么时间段进行哪些实训项目的实训，这样合作单位的带队民警带队之前有准备，实训学生实训之前知道实训内容，双方才能协调配合，达到实训的预期效果。

（三）聘请合作单位经验丰富的民警担任实训教官

从治安学综合实训课程的实训内容来看，并非所有的实训项目都能依托合作单位来完成，比如群体性事件处置中行政强制措施的适用以及群体性事件现场处置，在组织学生到合作单位实训时就不可能恰好碰到合作单位正在处置群体性事件，对于这些没有办法在合作单位实训的项目，又不能由实训教师空对空地组织学生进行实训时就需要实践部门经验丰富的民警来予以支援。实践部门一些经验丰富的民警不仅会办案，而且善于发现问题和思考问题，把他们请进校园，传经送宝，不仅可以丰富课堂教学的形式和内容，还可以为长期从事教学工作而又欠缺一线工作经历的教师传授实践经验和实践能力。同时，也可依托聘请的教官，通过组织系部教师听讲座、现场观摩等方式提高系部教师综合实训的教学能力。

（四）畅通教师深入合作单位的渠道

治安学专业综合实训课程的教学归根结底是学校的事情，在学校实训设施、实训条件慢慢具备的情况下，除了需要合作单位一如既往地提供支持外，学校应积极培养了解治安管理工作、动手能力强的“双师型”教师，为此，学校应完善教师深入合作单位的制度，积极鼓励治安学专业教师深入基层调研，为教师进基层搞调研创造条件。同时，作为治安学专业的教师应该充分利用教学的空余时间，多到基层了解情况或多向基层经验丰富的民警学习。

(五)完善治安学专业综合实训课程的考核

在合作单位开展治安学综合实训时，学生往往没有办法亲自去处理警情、没有办法亲自去入户走访调查、也没有办法亲自动手办理户口登记和处理具体的治安案件，所以，学生综合实训的能力到底怎样，合作单位是没有办法进行考核的。结合治安学专业综合实训课程的教学目标，可以通过以下几种方式对学生的实训成绩进行综合评定。

1. 对学生参与综合实训的态度进行考核。学生在综合实训过程中是否积极主动，是否无故不参加综合实训，在接受合作单位带队民警实训指导时是否听从安排、服从指挥等都可成为考核的因素。

2. 在学校内部进行的实训项目由实训主讲教师和辅讲教师共同确定参训学生的实训成绩。

3. 学生在合作单位实训结束后，由实训主讲教师负责安排实训的模拟场景，组织学生对模拟场景进行实训，再由实训主讲教师和辅讲教师根据学生的实训情况评定实训成绩。

(六)落实综合实训后的讲评制度

综合实训结束后，合作单位的带队民警应对学生的综合实训情况进行点评，实训后的点评既可以及时指出学生实训过程中存在的问题，也能及时肯定学生在实训过程中取得的成绩，便于学生加深印象，也便于学生巩固学生在综合实训过程中学到的知识。

四、结　　语

将治安学综合实训课程的教学环节交由合作单位的带队民警去完成，是治安学专业课程教学改革的一种举措，也是深化“院局合作”范围和创新“院局合作”的合作模式的一种尝试，“院局合作”平台下合作双方如何就治安专业课程加强合作与研究，是“院局合作”研究所面对的重大课题。

治安学专业课程实践教学存在的问题及对策研究

杨文才①

（云南警官学院　昆明　650223）

[内容摘要] 实践教学是提升学生的动手能力，实现应用型人才培养目标的保证。治安学专业课程实践教学起步较早，但近年来停滞不前，主要体现教师对实践教学的认识不到位，实践教学手段单一、方式陈旧，实践教学课程差异较大、存在不均衡现象，实践教学形式化突出、未体现应用型教学目的。要培养应用型人才，必须加强和改进治安学专业课程的实践教学，提高对实践教学的思想认识，提升教师的公安业务能力，努力改善和保障实践教学条件。

[关键词] 治安学；实践教学；问题；对策

随着公安教育体制改革的深入进行，教、学、练、战一体化教学模式成为公安教育教学工作的基本导向，也是培养应用型公安专门人才的重要保障。通过教学，培养学生公安实战工作应对能力，是教、学、练、战一体化模式的基本要求。作为公安学中最为基础的专业之一，治安学专业的教学改革必须走在公安教育体制改革的最前沿。从上世纪 90 年代末起，治安专业课程的教学改革就不断进行了尝试，主要是在理论教学中引入实训或实践教学，也取得了一定的成效。十多年来，治安学专业课程教学改革取得了一定的成绩，但在实践教学上，成效不明显，急需在公安教育改革大潮中勇于创新、力争突破。

一、治安学专业课程实践教学现状及成效

（一）促使教师主动贴近实战，提高了自身的教学能力

治安学专业课程门数较多，涉及公安机关治安管理部门的全部业务工作，范围

① 杨文才，男，云南警官学院讲师，研究方向：治安学。

较广，在学校和部门领导的统一部署下，各门治安专业课程均进行了实践教学的探索。在动手能力较强的巡警业务、治安案件查处、危险物品管理、户政管理等课程进行了一些深入和系统的实践教学，教师在准备和组织实践教学的过程中，主动和被动地到公安机关进行调研，有效地提高了教师的业务能力。

（二）实践教学形式多样，提升了学生的学习兴趣

在长期的实践教学的探索过程中，教师根据自身的能力实施了形式多样的实践教学。实践教学形式主要包括情景模拟的实训教学、面试型的考试改革、设置实际问题的答疑式教学。这些实践教学形式改变了传统的教师满堂灌的填鸭式教学，大大提高了学生的学习兴趣，真正实现了学生在教学中的主体地位。

（三）实践教学贴近实战，提高了学生的动手能力

通过实践教学培养了学生的实际动手能力，缩短了学生到警察角色转换的适应期。应用型人才的培养，其目的是训练学生的动手能力，而实践教学正是培养应用型人才的保障。治安学专业课程所实施的初步实践教学，成绩是斐然的，既得到了学生的高度好评，也得到了用人单位的一致认可。

二、治安学专业课程实践教学存在的问题

（一）对实践教学认识不清，将实践教学等同于实训教学

目前公安教育中，对实践教学和实训教学界定不是特别清晰。一般认为，实训教学是模拟实战环境，在教学区域内开展的仿实战教学；实践教学则是除实训教学外，还应当包括在实战环境和区域中，通过对真实情况进行处理的教学活动。治安学专业课程教学，虽倾向于实践教学包含实训教学，认为只要是针对案情（真实和模拟）开展的动手能力培训，都是实践教学。但治安学专业课程实践教学形式集中于实训教学，主要在校内开展一些模拟教学，虽名为模拟实战，但实际上差别仍然较大。

（二）实践教学手段单一，方式陈旧

作为较早开始实践教学的专业，治安专业课程的实践教学起步较早，并基本在全部专业课程中开展。但作为实践教学本身，开始只是以尝试的面孔出现的，为了更好地在大多数甚至全部治安学专业课程中开展实践教学，教师首先考虑的是在课程教学中有实践教学的成分，因而在选择实践教学的内容和着力点上，均考虑了易于操作的部分，这对于尝试性的实践教学，教学手段也比较单一。但十多年来，各门专业课程的实践教学仍然停留在当初尝试的层面上，没有更为深入的实践教学方

式的研究和开展，也没有在全部内容上开展实践教学。

（三）实践教学装备使用率低，效果不佳

治安学专业课程的实践教学起步较早，效果明显，也得到了学校和部门领导的好评和重视，一度呈现出良好的发展势头。通过逐级申报，学校批准并购买发放了部分实践教学装备，包括较早的一批对讲机和执勤标志、照相机再到当前的单警装备、实训道具，装备的落实在一定程度上刺激了教师、学生实践教学的积极性，带动了治安学专业课程的实践教学。但治安学专业课程教师多数脱离公安实战一线，对于装备的使用熟悉度不够，在实践中不会设计装备使用的环节，装备的实际使用率低，实践教学的效果不佳。

（四）实践教学课程差异较大，存在不均衡现象

治安学专业课程门数较多，部分课程有较强操作性，如治安案件查处、巡警业务，也较容易开展实训实践教学，教学中也确实开展了较多的实践教学，效果显著；而部分课程虽也有较强的操作性，但需要操作平台或较复杂装备和组织，实践实训教学开展较困难，如户政管理、群体性事件处置、社区警务等课程，教学中实践教学开展较少，开展的实践教学也仅限于执勤执法工作中的一个点，对于培养学生系统操作能力是不足的，其效果一般；还有一些课程本身理论性较强，也不属于治安学专业的核心课程，如保卫学、治安学总论，实践教学更多仅限于案例分析，实践教学成分占比低，效果不好。

（五）实践教学形式化突出，未体现应用型教学目的

在整个公安教育强调实战的大气候下，学校对实践实训教学十分重视，包括在学生记分册上有明确的实践实训成绩的占比，一般为15%~25%，比例不低。如果确实按照分数占比来核定实践教学的时间和投入，应该还是会收到一定成效的。但学校在导向上重视的同时，实际工作中重视则不够，既没有在工作量上予以倾斜，在考核和评定上也缺乏标准，导致学校的实践教学多数是敷衍了事，有的教师仅以一个案例分析就作为实践教学的全部内容，一个案例分析的得分就占了实践教学的15分。这既是对学生学习情况评定的极不负责任，也严重背离了学校教学改革的初衷。

三、加强治安学专业课程实践教学的对策

（一）着重提高思想认识，统一观念

治安学专业课程基本与公安机关治安管理业务工作相对应，为了进一步提高治

安学专业毕业生在公安机关的快速适应能力，必须把现有的治安学专业课程的理论教学与公安实战工作结合起来，培养学生的动手能力，在目前条件下，理论与实战相结合，更多依赖于实践教学。治安学专业课程教学应当在学校和部门领导的重视下，大力开展实践教学。治安学专业课程的实践教学，要在全部专业课程的教学中铺开，但要量力而行。在统一要求的基础上，任课教师可选择相应章节或个别教学点开展实践教学，不断总结经验，逐步提高实践教学能力。

(二)加强与实战部门合作与交流

实践教学绝不仅仅是实训教学，确保实践教学收到成效，应当注重与公安实战部门的合作与交流。治安学专业课程的实践教学，目前急需开展以下多种形式的实践教学：

1. 建设治安学专业课程实践教学基地。目前治安学专业课程教学基地缺乏，任课教师组织实践教学，更多依赖于自己的人脉资源，缺乏稳定且保障性强的实践教学基地。治安学专业课程的实践教学，要在“院局合作”的大背景下争取学校相关部门的支持，与公安机关共建实践教学基地。实践教学基地既可作为治安学专业学生的实习基地，也可以为治安学专业课程实践教学提供观摩、练习创造条件。

2. 引进公安机关的教官，指导实践教学。目前公安部启动“双千计划”，推行驻训教官机制，让优秀教官进入公安院校授课。通过“双千计划”的推行，教官制已经取得了一定的成效。但在实际操作上，教官入校后，均承担了一门或多门课程的全程教学任务，效果达不到预期。公安机关驻训教官有丰富的实战经验，但在一门课程的全程教学上，却存在教学技能缺乏，课堂掌控上存在不足。如果能在专业课程实践教学上引进教官，短期负责实践教学，则可以扬长避短，组织规范有效的实践教学。

3. 支持和鼓励校内实训教学的开展。实践教学中，校内的实训教学是可控性强、成本较低的一种形式。在实训装备基本到位的情况下，专任教师要在课堂教学中努力开展实训教学，尽可能让学生体验公安实战工作，培养学生动手能力。就当前实际而言，应当努力提高实训教学的质量。从案例的设计、情境的模拟到角色的扮演、装备的使用上，均要尽可能地贴近实际，训练学生解决问题的能力。

(三)建设模拟派出所等实践教学场所

模拟派出所等实践教学场所，是开展实践教学的基本条件。从治安学专业课程的开展情况来看，绝大多数是介绍公安派出所的业务工作，换言之，一个模拟派出所可以开展治安学专业课程大部分实践教学项目。相较之校外的实践教学，其逼真度相差无几，成本小可掌控度高。在学校的工作规划中，如能尽快将模拟派出所的建设列入日程，势必为治安学专业课程教学注入一剂强心剂，推动治安学专业课程实践教学发展进程。

（四）改善实践教学装备及其管理制度

治安学专业课程实践教学，离不开相应的硬件建设。在强有力硬件装备的保障下，可以更好地调动学生参训的积极性，也让任课教师不组织实训教学无借口可言。目前部分治安专业课程实训装备已配备到位，尽管装备上仍有不足，但较之以前的空手进行实训教学，已是划时代的进步。在此基础上，加强实训装备的管理，切实运用到实践教学中去，是治安学专业课程教学的又一难题。目前治安专业课程实践教学装备是由教学部门统一保管，安排专人负责管理。任课教师在开展实践教学前，需要提前申请和登记才能拿到。在这样的管理制度下，可能出现两种情况：一是会影响任课教师不能在计划的时间内使用实践教学装备开展实践教学；二是会导致部分教师觉得有难度而放弃实践教学。在高度重视和大力支持实践教学的环境下，如何解决装备的安全管理和使用便捷的两难问题，是当前必须要解决的。

（五）加强教师培训，提高教师的实践教学能力

硬件逐步完善到位的情况下，软件上存在的问题被放大了。云南警官学院治安管理教研室现有 7 名专任教师。在这 7 人中，2 名老教师和 2 名中年教师均不是公安院校毕业生，本身公安业务能力就不强，组织实践教学也是摸着石头过河，真正对与错，任课教师不知，效果如何，也难以评估。3 名青年教师虽是公安院校毕业生，但就其本身而言，也是从学校到学校，没有公安工作经验。个别青年教师在学生阶段，其专业课程教学基本是理论教学，没有实践教学内容，其对实践教学的认知是一片空白。青年教师在开展治安学专业课程实践教学时，畏难情绪更强，课堂教学上，照本宣科较为突出。就目前治安管理教研室整体师资情况来看，实践教学能力普遍偏低，实践教学开展前景极不乐观，组织教师培训，提高教师的实践教学能力已迫在眉睫。

组织教师培训的形式上，目前更多是教师下基层锻炼半年或一年时间。但就近几次教师外出锻炼的情况来看，半年或一年的锻炼更像给教师提供的休假的机会，教师并没有在锻炼中提高实践教学能力。如何改革目前的教师培训锻炼制度，充分利用锻炼机会提高教师实践教学能力，是当前学校和部门领导必须要考虑到的。治安学专业课程的实践教学，还是要立足于公安业务。如前所述，如治安学专业课程教学建设有实践教学基地，锻炼教师可以直接到教学基地学习公安业务，对于提高教师的实践教学能力，势必事半而功倍。如实践教学基地难以在短期建成，考虑教师的锻炼必须去针对性强的公安派出所，加强教师锻炼期间的动向掌控，促进其主动学习公安业务，对于提高教师的实践教学能力，也是有帮助的。

(六)建立和完善实践教学考核评估机制

目前治安专业课程教学虽与其他公安业务课程教学一样，教学任务中有实践教学内容设计要求，学生成绩考核也有实训成绩一栏，但就实践教学开展情况来看，已经只有形式而无内容了。个别极端的实践教学，甚至以课堂提问来充数，学生实训成绩也是根据学生课堂答问的情况来给分，实践教学的效果，可想而知。究其原因，目前对教师实践教学情况，并没有有效的考核和评估的机制，教师做与不做，做得好与不好，都是一样的，这助长了个别教师从不真正开展实践教学的风气，也逐渐消减了实践教学开展较好的教师的积极性，治安学专业课程的实践教学，甚至不如前几年。学校和部门领导要高度重视实践教学，同样也要高度重视实践教学的考核评估机制的建设，奖勤罚懒、奖优罚劣才能真正提高教师开展实践教学的积极性。就目前对实践教学考核评估还基本是空白的情况下，初步建立实践教学考核评估机制就可以了，对于开展实践教学予以鼓励，对于仍未开展实践教学的予以批评。在此基础上，慢慢规范和量化教师的实践教学工作，从物质和精神上予以奖惩。

治安学专业课程的实践教学可以提高学生动手能力，保障应用型人才的培养，缩短毕业生在公安机关的磨合期，因而在全国的公安院校中，实践教学均得到了高度的重视和广泛的开展。学校的治安学专业实践教学起步较早，但在近年来有停滞不前的趋势。在目前学校和部门领导高度重视治安学专业课程实践教学的大背景下，治安专业课程实践教学装备仍需改善，通过加强教师培训和建立考核评价机制，治安学专业课程的实践教学必将日益规范，治安学专业毕业生的动手能力和快速适应公安工作的能力必将大大加强。

新时代高校反恐形势分析及风险防控对策①

盛振江②

（山东警察学院　山东　济南　250014）

［内容摘要］保障高校安全是落实习近平新时代安全观的一项重要任务。新时期我国高校校园安全工作面临国际国内环境的新变化和新挑战，必须坚持以习近平新时代安全观科学指导我国高校反恐，正确认识和判断高校校园面临的新形势，理性分析高校反恐防暴发展的趋势，科学预防研判我国高校中存在的风险要素，及时有效采取措施进行风险防控。

［关键词］习近平新时代安全观；高校；恐怖主义；风险；防控

高校被称作为"象牙塔"，是培养高等人才、传承人类文明的区域。近年来高校校园安全等问题增多，特别是反恐形势日益严峻，已经引起国家的高度重视与社会各界的密切关注。遏制恐怖主义向高校校园的渗透，防范高校安全风险，必须以习近平新时代安全观为指导，贯彻落实总体国家安全观，高度重视高校安全工作，以育人为本，凭安全树人，做到防患于未然，切实打牢夯实总体国家安全观的根基。

一、我国高校反恐形势分析

（一）当前我国高校反恐面临的现状

近年来，国际政治格局错综复杂，地缘政治紧张，由此滋生的恐怖主义犯罪活动蔓延全球，成为各国人民挥之不去的恐惧阴影。校园是人群相对聚集区域，高校又是国家的未来人才储备中心，十分容易遭受恐怖活动的渗透和侵扰。从校园恐怖

---

①　基金项目：本文系山东警察学院人文社会科学计划项目"习近平新时代安全观指导高校反恐及风险防控研究"（编号：YSJDZX201704）、"网络社会突发事件引发公共危机的机制与防控研究"（编号：YSKYB201615）的阶段性成果。

②　作者简介：盛振江，男，山东警察学院治安系副教授，研究方向：公共安全应急管理。

主义活动发展现状来看，在我国主要体现在极端民族分裂主义和极端宗教势力对高校的侵蚀渗透。由于我国对于恐怖势力一以贯之地保持高压态势，爆炸、枪击、绑架、纵火等暴力性袭击高校事件较少，恐怖思想渗透、种族仇视蛊惑等形式鼓吹恐怖极端主义成为了恐怖势力的主要手段，例如：煽动在校大学生宣传种族歧视言论，怂恿歧视少数民族同学，制造摩擦、矛盾，策划影响较为恶劣的校园暴力事件；通过网络传播不当言论，蛊惑高校学生仇视祖国新时代发展建设，诋毁中国共产党的领导以及社会主义现代化建设；借助自媒体等平台宣扬极端宗教主义和煽动国家分裂思想，污染侵蚀高校的团结、爱国、励志的求学氛围。

纵观我国近年来的反恐史，虽然高校没有发生类似的恐暴伤亡事件，但并不意味着恐怖势力已经远离校园，高校应对恐怖活动的形势依旧刻不容缓。目前，针对现阶段的校园暴力恐怖活动的苗头，各地高校积极配合警方网上、网下双管齐下开展防恐排患活动，在校园中引领大学生增强防范意识，提高保护自己的能力；开展心理疏导培训，引导问题学生走出阴影，防止被恐怖势力控制洗脑；加强校园安全建设，营造师生员工人人参与的安全环境。在校园外，以公安机关为主导的政府机构加强了对大众传媒的清理整治工作，肃清了传播媒介上的恐怖主义思想余毒，铲除了大量的涉恐视频、音频、材料传单，为高校师生、社会公民营造了良好的文化氛围，防止恐怖分子利用相关渠道在大学校园传播极端宗教主义和制造暴力恐怖活动，深化“去极端化”工作，强化社会各界与高校一道联合反恐。

从高校恐怖主义的发展趋势来看，恐怖极端势力旨在制造社会动荡、人民恐惧的大规模恶性恐怖事件，促使国内恐怖主义抬头，进而导致国家政局动荡、地区分裂。恐怖势力对国家政局稳定、社会生产的干预与破坏活动不是间接性的，往往伴随着暴恐势力、极端宗教分裂主义长期与境外恐怖分子勾结，对党的领导和我国的社会主义现代化建设进行持续性的攻击、破坏。而高校又具有与社会稳定、国家发展联系紧密，高校人员密集，社会关注度较高，校园学生、教师手无寸铁，抵抗能力较低等特点，暴力恐怖事件能够最大程度的冲击社会经济政治发展。在恐怖活动选择的发展趋势上，高校愈加成为实施暴力恐怖活动的“最佳”场所。其次，结合新时期恐怖主义发展特点来看，直接性暴力型打砸抢烧事件越来越少，而是更多采用传播媒介间接性蛊惑高校青年，制造、夸大、诽谤等手段发布网络不良言论攻击政府和党的领导。同时，恐怖主义渗透进入校园的途径更加隐蔽、手段更加难以察觉，通过对思想单纯的高校师生蛊惑洗脑，培养校园反动势力，在内部制造混乱与破坏，加大了高校对恐怖势力的防范难度。因此，我们不能低估搞好高校反恐工作的重要性、紧迫性，充分认识了解当前阶段高校恐怖主义的特点和发展趋势，找准恐怖主义来源，防止恐怖主义对校园的渗透侵袭，这不仅事关校园生活安全，更是习近平新时代安全观指导下的一项长期性系统防控工程。

（二）对我国高校恐怖主义风险分析

近年来，受世界秩序动荡不断的影响，“恐怖主义”一词逐渐被人们熟知，尽管在各国政府的联合打压下，恐怖组织的有生力量已被消灭殆尽，但滋养恐怖主义的土壤依旧存在，改头换面的恐怖主义正以分散化、扁平化的新形势在社会角落里滋生壮大。校园暴力恐怖风险作为高校风险防控重点之一，面对新面貌下的暴力恐怖势力，更是要提高警惕，系统分析我国高校可能面临的恐怖袭击风险，准确做出风险防控对策。

1. 高校正逐渐被恐怖主义势力重视并利用。高校作为承担传播知识、培养人才的重要载体，一直以来受到社会各界的重视，又是人才聚集的场所，自然成为恐怖势力发动恐怖袭击的首要目标之一。纵观全球，针对学校发动的爆炸、枪击等恐怖暴力事件近年来呈不断增长的态势。与此同时，暴恐分子及“三股势力”依旧不依不饶地向各个高校侵蚀干预，拉拢蛊惑特别是针对少数民族学生团体进行思想煽动，企图在高校内部秘密培养势力、建立据点，伺机在高校实施恐怖活动。

2. 恐怖主义传播网络化、隐蔽性更强。结合恐怖主义进入地下传播以来的新特点，隐蔽的手段和广泛的传播已经为恐怖袭击披上了潜伏隐蔽的迷彩服。近年来新疆反恐现状表明，疆内暴恐宗教极端主义分裂组织利用互联网，向内地少数民族学生群体传播涉及暴力恐怖、宗教极端、民族分裂等内容的音视频，宣扬暴恐宗教极端主义思想、言论。据国家安全部门的调查统计，中国个别高校依旧存在学生预谋从事极端宗教传播活动、民族国家分裂活动以及校园暴力冲突事件的谋划。高校师生群体思想相对单纯、简单，逐渐受到恐怖主义思想的侵蚀而浑然不知。高校学生通过微博、QQ、微信等媒介接受信息，毫无警惕地将此类资料分享转发给周围更多的人，间接使得暴恐宗教极端主义思想传播开来，进而很快影响多个地区的多所高校，造成更加恶劣的影响。

当前，中国各个高校的反恐态势依旧严峻，对于可能发生或者正在谋划发生的各类校园恐怖安全事件都不要掉以轻心，结合各所高校校园安全实际，对可能存在恐怖袭击风险做好充分的防控准备措施，以习近平新时代国家安全观为指引，切实有效地防范恐怖主义风险。

二、坚持以习近平新时代安全观科学指导高校反恐工作

习近平同志围绕总体国家安全观发表的一系列论述，立意高远，内涵丰富，综合考虑了关乎国家社会的11余种安全方面，统筹规划社会各项生活生产安全，构建集政治安全、国土安全、军事安全、经济安全、文化安全、社会安全、科技安全、信息安全、生态安全、资源安全、核安全等于一体的国家安全体系，具有引领

国家、社会安全工程建设的纲领性作用。① 习近平新时代安全观的提出，是适应新时代维护国家安全的需要，为了满足新时期党团结带领人民坚持和发展中国特色社会主义的美好诉求，巩固党的执政地位，保证国家安全是头等大事。同时，新时代安全观是面向“两个一百年”奋斗目标，中华民族伟大复兴的中国梦的稳步实现而提出的，充分考虑到将来我国可能面临的各项风险，把风险防范摆在突出位置，坚持国家安全一切为了人民，一切依靠人民的高度政治站位，体现了习近平新时代安全观的高瞻远瞩。②

(一)习近平新时代安全观是高校反恐工作的总纲领

习近平指出：全面贯彻落实总体国家安全观，必须坚持统筹发展和安全两件大事，既要善于运用发展成果夯实国家安全的实力基础，又要善于塑造有利于经济社会发展的安全环境。就国家安全体系建设而言，高校反恐工作的顺利开展，无疑会对政治安全、国土安全、经济安全、文化安全、社会安全、科技安全、信息安全等多个方面产生深远影响。高校反恐工作的成效与校园的安全稳定，直接影响到新时代国家安全体系建设的社会基础是否夯实牢固。习近平新时代安全观是立足于国家安全新局面提出的理论，具有前瞻性、纲领性。习近平新时代安全观，作为习近平新时代中国特色社会主义思想的重要内容，是党的十九大以来，我国统筹发展与安全，增强忧患意识，做到居安思危的一个重大原则，是指导新时代国家安全工作的强大思想武器。高校暴力恐怖安全防范活动是一项长期建设性工程，高校反恐需要总体国家安全观指导思想的引领。高校反恐及风险防控作为一项长期性建设的安全工程，为了适应社会主义新时期国家安全的新形势新任务，更离不开习近平新时代安全观这一强大思想的指引。

(二)习近平新时代安全观也为高校反恐工作提出了总目标和总要求

长期以来，由于我国具有优越的社会主义制度和总体稳定的国情，诱发恐怖活动的危险因素相对较少，国际恐怖主义组织对中国的影响和冲击也较小，但并不意味着中国与恐怖主义之间隔着多么遥远的距离。自中华人民共和国成立以来，以东突、达赖、藏独、台独、疆独为代表的恐怖势力，不断威胁我国国家安全以及党的领导。这些恐怖势力以民族、宗教为支撑，煽动蛊惑群众接受他们的教义，加入他们的组织并隐匿起来，等待时机发动更大规模的暴力恐怖事件。这些以分裂国家为

---

① 习近平：决胜全面建成小康社会　夺取新时代中国特色社会主义伟大胜利——在中国共产党第十九次全国代表大会上的报告[EB/OL]. 新华社，2017-10-27。

② 习近平在国际刑警组织第八十六届全体大会开幕式上的主旨演讲(全文)：坚持合作创新法治共赢　携手开展全球安全治理[EB/OL]. 新华社，2017-09-26。

政治目的、通过一定组织形式发展形成的恐怖主义组织，长期以来不断制造骚乱，企图实施民族分裂，严重危害国家安全。因此，我们对恐怖主义势力长期存在、隐匿的事实不能视而不见，对于恐怖主义长期以来威胁、危害我国安全发展的教训也不能轻视。综观当前相对稳定的社会环境，我们也不可忽略恐怖主义这一潜在威胁，而相对封闭的高校也绝不是远离恐怖主义的“安全岛”，从“昆明火车站3.1暴力恐怖袭击事件”中我们也应该清醒地认识到暴恐势力与极端宗教分裂主义依旧猖獗，高校暴力恐怖安全防范活动不能成为即兴宣传开展建设的“短小工程”，而是需要与时俱进的长期建设稳步发展，进行可持续性的校园暴恐风险安全防范。因此，致力于国家民族安全事业的新时代安全观作为习近平新时代中国特色社会主义思想的进一步延伸，坚持新时代安全观在新时期国家安全领域的核心领导地位，将极大地发挥这一指导思想在高校反恐安全领域的作用，理论与实践相结合，现实与蓝图相统一，国家安全观引领下的高校反恐及风险防控工作将有序推进开来。高校在习近平新时代安全观的指引下的反恐防控工作将有序推进，有效防控。

三、高校反恐及风险防控的对策建议

(一)深入理解习近平新时代安全观，全面强化安全管理意识

1. 强化形势意识。高校要清醒地认识到当前校园面临的反恐安全形势，以习近平新时代安全观为指引，系统研究、建立适用于校园安全的反恐防范有效机制，以高度的责任担当精神和忧患意识处理校园恐怖主义问题，切实做好校园反恐及风险防控工作，为新时代总体国家安全观的进一步发展、落实打下坚实基础。高校作为预防、防范恐怖袭击风险的主体管理单位，不能仅仅依靠政府及公安部门的指导与监管，而自身却忽视了校园安全建设与管理。高校应当意识到高校反恐工作的重要性，提升责任意识与担当意识，重视校园反恐安全防范活动，在思想上紧张起来认真起来，打起精神来打赢校园安全保卫这场硬仗。

2. 强化战斗意识。高校做好反恐及风险防控工作，需要和社会各界一道解决校园安全保卫及周边社会安全等一系列问题，通过综合长效治理，才能确保恐怖主义危险在高校校园内难以遁形，真正取得高校反恐安全保卫战的胜利。高校要积极主动与社会各界一道解决校园及周边维稳、反恐安全。按照习近平新时代安全观的部署，高校要与当地警方、政府反恐部门、周边社区一道共同参与校园及周边环境的反恐治理工作，积极发挥在综合治理中的重要作用，建立警校联动的有效合作机制，制定完善反恐应急处置预案，配合警方及时解决校园安全隐患及恐怖主义风险，加强校园保卫应急处置队伍力量建设，警方也应对高校周边治安环境进行重点整治和管理，严厉打击暴力型、涉众型恐怖活动违法犯罪，为高校安全建设提供一

个相对稳定的发展环境。

3. 强化系统意识。各高校要充分学习领会习近平新时代安全观的内涵与概述，结合自身校园安全发展特点，有组织、有计划地制定、组织、实施校园反恐风险防控工作，做到外防内治，打造安全校园。高校反恐及风险防控是一项需要长期坚持发展的系统性工程，高校领导班子需要把校园反恐安全建设提上校园常态化管理的日程，按照上级机关及政府反恐部门的部署，落实各项反恐防范工作指导意见，加强校园安全监管，深化平安校园建设，通过校园管理的各个方面渗透反恐意识与防范观念，逐步有序推动校园反恐安全防控体系建设。①

4. 强化防渗意识。高校要积极开展思想调查与情报收集工作，切实了解掌握在校师生的思想动态，对思想出现问题的师生要及时开展思想帮扶工作，有效地解决心理问题，严防恐怖主义对在校师生的思想渗透。同时，通过收集校园舆情、师生交流等途径，收集潜在的恐怖主义活动线索，防患于未然，主动出击，重拳打压校园恐怖主义势力，营造良好、健康向上的校园生活文化环境。

（二）切实落实习近平新时代安全观，努力扎牢高校反恐防线

结合现阶段高校安全防范工作实际，借鉴国内外优秀校园安全防恐及风险防控经验，提出几点高校反恐及风险防控的具体措施。

1. 组织开展反恐演练活动。反恐演练活动作为安全防范的一项重要内容，具有演练成本低、适宜广泛推广、贴近恐怖袭击实际等特点。开展贴近实战的反恐演练活动可以提高校园保卫人员与当地警方的战术实战经验，锻炼、培养双方处理险情的磨合度与熟练度，及时、准确地疏散师生、守护好校园重点要害部位。反恐演练活动能够让在校师生充分参与、体验反恐工作的过程与步骤，真正做到事前熟悉应对流程，事后不必惊慌失措。学校要定期组织开展反恐演练活动，提高在校师生的自我保护防范能力，促进高校反恐及风险防控工作的学校保卫日益成熟、完善。在反恐演练过程中，师生、保卫部门、公安部门多方参与，共同为校园反恐安全出谋划策，学习借鉴警方处理突发事件的实战技巧和方法，让警务人员指导规范实战动作技巧和保卫工具的使用，通过反复操练，不断提高实战水平。在演练活动中要向在校师生介绍校园恐怖袭击的各种类型及相应的处置方法，教授学生如何保护自身安全，如何做到井然有序的疏导和撤离。各方主体亲身经历反恐演练活动，使得学校保安队员充分认识当前校园反恐所面临的严峻形势，熟练掌握业务技能及保卫工具的使用，提高业务素质，加强与校内各部门间的沟通协调，提高处理突发恐怖暴力事件的反应速度与处置成效。学校保卫部门也在全面布置人防力量的基础上，

---

① 习近平：牢牢绷紧防范安全风险这根弦 确保人民群众生命财产安全[EB/OL]. 新华社，2018-04-23。

进一步加强技防、物防建设，利用监控设施、安全防盗防暴报警系统等高科技手段对校园安全状况实时进行动态管控。当高校组织开展反恐演练活动成为常态，在校师生及校园保卫人员应对恐怖袭击的能力、心态也会愈加成熟，将演练成果运用到实际突发事件中，切实提高高校反恐风险防控能力，努力建设和谐安全校园，打造健康稳定的育人环境。①

2. 大力开展形式多样的校园反恐安全宣传活动。高校要不断创新校园反恐安全的宣传模式和方法，以多样式的宣讲互动鼓励、引导师生掌握反恐防控技巧，在校园突发紧急状况时，提高在校师生的自我保护能力。丰富多彩的反恐安全宣传活动会激发师生参与学习的热情，促进师生主动学习掌握反恐知识，不断提高体能素质，把校园反恐工作发展成为人人参与、人人上心的全员安全建设工程。校方作为反恐工作的宣传主体，不能仅仅着眼于完成反恐宣传任务，而是要切实认识到校园反恐安全宣传活动在高校反恐工作中的重要性，以师生们喜闻乐见的活动形式开展校园反恐宣传，把师生对反恐知识的掌握程度以及反恐实践操作能力作为评价安全宣传活动的重要标准。例如，高校组织"反恐知识进校园"活动，在校园内，把高校内部可能涉及的恐怖袭击知识标语悬挂在易发生安全隐患的场所，时时刻刻提醒着过往师生注意自我安全保护的必要性。在课堂上，老师穿插讲授国内外高校恐怖袭击的典型案例，以此让学生了解当前高校校园面对恐怖袭击的形势和问题，让校园反恐安全问题引起师生们的足够重视。同时，高校要积极组织师生体能训练与实战技巧培训，学习基本的防身技能，拥有充沛的体能精力，是实现校园反恐安全的根基所在。高校反恐安全的理论来源是对法律法规的解读，因此，校园安全宣传离不开学习讲解《中华人民共和国反恐怖主义法》及《举报暴力恐怖违法犯罪线索奖励办法》等法律法规。在宣传活动中，学校可以开展了解、学习恐怖主义的法律知识竞赛、制作趣味反恐知识手册、师生上台轮流讲解等多样形式，让在校师生了解恐怖主义的性质和特点，辨识恐怖主义在校园活动的各种迹象，主动提供举报校园内涉嫌恐怖主义的违法犯罪线索，通过多种途径让在校师生认识到反恐怖法与自身安全之间的密切联系，引导师生积极运用法律的武器与校园恐怖主义作斗争，切实增强在校师生对各类校园暴力恐怖活动的发现举报、防范意识和应对能力，让暴力恐怖主义在校园内无迹可寻，把校园恐怖主义牢牢地束缚在法律的牢笼里。

3. 加强校园安全保卫人员的反恐培训考核

校园保卫人员作为处理突发校园恐怖袭击的第一道防线，承担着保卫高校师生人身安全，防止恐怖事态进一步扩大的主要职责，加快建立校园保卫人员的反恐安全培训考核体系，是高校成功防范恐怖主义的关键。学校可以适时邀请所在地公安部门民警来校，对全体安保人员进行专业技能的培训。公安民警可以从公安专业角

① 习近平：安全稳定是人心所向 合作共赢是大势所趋[EB/OL]. 新华社，2018-06-10。

度宣讲当前校园反恐及风险防控工作的严峻形势，告诫全体安保人员要注重校园安全小事，以“安全责任重于泰山”的指导思想引导队员自觉加强反恐安全意识。同时，可以对校园巡防和应急处置工作提出具体的、有针对性的建议要求，完善安全管理措施，强调在反恐工作中要注重协同合作。在专业队伍的指导和技巧讲解下，校园保卫人员将在实战训练中学会熟练使用齐眉棍、钢叉、盾牌等专业反恐防暴器材，掌握使用技巧、注意事项、攻防技能，学习如何处置实战过程中可能出现的突发问题，做到不慌乱、不失分寸的有效处置，逐渐培养强大的心理素质。高校不仅可以邀请公安部门来校进行校园安全保卫人员的反恐培训工作，还应积极邀请社会各界可以来校指导反恐培训的单位团体，从源头上确保学校保卫人员有机会接受多角度、全方位的反恐安全培训，早日成长为素质更高、技能过硬的反恐安全保卫力量。

高校反恐安全体系的建设既要涵盖对校园安全保卫人员的反恐培训，还需要高校定期开展反恐及风险防控的考核活动。培训与考核，作为反恐安全教育的两个环节，两者相辅相成，相互促进。高校对反恐培训的考核，有利于及时有效检验反恐培训的学习成果和技能掌握情况，同时，也能督促校园安全保卫人员重视反恐培训活动。首先，高校可以定期组织校园反恐知识笔试测试，从理论上检验保卫人员对校园可能出现的恐怖袭击类型、场所、时间等理论问题的掌握情况，让校园安全保卫人员对校园反恐有一个比较清晰的认识，及时、准确发现识别出潜伏在校园的各种恐怖主义安全隐患，从源头掐灭恐怖主义袭击隐患。其次，高校可以组织有序的反恐安全演练活动，通过模拟各种突发性恐怖主义袭击事件，真实还原实际场景，通过分组配合、组织对抗等多种演练形式考核保卫人员处置实际问题的能力，及时弥补演练过程中出现的漏洞和不足。通过反恐演练考核这个形式，表彰优秀，勉励后者，督促校园安全保卫人员提高反恐安全意识，注重体能、实战技巧训练，及时总结考核经验及理论成果，做到训练时多流汗，实战时少负伤，有效检验高校保卫人员接受反恐培训的学习成果，真实反映高校反恐能力的进步过程。借此培训考核机会，社会各界与校园安全保卫人员一道共同推动高校反恐安全体系建设，营造和谐稳定的校园、社会反恐安全局面。

四、结　　论

做好高校反恐及风险防控工作，首先，需要坚持习近平新时代安全观的指引，立足于社会总体安全开展校园反恐工作，一切从校园师生安全出发，维护校园安全，认识到维护校园安全对国家社会发展的重要性；其次，要认清当前高校所面临的恐怖活动现状及发展趋势，充分认识到高校反恐形势的紧迫性、必要性，督促高校管理者加强校园反恐安全建设，建立专人专班负责的制度，把高校反恐安全建设提上日程；最后，通过制定安全有效的反恐防范措施，有针对性地打击校园恐怖主义，把校园反恐安全体系建设落到实处，实现了高校反恐安全的常态化、具体化有效治理。

“院局合作”开展保安职业资格认证工作研究①

周李娟②
（湖南警察学院　长沙　410138）

[**内容摘要**] 随着改革开放的深入，我国保安从业人员不断增加、服务范围不断扩大，保安业已成为正式的就业行业。为加快发展现代保安服务业，通过“院局合作”的方式，探讨保安职业资格认证的意义、分析保安职业资格认证工作存在的问题、明确保安职业资格认证工作研究的内容、总结保安职业资格认证工作的实践，对于初步构建保安职业资格认证体系、提升保安员素质及提高保安服务质量具有积极作用。

[**关键词**] “院局合作”；保安；资格认证；实践

一、问题的提出

保安职业资格认证是指按照《保安员国家职业标准》的要求，通过技能考核鉴定机构对保安从业人员的保安服务技能水平和职业资格进行客观公正、科学规范的评价和鉴定，对合格者授予相应的国家职业资格证书的活动。保安员职业资格证书是保安从业人员就业、晋职的通行证和证明文件。我国从 1984 年在深圳蛇口成立第一家保安服务公司至今已经历了 30 多年的发展历程，截止到 2014 年，全国保安服务企业已达 5031 家，从业人员 450 多万人。保安服务企业和保安队伍已成为维护社会稳定、维护社会公共安全和治安秩序的重要治安社会力量和辅助警察力量，在服务经济建设、构建和谐社会中做出了突出贡献。但我国保安行业的职业化进程发展非常缓慢，社会对提高保安服务质量和从业人员职业素养的呼声很高，从业人员对自身职业能力认可和晋升职务证明要求强烈，保安服务企业对保安技能工种差

---

① 本文为 2016 年湖南省教改课题“治安学专业应急管理课程教学改革与实践”的研究成果之一。

② 作者简介：周李娟，女，湖南邵东人，湖南警察学院治安系副教授，研究方向：公共安全危机管理。

别化要求及人员配置的困惑很大。2010 年国务院颁发的《保安服务管理条例》(以下简称《条例》)第十六条规定，年满 18 周岁，身体健康，品行良好，具有初中以上学历的中国公民可以申领保安员证，从事保安服务工作。同时，我国保安服务业已被列入国家职业分类大典(职业编码为 3-02-02-01)，在《条例》颁布之前，早在 2007 年公安部和劳动社会保障部联合颁布的《保安员国家职业标准》将保安职业分为五级即：初级保安员、中级保安员、高级保安员、保安师和高级保，2018 年公安部治安管理局制定的《保安员国家职业技能标准》(修订稿)，这些都是保安员职业资格认证的依据、基础及前提。

公安部在学习宣传贯彻《条例》的基本要求中规定："本条例施行前已经从事保安服务的保安员，自本条例施行之日起 1 年内由保安员所在单位组织培训，经设区的市级人民政府公安机关考试、审查合格并留存了指纹等人体生物信息的，发给保安员证。"《条例》规定的保安员证性质上属于保安员从业资格证，它规范了从事保安服务学识、技术和能力的起点标准。而保安员职业资格证则属于执业资格证，它规定了从事保安服务在学识、技术和能力的必备标准。保安员证和初级保安员证在知识、技能含量上大同小异，从节约培鉴资源，减轻应试成本角度出发，部分省份开展"一考双证"模式，即通过保安员证考试的考生，只要加考保安技能考核(如体能)，便可获得保安员证和初级保安职业资格证两本证书。浙江、福建、上海、广州及湖南等省市早已对在岗的保安员进行保安职业资格认证试点工作，全国的试点省市在保安职业资格认证具体程序上，采取渐进式推进改革步骤。当前保安行业主管部门为积累经验、防止出现大的偏差采取"自下而上，先试再行"的保安职业资格认证工作模式。采取"院局合作"的方式，深入开展保安职业资格认证工作，对于提升保安员素质及提高保安服务质量具有一定的促进作用。

二、开展保安职业资格认证工作研究的意义

(一)从功效的角度出发，保安职业资格认证问题体现了三方的价值追求

保安服务从业者通过职业资格认证获取更好的就业机会和工薪待遇，保安服务企业通过职业资格认证获得满意的专业人才，保安客户单位通过职业资格认证获得更高的保安服务质量，这是三方的价值追求，其核心点是提升保安服务职业能力。如长沙市最早开通的地铁 2 号线运营安全保卫招标时，明确要求保安服务公司经理必须具有保安师职称才有竞标资格。

（二）从行业监管和劳动保障整体工作考虑，推行保安职业资格认证工作可与保安员就业制度相衔接

就业制度决定职业资格认证的方向，资格认证是完善就业制度的主要基础和手段。推行保安职业资格认证工作重点是如何使保安员职业资格证书真正成为保安行业从业者在劳动力市场求职就业的“通行证”，如何充分发挥职业资格认证制度在保安职业教育、培训工作中的桥梁作用。推行保安职业资格认证工作，就保安员个体而言，证书的意义在于职业的认同感和经济收入的预期回报率；从保安企业角度来看，通过证书识别，减少用工风险，降低用人成本，以提升企业的经济效益和管理水平。

三、保安职业资格认证工作存在的问题

（一）保安职业资格认证体系建设未成型

保安职业资格认证体系是当前保安业发展的重中之重，实践中有探索，但成型、相对完整的体系尚未形成，需要理论支撑。保安职业资格认证体系存在的概念不清、构成要素不能理顺及认证体系的层次和结构认识模糊等问题，没有逻辑再现保安职业资格认证自身体系的全貌。

（二）我国保安就业准入制度程序不完善

职业资格认证应是联系教育与就业的纽带，但我国的职业资格认证还没有充分发挥这一中介作用。① 就业准入制度有严格的职业（工种）范围限制，保安员职业并没有纳入人力资源社会部相关部门的就业准入的职业范围，虽然《保安服务管理条例》（以下简称《条例》）有持证上岗的规定，但行业法规与通用性法规还没有衔接上，需要相关部门走完就业准入职业申报程序，避免无保安员证照样从事保安工作的现象不断出现。

（三）保安就业准入制度监管落实不到位

保安就业准入制度的真正落实还依赖于保安行业监管部门和劳动监察部门对保安服务企业用工制度的监察。行业主管部门和人社部门要充分运用好劳动监察这个武器，来推动保安劳动力市场的规范，策应职业资格认证工作的推动。保安服务的

① 张兰萍：《论构建我国职业资格统一框架》，载《合作经济与科技》2015 年第 3 期，第 101-102 页。

主管部门是公安机关内保部门，公安机关内保部门负责指导监督保安服务工作，具有培训资质的地方公安院校可协助保安职业资格认证的授课、考核工作。如湖南警察学院治安系安全防范教研室承担保卫、安全防范技术与保安业务有关的课程的教学，与长沙市公安局合作开展保安职业资格认证工作具有学科一致的可行性。

（四）保安职业资格认证运行环节不规范

各地开展保安职业资格认证教育培训需对认证者从事与安全管理相关工作年限进行审查、确定是否符合《保安员国家职业标准》的任职资格，但对“从事与安全管理相关工作”的规定相对模糊，缺乏解释细则。对数量多达430多万的保安服务从业人员的教育培训虽然有相应的要求，形式上的培训也存在，但对其教育培训质量缺乏有针对性的规划和保障措施，再加之进入门槛低等多种因素影响，保安人员整体形象和素质不高的现实已经成为行业内部的焦点问题之一。①

四、保安职业资格认证工作研究的内容

（一）保安员职业技能鉴定机构建设

职业技能鉴定机构是职业技能鉴定工作的组织实施、指导协调机构。可分为职业技能鉴定指导中心和鉴定站。其中职业技能鉴定指导中心对技能鉴定所站建设、考评人员队伍建设、鉴定命题管理、考务工作和证书管理负有指导、检查、考核等职责。

当前保安行业没有设立全国性的职业技能鉴定指导中心，各地零星开展的保安员职鉴工作是依托于属地人社部门职业鉴定指导中心来进行的。但建立独立、统一的保安行业职业技能鉴定中心和行业自主评价是未来职鉴工作的发展趋势，而组建主体归属人社部门还是公安部门是目前有待进一步明确的问题。

（二）保安员考评员队伍建设

根据人力资源社会保障部的有关规定，职业资格认证考评员应当具有高级以上职业资格或者中级专业技术职务以上资格，保安行业可在警察及公安院校教师中聘请符合该条件的考评员。随着保安职业资格认证工作的深入，将来还可以在保安行业具有一定专项保安业务岗位任职年限和学历水平的人员中选聘优秀专业人才加入考评员队伍。在组建保安员职鉴考评队伍时还要进行分类分级管理，按照人防、押

---

① 郭太生、戚丹：《警务理论的发展与公安教育训练资源的应用研究》，载《江西公安专科学校学报》2013年1期，第108-111页。

运、技防和安全评估分门别类组建；再依据考评经历、职业操守对考评员分为考评员和高级考评员。

（三）保安职业资格培训教材建设

保安职业资格认证体系最基础的工作是开展保安资格培训的教材和大纲建设，以能力导向为编制理念、以提高参训者的业务水平为出发点，根据保安员职业等级的不同要求，提炼保安服务核心技能，将理论要求与操作技能分为不同单元，按程序、步骤、要求来编写教材。根据《保安员职业标准》梳理出保安员的应知应会的知识和技能点，突出职业能力的内容，体现职业等级间的知识和技能梯度。对保安行业内不成熟、有争议的业务内容及弃用、过时的术语均不编入教材中。

（四）保安职业技能鉴定题库的开发

保安职业技能鉴定命题前必须先明确命题的理论依据、技术要求，然后确定如何开展命题。笔者通过参与高级保安师、保安师和保安员命题工作，总结命题经验是，理论考试题型要严格按照《保安员职业标准》中的鉴定考核内容结构表和鉴定要素细目表、结合教材和保安业务工作实际需要进行编制；对实操的命题既要懂内容、又要懂方法，技能部分命题要首先考虑考什么、怎么考及怎么评等问题；注意核心技能的级别、等级差异，兼顾现实操作性和行业发展性。

五、“院局合作”开展保安职业资格认证工作的实践

目前全国性的保安行业职业技能鉴定指导中心还没有设立，湖南省“保安员”新职业实验性鉴定开发是依托省人社部门职业鉴定指导中心来进行的。2013 年前后采取湖南警察学院与长沙市公安局合作的方式，尝试开展保安职业资格认证工作试点，重点开展保安职业资格认证体系构建工作。

（一）“院局合作”开展保安职业资格认证体系的构建

保安职业资格认证体系的设计是依据职业技能鉴定的基本原理，结合保安工作实际，将职业技能鉴定应包含的结构、要素和功能等内容置于同等位置对待并加以有机结合的智力性活动。保安职业资格认证教育培训体系构建将直接关系到保安员职业资格证书的公信力和权威。根据保安行业实际工作情况，构建保安职业资格认证教育培训体系，应重点抓技术支持系统和实施与运作系统两个方面的建设。开展“院局合作”、双方分工协作，在国家现有的技术支持系统（职业分类与职业标准、培训大纲与培训教材、国家题库与鉴定指导）的基础上，重点开展实施与运作系统（职业技能鉴定指导中心、职业技能鉴定所、考评人员与专家队伍、考务管理与鉴

定方法)方面的建设。[①] 湖南省人力资源与社会保障厅、省公安厅、长沙市公安局、劳动局及湖南警察学院等单位的相关部门联合举办了湖南省“保安员”新职业试验性鉴定专家研讨会，确定了保安职业资格认证教育培训专家组成员和考评人员名单，分别制定了初级保安员、保安师和高级保安师职业技能鉴定教学计划，根据《保安员国家职业标准》和保安工作的实际需要，联合编写出版了《保安职业培训教程》，整理成册《保安职业必读课本——适用法律汇编》，分别编制了初级保安员、保安师和高级保安师理论和实操考试试卷及答案各四套，初步构建了保安职业资格认证教育培训体系。

保安培训学校的建立和发展将直接推动保安员教育培训工作的有力开展。保安培训学校在公安机关的监管和指导下进行各类培训工作：除了对所有入学的保安员进行统一培训外，结业后还将对所有所学科目统一进行考核，并对资料齐全、考试合格的保安员进行个人身体信息(如指纹、照片、血样等)的录取、保安员从业资格证的申领和发放，这样不仅提高了保安员持证上岗的效率，同时也缓解了公安机关的工作压力。保安培训学校还加强外出学习交流，通过多种途径使学校“成规模、上档次”，加强保安员职业教育培训，力争培养出更多满足社会需求的新时代保安，不断推动保安服务行业健康发展。

(二)“院局合作”开展保安职业资格认证培训计划的制定

为了让每名学员接受最科学、正规的学习和训练，保安培训学校严格按照《保安员培训教学大纲》的要求，采取因材施教、因需施教的方式，根据实际情况制定了一系列符合市场需求、具有实战意义的训练科目，包括队列训练、擒拿格斗术、伤员救护、突发事件的处置等，并不断积极创新，制定了适应不同岗位、不同年龄、不同学历层次的教学计划，让教学变得丰富多样，让学员得到更好的提升。

针对保安服务行业工作普遍比较枯燥无味、长期从事容易产生消极心理的情况，保安培训学校增设了心理教育课程，邀请心理学方面的专家进行授课，让每位学员学会如何调节心理压力和不良情绪，时刻保持积极的心态开展各项保安服务工作。

(三)“院局合作”开展保安职业资格认证工作的成效

长沙市的保安从业资格认证教育培训工作主要由长沙市公安局银盾保安培训学校、长沙泰安保安培训学校及湖南雄鹰保安培训学校三家培训机构进行。近年来已对长沙市在岗的保安员 6 万余人进行了培训，考核合格者颁发了保安员证(即从业

---

① 史术高、康大海、甘昌意：《试论职业技能鉴定收费的可行性与政策制定的基本原则》，载《湖南工业职业技术学院学报》2008 年第 5 期，第 121-122 页。

资格证)，其中长沙市公安局银盾保安培训学校具有保安职业资格证(即执业资格证)的教育培训资格，加考实操后获得保安员证和初级保安员职业资格证两本证书的有1万余人；在推行保安职业资格证教育培训过程中，开展了一期高级保安师、三期保安师培训试点考核，经鉴定已获得高级保安师职业资格证书的9人、获得保安师职业资格证书的200余人。湖南省公安厅治安总队内保支队拟将长沙市公安局银盾保安培训学校组织的全市高级保安师、保安师及初级保安员资格认证教育培训试点经验向全省推广，以不断提高保安员整体形象、素质和服务质量。

(四)"院局合作"开展保安职业资格认证工作拟深入研究的方向

互联网等高科技安全保障服务的需求，机场港口、高铁轨道等交通事业的快速发展的需要，核电站、输油气站等民生重要企业的需要，"一带一路"倡议背景下对海外安保服务的需要，私人特护的安保服务均需要保安高端人才，服务升级、消费升级推动高端保安人才需求市场空间巨大，前景广阔。保安职业资格认证要达到提升保安职业认同感和成就感的目的，还需开展与消防、安防、保卫等相邻行业的职业资格认证的横向比较研究；要让取得不同等级保安员资格证的人员获得相对应的劳动报酬、工资及福利待遇，还需开展与保安员就业、保安职业教育培训、企业资质及人力资源管理制度改革等相应工作的纵向研究。因职业资格制度是国际上通用的一种对职业能力的认证制度，也是劳动就业制度的一项重要内容。① 因此，还需借鉴国外及相关成熟行业的职业认证经验和智力成果，不断深入开展保安职业资格认证教育培训体系构建研究，达到更好地提升保安员素质、提高保安服务质量的目的。

---

① 黄鑫：《构建能力导向的职业资格制度体系》，载《天津职业大学学报》2015年第6期，第7-10页。

创新基层治安管理工作模式问题研究

刘灿国　黄　雷①

（山东警察学院　山东　济南　250200）

［**内容摘要**］我国目前既处于经济社会发展的重要战略机遇期，又处于各种社会矛盾的凸显期，创新基层治安管理工作模式具有重要意义。基层公安工作具有全面性、基础性、具体性的特点，基层公安机关是维护社会秩序的中坚力量，在预防和打击危害社会稳定的违法犯罪活动中发挥着不可替代的作用。当前一些不利因素限制了基层公安机关进行治安管理，要解决这些问题必须创新基层治安管理工作模式、处理好社区警务与情报信息主导警务的关系。

［**关键词**］基层公安机关；治安管理；社区警务；情报信息主导警务

中央全面深化改革领导小组第三次会议审议通过了《关于司法体制改革试点若干问题的框架意见》提出，完善人民警察警官、警员、警务技术人员分类管理制度，健全执法勤务机构人民警察警员职务序列制度，重点解决量大面广的基层一线人民警察任务重、职级低、待遇差的问题②。按照公务员法确定的职位分类框架，建立公安、安全、审判、检察机关专业技术类公务员管理制度，确保人员待遇与专业技术职务配套衔接。对公安、安全机关具有刑事司法属性的侦查人员探索试行主办侦查员制度，并完善相应的职业保障制度。

作为维护社会治安与社会稳定的中坚力量，公安机关、尤其是处于治安工作一线的基层公安机关如何在社会各领域改革不断深入、社会迅速转型，各类社会矛盾特别是因各种人民内部矛盾引发的群众性纠纷和事件频发的新形势下发挥与群众联系密切的优势，更好地承担维护社会治安职能值得深思。

---

① 作者简介：刘灿国，男，山东泰安人，山东警察学院治安系讲师，法学博士，主要研究马克思主义理论、治安管理学；黄雷，男，山东邹平人，山东警察学院治安系助教，主要研究治安管理学。

② 李林、熊秋红：《积极稳妥有序推进司法体制改革试点》，载《贵州法学》2014 年第 8 期，第 16-19 页。

一、基层公安机关在维护社会治安中的角色与功能

公安机关是负责维护社会秩序、保障社会稳定的国家行政机构，承担着维护社会治安的神圣职责。基层公安机关一般是指县级及以下的各级公安机关及其职能部门，基层公安机关的警务活动有着鲜明的群众属性。具体包括：(1)公安基层工作具有全面性。一方面，基层公安机关的工作对象具有全面性，辖区内的全部社会成员都是其保护和服务的对象；另一方面，基层公安机关的工作内容具有全面性，预防和打击违法犯罪活动、维护社会治安、维持社会秩序、进行道路交通安全管理、突发事件应急管理等工作都属于基层公安机关的职责范围。(2)公安基层工作具有基础性。基层工作是整个公安工作的根基，是维护社会稳定的第一道屏障，是维护社会秩序的基本力量，基层工作扎实与否影响着国家安全和社会稳定的全局。(3)公安基层工作具有具体性。基层公安机关的工作是具体执行上级布置的各项任务，其直接与群众进行互动，既是服务群众的平台，也是掌握社情民意的窗口。基层公安机关工作的特点决定了其在治安管理工作中发挥着不可替代的作用。

首先，基层公安机关是预防犯罪行为的主导力量。包括违法犯罪行为在内的多数越轨行为往往有着深刻的社会根源。因此，只有从社会入手，进行社会综合治理，改变滋生犯罪的社会环境，才能更有效地减少违法犯罪等社会问题。基层公安机关在与社区和社会成员经常性的直接互动过程中能够及时发现潜在的安全隐患和容易滋生违法犯罪行为的风险因素，通过警方与社区、单位和群众的协作，建立和谐的社区环境和和睦的邻里关系，铲除违法犯罪滋生土壤，解决诱发违法犯罪的社会因素，降低违法风险、预防破坏社会治安和犯罪行为的发生。此外，基层公安机关采取的法制宣传、提高见警率、打击违法犯罪活动等措施有助于形成良好的社会风气，提高违法犯罪成本，加强社会控制，防止危害社会秩序行为的发生。

其次，基层公安机关是治安管理不可或缺的力量。情报信息资源是进行治安管理，维护社会秩序的基础性要素，而基层公安机关是情报信息资源的基本来源。公安情报信息可以分为两类，一类是覆盖全部社会成员的敏感性较低的基础情报信息，另一类是在基础情报信息基础上针对危险性较高的重点人员专门的收集的重点情报信息。基层公安机关掌握的“人口信息、旅店住宿登记信息、出租房情报信息、治安案件信息、特种行业信息等治安管理类情报信息资源”①是公安基础情报信息丰富而稳定的来源，而基层公安机关在警务活动中所发现的违法犯罪活动线索能够为警务决策提供重要参考。

① 谢晓专、张磊：《情报信息主导警务工作机制及其机理分析》，载《中国人民公安大学学报(社会科学版)》2009 年第 2 期，第 102-106 页。

二、基层公安机关在治安管理工作中面临的问题

（一）警力资源不足问题

目前我国警方面临着警力严重不足并且短期内无法改变以及非警务活动浪费大量警力的双重压力。全国人大常委会曾组织公安队伍建设视察组对广东、四川等六个省进行专项调研时发现：我国警方面临的最大难题之一就是警力严重不足。目前世界上发达国家警察与人口的平均比率是万分之三十五，而我国是万分之十一。在城市，警力与城市人口的比例西方国家平均是1：300，而我国一些地方是1：1250。警力不足已经影响到当地的社会稳定和经济发展。

（二）建立和维护和谐警民关系中面临的问题

社会的急速转型不仅改变了社会成员的日常社会生活，也影响了基层公安机关的执法环境。在经济、社会转型时期利益分配格局重建，社会矛盾凸显的大背景下，由于部分地方政府施政观念保守，存在对通过动用强制权力来解决政府工作难题的问题解决模式的路径依赖，政府指派基层公安机关在征地拆迁、群众上访等社会矛盾集中的领域进行非警务活动的事例屡见不鲜。法律赋予警察的执法权力被滥用，导致公众对于警察的信任及建立在公众信任基础上的警察权威被透支，影响了和谐警民关系的建立。

除此之外，基层公安机关与辖区社会成员之间沟通渠道的缺乏也是导致警民互信下降、警民关系失衡的重要原因。由于缺乏制度化的警民互动和对话机制，基层公安机关无法及时、充分地掌握辖区居民对于其工作的意见，难以了解和及时回应辖区居民所关心的与治安管理相关的重要社会议题，无法及时化解社会成员对于基层公安机关警务活动的误解。久而久之，基层公安机关与辖区社会成员之间的警民关系日益疏远，警民隔阂不断加深，不仅给基层公安机关自身工作造成了巨大阻力，也动摇了维护社会稳定所需的群众基础。

（三）治安信息收集管理中面临的问题

治安信息工作是公安工作的基础，情报信息在打击违法犯罪活动中居于主导地位，缺乏情报信息支撑，警务活动就无法有的放矢，就会导致警务资源配置失衡、警务活动效率低下。公安情报信息分为基础情报信息和重点情报信息两类，基础情报信息网罗了社会成员的基本信息和活动动态，是公安情报信息库的基础，是排查各种威胁社会秩序和社会稳定因素的指南。基层公安机关是基础情报信息的主要收集者，基层民警能否承担好这一职责关系着公安情报工作的成败。

然而目前我国基层公安机关在情报信息收集意识、情报信息收集能力和情报信息共享机制方面还存在不足之处。首先，情报信息具有偶发性和随机性，在日常警务活动中时时有情报，处处有情报，这对基层民警情报信息的收集意识提出了很高的要求。但是目前一些基层民警缺乏情报信息收集意识，不能在日常警务活动中及时发现有价值的情报信息。其次，从海量的信息中收集有价值的信息并对其进行加工，使之成为可用的公安情报需要强大的识别能力、分辨能力和信息处理加工能力。然而目前由于基层民警任务繁重、情报信息收集训练不足，导致基层民警对上级部署的情报信息工作只能疲于应付，影响了公安情报的可信度和可用性。最后，公安情报信息具有共享性和时效性，没有共享，情报信息的价值就无从体现；没有时效，情报信息的功能就无法发挥。当前我国的情报信息共享平台建设比较落后，不同地区之间在情报信息的收集和使用上各自为政，情报信息共享面临着重重壁垒。

三、基层治安管理工作模式创新

解决基层治安管理工作中出现的问题必须依靠行政管理体制改革和治安管理工作模式创新。

(一)在现有条件下解决警力资源不足问题，应增加离职民警返聘

离职民警是指公安人员退休前不再担任相关职务，改任为非实职，且还没有正式退休的人员。离职现象普遍存在于基层公安机关中。据有关资料显示，一些地区基层公安机关在职人员与离职二线的人员比例高达 4∶1，也就是说四位在职民警中就有一位不能发挥作用。加之部分地区机关行政编制相对比较少，中层干部普遍不足，继续占用单位编制导致单位无法招录新人，也在一定程度上加剧了警力不足的问题。当前发挥离职人员的余温显得尤为重要。从实际情况来看，离职民警一般精力较好，工作经验丰富，在基层公安工作中优势明显。调动离职民警积极性，增加离职民警返聘，利于合理优化警力配置，弥补警力不足，增强基层公安机关社会治安管理能力。

(二)创新治安管理模式应注重社区警务模式和情报信息主导警务模式的融合

社区警务模式和情报信息主导警务模式对于解决基层公安机关在社会矛盾凸显期的新形势下维护社会治安具有重要意义，在基层公安机关的警务实践中综合运用社区警务模式和情报信息主导警务模式既是加强治安管理、维护社会秩序的必然要求，又具有理论和实践上的可行性。

理论上，社区警务和情报信息主导警务是两种不同的警务哲学的产物。社区警务和情报信息主导警务代表着警务活动的不同方向：社区警务模式要求基层警务人员走出办公室走进社区，“与社区民众一起共同解决影响他们生活的各种问题”①，通过将警务活动前置来预防和打击违法犯罪行为。其强调将警力下沉到基层、进入到社区，通过建立良好的警民合作关系，以警察为支点撬动社会力量预防和打击犯罪；情报信息主导警务模式强调发挥警察的专业化优势，主张运用更前沿的技术、更先进的理念不断提升警察预防和打击犯罪的能力。从两种警务模式的目标来看，社区警务和情报信息主导警务都是为了更好地预防和打击犯罪、维护国民安全，之所以会出现两种不同的实践路径是由于两种警务模式选择了不同的探索方向：社区警务模式的设计者从犯罪的实施者犯罪人出发，试图通过发现犯罪人犯罪的原因、消除造成犯罪人实施犯罪活动的因素来阻止犯罪蔓延，由于犯罪的根源在于社会，社区警务模式的设计者很自然地将警务工作的重点投向了社区；情报信息主导警务模式的设计者则从犯罪的控制者警察出发，强调通过提高警察专业技能达到有效打击犯罪的效果，信息爆炸在对人类社会造成的巨大冲击的同时也为警务活动方式的变革提供了新的机遇，在这种情况下，情报信息主导警务模式的设计者牢牢把握了这一机遇，突出信息对于警务活动的指导作用，提出了情报信息主导警务的战略。

社区警务和情报信息主导警务在实践路径上有显著差别，但究其根本而言，都以更好地履行警察职能为要求，以预防和打击犯罪为目标，二者殊途同归。在基层公安机关的维护国家安全的警务活动实践中，应当以社区警务模式为主要工作形式，以情报信息主导警务模式为工作导向，两者互为补充，社区警务“能够及时了解治安状况和掌握社区动态，这就为开展情报信息工作建立了可靠来源”②。社区警务不是警务专业化的倒退，情报信息主导警务也不可能完全脱离社区和群众。作为主观建构的产物，概括、抽象的警务模式与经验事实之间存在距离，试图将某一种警务模式的理论模型原封不动地移植到警务实践中的努力是徒劳的，也必然无法实现所期待的效果。在基层警务工作中综合运用社区警务模式和情报信息主导警务模式既是公安部的统一部署，也是在新形势下做好公安工作的必然要求。警力下沉是密切警民关系、改善社会风气、铲除滋生犯罪的社会环境的现实要求，而在信息时代发挥情报信息在警务工作中的主导作用是领导进行科学决策、高效配置警力资源的迫切需要。在实践中，社区警务和情报信息主导警务两者完全可以达到优势互补，社区警务是情报信息的重要来源，而情报信息则为社区警务指明工作的方向和

① 梅建明：《情报信息主导警务模式的起源特征与意义》，载《警察技术》2007年第4期，第4-7页。

② 孙晓伟：《社区警务与情报信息主导警务之比较》，载《公安研究》2007年第1期，第84-87页。

重点，基层警务工作实践中二者的结合能够促进基层公安机关更好地履行职责，有效进行治安管理和打击危害社会稳定的违法行为，维护社会秩序。

总之，新形势下改进和创新基层治安管理工作模式不仅是一个理论问题，更是一个实践问题。作为治安管理的实践主体之一，基层公安机关依据其所特有的基础性、全面性以及具体性等工作特点，扮演了主导社区警务、收集情报和预防犯罪的重要角色，是承担维护国家安全职能不可或缺的重要力量。基于历史和现实因素的双重制约，当前基层公安机关存在警力资源不足、警民关系失衡、情报信息收集意识和能力缺乏、自身体制机制建设不足等诸多问题。因此要审时度势，结合治安管理的实际需要，从社区警务、情报信息主导警务方面找到突破口，创新基层公安工作，以更好地维护社会秩序。

论治安治理 2.0 时代下的目标转向

胡　赪①
（湖南司法警官职业学院　湖南　长沙　410131）

［内容摘要］在 2016 年召开的全国社会治安综合治理创新工作会议上"安全感"成为了会议的核心词汇，同时作为中国社会治理 2.0 版本的标志语言，其已然在引导治安治理的新走向，即从以往的实体性利益保护主导社会治安转变为人民群众主观感受制导治安治理。因此，确定治安治理目标转向的内涵及意义，并在此基础上探索出其转向路径是当下创新治安治理模式的必由之路。

［关键词］治安治理；2.0 时代；目标转向

在"安全感"成为治理 2.0 时代②核心词的今天，该词具有了新的价值。反观当下，政府报告、部门简报仍是以指标落实、维稳数据来衡量工作业绩，这侧面说明现今的治安治理还是主次颠倒，即以客观化的利益保护为主导目标。因此，有必要厘清治安目标转向内涵、转向原因及转向路径，并以此为中国特色治安治理制度的创新提供理论支撑。

一、治安治理目标转向的内涵

（一）一种理由转换

众所周知，各政府部门在年底报告会上总需要去汇报本年度单位工作情况，以公安部门为例，单位负责人在会议上首先要列出的是处理多少起刑事案件、解决多少纠纷、查获多少违法行为人，而后政府领导会在听取这些数据后作出相应评价。一般而言，只要数据在合理范围内，则与评价高低呈正比关系。这种评价标准其实是一种差异制造事实。它为部门以客观化的利益保护主导治安治理提供了一种理

① 作者简介：胡赪，女，湖南司法警官职业学院法学副教授，主要研究治安学、刑诉法。

② 2.0 时代是现在人们对当今社会模式的一种流行时尚语，也叫 2 时代或者新时代，起源于 IT 行业版本的一种习惯称呼。

由。即如果公安部门改变治安治理的主导目标，那么治安治理相关成果所形成的数据就很难达到所设的标准。相反，如果公安机关持续关注事后的利益救济和案件处置，则指标基本可以按时完成，数据也会足够“漂亮”，整个部门也随之会得到上级领导的积极评价。因此，对于公安机关来讲，每一次案件处理、纠纷解决和违法行为人的查获都需要考虑行动的有效性这一要素(此处的有效性是指对于指标完成是否有帮助)。这里可以举一个比较经典的例子：在“以贩养吸”类的案件中，A县公安机关查获一名犯罪嫌疑人H，现已证实H不仅有贩毒嫌疑，同时经过尿检后证实其吸毒且在全国禁毒网上有吸毒史。此类案件在广东、广西地区比较常见，因此处理方法实际已经成为了一种惯例，即拘留15天并强制戒毒两年，而后再对贩毒部分进行调查取证。当然A县公安机关在关于H的处理上也毫不例外地沿用此惯例。

一个治安治理行为可以顺带完成3个指标任务，对于公安机关来讲，这无疑是性价比最高的。同时就这个惯例来看，它体现了公安机关治安治理的一个主导理由，即对社会利益(对毒贩的打击)与个人利益(基于父爱而对吸毒人员的强制戒毒)的客观性保护有利于该部门机关达到政府所定的评价标准(提供上述理由事实)。如果说达到既定标准是理由的话，那么这又何尝不是一个近期目标呢！进而可知的是，治安治理目标转向实际也是一种治安治理理由的转换。

(二)一个逻辑新起点

对于治安治理来说，逻辑起点作为起点的范畴可以为自己的合理性和必然性找到充足的理由和根据。但是逻辑起点的寻找又是一项艰巨繁琐的任务，即使是一门科学理论，它的逻辑起点在开始时往往也是不清楚的，或者说是存在一定的变数，只有经过认真的研究探索之后，才能逐步明确且稳定起来。① 治安治理的逻辑起点是进行治理活动的基础。以当下的立体化治安防控体系为例，它的逻辑起点指的就是整个体系的最基础、最直接的根据。在这里，它不同于一般理由。如上所述，理由是一种差异制造结果，它需要一个提供理由的事实。换句话讲，理由是间接形成的，这与逻辑起点的直接性特征有很大区别。当然这也是将理由转换和逻辑起点分开叙述的原因。如果有人疑问：为何新时代下的治安治理目标转向会同时具备两种在特征上就截然相反的内涵？那么“宪法既是公法，又是母法”这个例子可以对此作出解释。

起点和终点从理论上讲是辩证统一的。在黑格尔的哲学著作中，对起点和终点辩证统一的问题，有很深刻的论述。他把辩证法发展的过程比作一个圆圈，这个圆圈以自己的“终点为目的并以它的终点为起点，而且只当它实现了并达到了它的终

① 彭漪涟：《马钦荣. 逻辑学大辞典(修订本)》，上海辞书出版社2010年版，第621页。

点它才是现实的”。[1] 他认为，有起点就必须有终点，终点是起点的目的，起点在终点中实现，这样它才是现实的起点。对于科学来说，重要的东西倒并不很在乎有一个纯粹的直接物作开端，而在乎科学的整体本身是一个圆圈。在这个圆圈中，最初的也将是最后的东西，最后的也将是最初的东西。[2] 同样以上述 A 县查获的一起“以贩养吸”案件为例，其处理结果是行政类处罚及刑事类强制措施；或者如果 H 最终被法院依法判处刑事处罚，那么结果即为行政处罚加刑罚。这个结果在黑格尔看来，其实就是如此处理的一个起点。在上述案件中，从查获 H 到最终的处罚结果即为治安治理的某一部分，而它的目标是查获 H 以最终的处罚结果来完成对业已损害利益的恢复(实际也是客观性利益保护的一种)。基于黑格尔的起点和终点的辩证统一论，最终处罚 H 以达成目标(以治安治理来恢复社会秩序和已损害之利益)可以说就是这起治安案件的起点之一。因此，要实现对 2.0 时代下治安治理目标(终点)的转向，其实就是一种逻辑起点的变换。换句话讲，治安治理目标的转向亦标志一种新逻辑起点的建立。

(三)对核心价值的再考量

要考量某种事物的核心价值首先要确定两个方面内容：其一，何谓核心价值？其二，该事物的核心价值是什么？所谓核心价值，指的是在一定的社会和国家中，人们普遍认同和接受的居于主导地位，支配并贯穿于其他处于从属地位的价值之中的最根本的价值。它对于个人与社会均具有普遍性的、根本性的指导作用，深刻影响着每个社会成员的思想观念和行为取向。针对某种具体事物来讲，其核心价值的基本内容会随着两个维度有差别且不断变化发展。横向维度上的差别性是基于矛盾的特殊性原理而产生的，两个事物间的核心价值总会呈现出不同。例如 A 企业核心价值是沟通诚信，而 B 企业可能会是尊重和卓越。纵向维度上的变化发展性是基于唯物辩证法中的发展观而来的，任何事物都处于不断变化发展之中。以人类的价值体系为例：如果遵循马克思主义关于人类社会历史形态的演进历程进行划分的话，同样也经历了相应的从低级到高级的不断的历史演变进程。其一，同一社会形态的价值体系也不是单一的，同一社会形态会经历不同的历史发展阶段，不同的历史发展阶段的价值体系会呈现出不同的形式，具有各自的特征。其二，即使是同一社会形态的同一发展阶段，价值体系也会呈现出具体的差异。其三，即使是同一社会形态的同一发展阶段，也会出现多种价值体系的共存局面。其四，人类社会发展的进程不可能是完全同步的，多种社会形态可能会在同一时期同时存在着。[3] 因

---

① [德]黑格尔：《小逻辑》，北京商务印书馆 1980 年版，第 189 页。

② 冯振广、荣今兴：《逻辑起点问题琐谈》，载《河南社会科学》1996 第 4 期。

③ 骆郁廷：《论社会主义的核心价值》，载《马克思主义研究》2014 年第 8 期。

此，价值体系的多元性和多样化在人类历史发展进程中是不可避免的，是一种常态。由此可知，要想明确特定事物核心价值是需要在历史发展观的基础上，结合该事物本身特征进行考量。

在阶级社会里，核心价值通常是在国家的倡导下形成的。它对于维护国家意识、民族认同感起着意识形态的作用。① 治安治理的核心价值与其他事物有所区别。因为2.0时代背景的存在，所以需要对其进行再考量以确定正确的治理引导方向。价值是人们追求美好事物的不竭动力，它不同于利益，因为它饱含的只有“善”的品质。当G(某个人或组织)从事某项事物时，肯定是有一定目标的；而这个目标可能是善的，亦或者是恶的，再或者是中性的；因此可以推断出价值是目标“善”的表现，那么目标的总体转向必然包含了价值的转向，或者说是对其中核心价值的再考量。

二、治安治理目标转向的意义

(一)理论意义和现实意义

治安治理2.0时代下的目标转向是中国特色社会主义治理模式的开创性理论依据，支撑这一事业前行的精神动力就是民众对社会稳定的共同追求。立体化治安防控体系从作为国家治安治理的指导方向开始，就历史地蕴含在政府的使命和追求之中。从上面价值的再考量分析中，可以知道中国特色治安治理目标转向实际也是在马克思主义唯物辩证法基础上发展而来的，其价值导向符合中国特色社会主义的社会发展方向。这一模式在治安治理目标上展开，涉及哲学、社会学、政治学等学科，这一体系的确立能为社会实际的安稳及意识形态的稳固提供理论依据，为社会提供健康、良性的政策导向，为经济、政治、文化、社会的发展提供现实支撑和理论引导(目标转向问题的研究对于社会各方面同样具有普适性的)。治安治理的目标转向不仅是理论上的“应然”，更是实践中的“实然”。中国特色社会主义治安治理体系的目标转换，是社会转型期意识形态领域的反映。在这一体系的指引下，民众对中国特色社会主义社会治安的未来走向有了更清醒的认识，也同时有了理性的思考和判断，没有迷失方向，这对于引导人民群众参与社会治安治理有莫大的现实意义。

(二)方法论意义

中国特色社会主义治安治理目标转向过程是一个涵盖国家主流意识形态、社会

① 王芳：《当代中国社会主义核心价值体系建设研究》，2014年中共中央党校博士论文。

民众的信仰追求、社会稳定的理想信念的统一整体，同样它也是“善治”的一部分，治理的目标转向受社会发展基本规律的制约，具有客观规律性。这一体系尊重差异、包容多样，容纳了不同阶层、不同群体关于治安治理的思想与精神，最大程度上形成思想共识和社会认同，具有整合性与包容性。这一体系与中国实际和时代特征相联系，具有现代性和先进性。① 中国特色社会主义治安治理体系具有的这些鲜明特征充分说明了它的目标转向亦完全符合辩证唯物主义科学理论的基本要求。一是核心与多样的统一。马克思主义作为指导思想是核心，允许和鼓励人们在主流价值指导下去追寻治安治理主体的多样性，在尊重差异中扩大治理认同，在包容多样中促进治安治理思想的共识。二是整体与部分的统一。中国特色社会主义治安治理目标作为一个价值体系整体，它所包含的马克思主义指导思想及以共同参与、齐力治理为核心的民族精神和以创新转向为核心的时代精神共同构成辩证统一的有机整体。三是民族与世界的统一。中国特色社会主义治安治理目标的转向有民族精神的坚实基础，又借鉴国际社会群防群治的社会维护理念，既有符合全球发展趋势的外来先进思想，又有适合自身国情的价值观念，在最广泛的视野中实现了民族与世界的交融。四是理想与现实的统一。中国特色社会主义治安治理目标的转向体现社会主义的发展目标，内含着全国人民的理想信仰，社会各阶层对于这一理想的认同就是对于社会制度的认同，就能在最广泛的程度上调动最大多数人民群众的治安治理参与积极性。

三、治安治理目标转向路径探究

确定治安治理目标转向的内涵本意在于讲明它是什么，而后分析其意义是在表述为什么要转向，至于本节主要探明的是怎么转向的问题。正如上面所讲，以往的治安治理是由实体性利益保护类的目标引导，但是在如今的风险社会中，单纯的客观性目标引导模式已经不能适应日益复杂的治安背景。习近平总书记据此作出“努力建设更高水平中国，进一步增强人民群众安全感”的重要指示。表面上看，这只是国家层面关于治安治理创新的一个决策，但实质上说明了新时代下的治安治理目标已经在发生变化，老式的目标显然已经不符合群众利益，人们对于安全的主观感受逐渐成为治安治理的主导目标。任何事物的转向都是在一定路径中完成的，那么治安治理目标转向路径自然应被详细探究。

治理与传统的管理不同，因为前者强调的是善治，后者强调的是行政规制，因此治安治理与治安管理的区别也在于此。治安治理属于“大治理”中的一部分，因

① 宇文利：《论中国特色社会主义的制度治理——习近平治国理政思想的总体特色》，载《新疆师范大学学报(哲学社会科学版)》2016 年第 1 期。

此它必须符合治理的基本特征即全民参与。同时，由于现如今的犯罪活动更具有隐蔽性、危害性，其手段也日趋科技化，这使得主体多元性的治安治理更能满足现实需要。主体的多元性实际就是指群众参与的最大化。因为基础人数扩大意味着主体广泛性更加突出，由上可知的是群众参与对于2.0时代下的犯罪问题来讲是一种极其有效的治安治理途径，这点在俞可平的《治理与善治》中已经论证过，因此不再赘述。[①] 既然说人民参与是有益于新时代的治安治理，那么必然也会与其目标有所关联。上文所提的安全感指的是人民群众对于社会治安状况的切身体会，那么当他们参与到整个治安治理防控体系中，势必更能了解当下的治理情况以及更真实地作出评价，同时参与治安治理实践能增强人们自我保护的经验，变相提高安全感。还有一点需要提到的是，如果将治安治理的效果作为一种服务性产品的话，当人们有效参与这类产品的直接生产过程中，那么群众会对其“质量”更加放心，安全感亦随之上扬。[②]

总的来说，治安治理新目标即安全感与主体是否直接参与密切相关。而且当主体基数越大，其目标转向速率更快。因为这样可以省去目标信息的二次传递过程。只要新目标的认同人数达到一定规模，那么治安治理目标实际就已经完成转变了。通过以上对群众参与治安治理同其目标转向关系的分析，不难发现，扩大治安治理参与主体范围即为其目标转向的重要路径，只有尽可能多的动员群众才能保证目标转向高效化。

---

① 俞可平：《治理与善治》，社会科学文献出版社2000年版，第123页。

② 商瀑：《警察权介入民间纠纷的困境与对策》，载《湖北大学学报（哲学社会科学版）》2017年第6期。